Michael J. Tamura

Wozu sind wir hier?

Michael J. Tamura

# Wozu sind wir hier?

Über die Bestimmung der Seele
und unseren heiligen Tanz mit dem Leben

Titel der Originalausgabe:
»You Are The Answer:
An Extraordinary Guide to
Entering the Sacred Dance with Life
and Fulfilling Your Soul Purpose«
Copyright © 2002 by Michael J. Tamura
Original English Language Publication 2002 by
Star of Peace Publishing, Mt. Shasta, California, USA
Translation rights arranged through Deanna Leah,
HBG Productions, Chico USA, www.hbgproductions.com

Aus dem Englischen von Nayoma de Haën
Lektorat: Birgit-Inga Weber
1. Auflage Juli 2008

Deutsche Ausgabe: © KOHA-Verlag GmbH Burgrain
Alle Rechte vorbehalten
Gesamtherstellung: Karin Schnellbach
Druck: Bercker, Kevelaer
ISBN 978-3-86728-065-5

# Inhalt

| | |
|---|---|
| Vorwort von James Van Praagh | 7 |
| Einleitung | 11 |
| 1. Die Bestimmung unserer Seele | 18 |
| 2. Die Reise der Seele | 25 |
| 3. Raum schaffen für den göttlichen Geist | 39 |
| 4. Die Bestimmung der Seele erfüllen | 55 |
| 5. Weckrufe | 78 |
| 6. Die intuitive Erfahrung Ihrer Bestimmung | 92 |
| 7. Die Anerkennung des göttlichen Geistes | 109 |
| 8. Vom Widerstand zur Bereitwilligkeit | 130 |
| 9. Wachsende Neutralität | 153 |
| 10. Antworten auf das Leben | 170 |
| 11. Den Tempel der Seele errichten | 196 |
| 12. Erinnerungen meistern | 203 |
| 13. Stets die Wahrheit wählen | 217 |
| 14. Die Liebe fragt nach dem größeren Wunder | 224 |
| 15. Leben – der heilige Tanz | 234 |
| Den heiligen Tanz wagen: Die Anwendung | 251 |
| | |
| Ihre spirituelle Werkzeugkiste | 263 |
| A: Das spirituelle Üben | 263 |
| B: Einfache Übungen zur Entwicklung des Gewahrseins und der Intuition | 270 |
| C: Kurze Beschreibung der Energiezentren | 281 |
| D: Übungen zur Entwicklung energetischer Instrumente | 288 |
| | |
| Danksagung | 305 |
| Über den Autor | 309 |

**Zum Gedenken**

*Dieses Buch ist dem Gedenken an meine Mutter Kei Tamura (1932–1996) gewidmet, dieser wundervollen, liebevollen Seele, die weiterhin vielen ein Engel ist,*

*und*

*meinem geliebten Freund und Lehrer Lewis S. Bostwick (1918–1995), dessen erleuchtetes Wesen uns allen unermesslich viel hinterlassen hat.*

*Ich bin euch ewig dankbar,
denn ohne euch beide
wäre es mir nicht möglich gewesen.*

## Vorwort von James Van Praagh

Im Lauf unseres Lebens haben wir manchmal das Glück, außergewöhnlichen Menschen zu begegnen, die uns so tief berühren, dass wir durch diese Begegnung zu einem anderen Menschen werden. Ich möchte Ihnen hier so einen Menschen vorstellen. Der Autor dieses Buches, Michael Tamura, ist ein hervorragender spiritueller Heiler und Lehrer, ein Mann, der das Leben, die Welt und jeden Menschen durch spirituelle Augen betrachtet. Seine Weisheit erschließt Ihnen die Tiefen Ihrer Seele. Wenn Ihre Spiritualität gerade erst am Erwachen ist, bietet Ihnen Michael eine gute Grundlage für die weitere Reise an. Wenn Sie diesen Weg schon eine Weile gehen, wird er Sie inspirieren, Ihnen weitere Werkzeuge in die Hand geben und Ihnen die innere Gewissheit verleihen, die Hingabe an Ihr spirituelles Wachstum immer wieder zu erneuern. Der fortgeschrittenen Seele schenkt Michael eine Schatzkiste voller Erkenntnisse, Bestätigungen, Weisheiten und eine nachdrückliche Erinnerung an die Bestimmung Ihrer Seele.

Ich hatte schon seit ein paar Jahren von Michael gehört, bevor ich ihm endlich begegnete: Mittlerweile hatten sich bei mir zweiundzwanzig Zettel mit seiner Telefonnummer angesammelt, die mir Freunde und Klienten gegeben hatten. Die Botschaft, dass ich mich mit diesem Mann treffen sollte, war also ziemlich eindeutig, auch wenn ich keine Ahnung hatte, warum. Manche empfahlen mir Michael als Hellseher, andere beschrieben ihn als spirituellen Heiler. In meinem Freundes- und Bekanntenkreis gibt es ziemlich viele Hellseher und Heiler. Was also sollte an diesem Menschen so besonders sein?

Ich verstand es, sobald ich Michael begegnete. Als ich mich zu meiner ersten Verabredung und Heilungssitzung mit ihm begab, öffnete ein kleiner Japaner mit einem herzlichen, mitfühlenden Lächeln die Tür. Ich staunte über das wundervolle goldene und blaue Licht, das ihn umgab. Zu seinen Seiten sah ich seine zwei brillanten spirituellen Geistführer. Ich wusste, vor mir stand ein außergewöhnlicher Mann.

In der folgenden Sitzung spürte ich von Anfang an, dass Michael tief mit meiner Seele verbunden war. Ohne zu zögern, beschrieb er das Wesen meiner Seele und bestätigte mir mein inneres Befinden. Er vermittelte mir ein tiefes Verständnis der spirituellen und psychischen Dynamik meiner Beziehungen zu den einzelnen Mitgliedern meiner Familie und erklärte die karmischen Zyklen, die es aufzulösen galt. Mit ebensolcher Klarheit und Leichtigkeit sprach er von meinen zukünftigen beruflichen Herausforderungen und von meinem geistigen Zustand und erläuterte, was mir bei den nächsten Schritten in meinem spirituellen Wachstum helfen könnte. Als er mir eine energetische Heilung zuteil werden ließ, spürte ich, dass sich sehr viel in mir veränderte.

Jetzt haben Sie das Glück, diese Seiten in Ihrer Hand zu halten, denn sie können Ihnen helfen, Ihre Seele zu heilen. Als ich dieses Buch zum ersten Mal las, erinnerte ich mich an meine erste Ahnung von »Bestimmung«: Es geschah 1966 und ich war damals noch ein kleiner Junge. In jenen Tagen bestand mein Samstagmorgen darin, eine Zeit lang Zeichentrickfilme zu schauen und dann zu einem Brachgrundstück in der Nähe zu radeln, um mich mit meinen Freunden ins Wochenendabenteuer zu stürzen. Wie die meisten Kinder strotzte ich vor Spannung und Vorfreude, was der Tag wohl bringen würde. An jenem Samstag beschlossen wir, am nahen Teich nach Fröschen zu suchen. Auf dem Weg dorthin hielten wir an der Hauptkreuzung der Stadt vor der roten Ampel. Als die Ampel grün wurde, strampelten meine Freunde munter los, doch ich konnte mich nicht vom Fleck rühren. Ich empfand ein überwältigendes Verlangen, stehen zu bleiben. Ich weiß noch, dass ich mich komisch fühlte, als meine Freunde nach mir riefen. Die Ampel schaltete wieder auf Rot, sodass ich weiter warten musste. Plötzlich begann ein alter Mann trotz roter Fußgängerampel die Straße zu überqueren. Er schien den anfahrenden Verkehr gar nicht zu bemerken. Ohne nachzudenken, ließ ich mein Fahrrad fallen und rannte los, um ihn zurück an den Bordstein zu ziehen. Einen Augenblick lang starrte er mich überrascht an, doch dann erkannte er, was geschehen war. Er dankte mir überschwänglich, dass ich ihn vor einem Unfall bewahrt hatte.

Als die Ampel für ihn grün wurde, begleitete ich ihn auf die andere Straßenseite. Während ich mich verabschiedete, um zu meinen Freunden zu stürmen, schaute er mir noch einmal in die Augen und meinte: »Junger Mann, du hast eine große Bestimmung im Leben.«

Ich bedankte mich höflich, ohne zu verstehen, was er damit meinte. Ich lächelte ihn an und flitzte davon. Erst viel später im Leben begann ich, seine Worte von einer »Bestimmung im Leben« zu verstehen.

Ich hatte in meiner Jugend viele *intuitive Erfahrungen* oder *Gefühle*, doch ich missverstand diese Botschaften meistens, weil niemand über solche Dinge redete. Andererseits war es schwierig für mich, sie zu ignorieren, weil diese Erfahrungen in der Regel mit körperlichen Empfindungen einhergingen, meistens mit einem Kribbeln im Bauch, dem eine vibrierende Spannung im ganzen Körper folgte. Als ich älter wurde, nannte ich solche Episoden *Erfahrungen der Energie des Wissens*.

Im Lauf der Zeit lernte ich, diesem Gefühl des *Wissens* zu vertrauen. Ich empfand es vor allem, wenn ich ungestört und ohne Ablenkung war, besonders abends im Bett, wenn ich betete. Je mehr ich auf diese Gefühle achtete, desto stärker wurden sie. Heute ist mir klar, dass ich während meines Gebets mit meinem inneren Wesen oder meiner Seele in Beziehung trat. Diese Zeiten mit mir selbst bildeten die ersten Schritte, die Bestimmung meiner Seele zu entdecken.

Michael ist ein wahrer spiritueller Botschafter. Er beschreibt eloquent die Natur des spirituellen Geistes und nimmt Sie mit auf die Reise der Seele von ihrer Empfängnis bis zu ihrer Erfüllung. Den meisten Menschen heutzutage wurde beigebracht, dass die physische Welt das Ein und Alles ist: Was man nicht sehen kann, existiert auch nicht – so die allgemeine Haltung. Das vorliegende Buch beruht jedoch nicht auf akademischen Untersuchungen. Es ist vielmehr aus dem Herzen und der Seele eines Menschen geboren, der die Wahrheit der göttlichen Bestimmung gesehen und erfahren hat. Lassen Sie sich von den Schwingen seiner poetischen Vision erheben, dann werden Sie eine tiefere Verbindung mit Ihrem göttlichen Erbe erfahren.

Dieses Buch gehört nicht zu jenen, die man auf einen Rutsch durchliest. Wenn Sie es gelesen haben, werden Sie es wieder lesen wollen. Genießen Sie die Worte und lassen Sie sich von ihnen berühren. Wenn Sie Ihr Herz und Ihre Seele der Energie dieser Worte öffnen, werden Sie Wahrheiten entdecken, die für Sie wichtig sind – und Sie werden nicht mehr der gleiche Mensch sein wie zuvor. Wir können unser Leben – viele Leben – einfach verschlafen. Wir können uns jedoch auch entscheiden, aufzuwachen. Michael sorgt für die Inspiration, die Motivation, die Antworten, die Schritte und die Werkzeuge dafür. Verpassen Sie diese Gelegenheit nicht. Jetzt ist es Zeit, die Bestimmung Ihrer Seele zu erfüllen und das Leben zu leben, das Ihnen zugedacht ist.

## Einleitung

Dieses Buch handelt von der Bestimmung Ihrer Seele. Fragt man nach dem Wesen der Seele, trifft man zunächst auf mehr Fragen als Antworten: Wer bin ich? Woher komme ich? Wohin gehe ich? Welche Aufgaben soll ich hier erfüllen? Tatsächlich wird Sie die Suche nach der wahren Bestimmung Ihrer Seele in große Abenteuer führen. Manchmal können die Angst, die Ignoranz, der Zweifel und die Einsamkeit, denen Sie dabei begegnen, überwältigend erscheinen. Doch wenn Sie bereit sind, zu erkunden und zu entdecken, was in Ihrem Herzen, Ihrer Seele, Ihrem Körper und Ihrem Geist verborgen liegt, werden Sie unglaubliche Schätze finden. Es ist kein leichter Weg, doch Sie werden feststellen, dass es nichts Wertvolleres auf der Welt gibt. Ich bete, dass Ihnen dieses Buch auf der außergewöhnlichen Reise der spirituellen Heilung und des geistigen Wachstums als Führer dienen möge.

Am Anfang des spirituellen Wachstumsprozesses leben die meisten von uns wie Schiffbrüchige, die auf dem offenen Meer treiben. Von den Wellen des Schicksals gebeutelt und verschreckt, meinen wir, das Leben sei hart und ende mit dem Tod. Doch wenn wir uns entscheiden, unsere Ängste hinter uns zu lassen und mit den mächtigen Wogen Frieden zu schließen, lernen wir, den Kopf über Wasser zu halten. Wir werden nicht mehr ständig unter den Wellen begraben; stattdessen beginnt unser Leben, manchmal angenehm und manchmal unangenehm zu sein. Manchmal reiten wir auf einer großen Welle, erkennen die Schönheit um uns herum und erhaschen vielleicht sogar einen Blick auf die Küste. Zu anderen Zeiten sinken wir wieder tief hinab in die Dunkelheit, sodass unsere Hoffnungen gerade so weit reichen, dass wir die nächste Welle überleben. Mit etwas Beharrlichkeit beginnen wir zu erkennen, dass wir das Surfen lernen können. Dann werden die gleichen Wellen, die uns zuvor gequält haben, zu unseren Verbündeten. Wenn wir auf ihrer Ehrfurcht erregenden Kraft und Entschlossenheit reiten, lernen wir, heim an die Küsten unserer Freiheit zu surfen. So wie es ein Surfer übt, mit den unbändigen Kräften der Natur zu tanzen, müssen wir lernen, uns in den heiligen Tanz mit dem Leben zu begeben, um die Bestimmung unserer Seele zu erfüllen und die Freude unserer Existenz kennenzulernen.

Ich liebe das Tanzen seit meiner Kindheit, auch wenn ich viele Male gestolpert und gefallen bin. Ich bin unzähligen Partnerinnen auf die Zehen getreten und unaufmerksam in andere Tänzer hineingerauscht. Es gab auch Zeiten, in den ich unfähig war und nicht tanzen konnte. Doch nichts von alledem konnte mir meine Liebe zum Tanz nehmen. Genauso war es mit der Bestimmung meiner Seele. Ich liebe es, meine Bestimmung zu erfüllen, auch wenn ich immer wieder stolpere und falle.

Ich bin in dieses Leben gekommen, um zu heilen und zu lehren. Doch Heilen und Lehren sind nicht der Sinn und Zweck meines Daseins. Sie sind nur der Weg, durch den ich meine Bestimmung erfülle, welche die gleiche ist wie bei allen anderen Menschen: ganz zu dem zu werden, wer ich bin.

Meine Bestimmung hat mich immer gerufen; als Kind erwiderte ich sie, ohne zu fragen. Sie war der Magnet und der Kompass meines Herzens, der mir sagte, wohin ich mich wenden und was ich tun sollte. Es ging dabei überhaupt nicht darum, was ich einmal werden wollte, wenn ich groß bin. Ich hatte gegenüber meiner Bestimmung ähnliche Gefühle wie zum Beispiel für Mrs. Olsen, meine Erzieherin im Kindergarten: Sie war eine schöne, anmutige Frau mit dichtem schwarzem Haar – wie eine Spanierin; sie trug es im Nacken aufgerollt, als sollte es ihr helfen, Widrigkeiten die Stirn zu bieten. Ihre sanfte Freundlichkeit schien von einer unsichtbaren Schwerkraft niedergedrückt zu werden. Sie sehnte sich nach etwas, das außerhalb ihrer Reichweite lag, und es betrübte sie. Etwas in mir wollte ihr helfen, sie trösten.

Irgendwie wusste ich, dass ich ihre Schuhe putzen sollte. Ich wusste, dass es ihr Herz erleichtern würde. Also nahm ich jeden Tag, wenn wir während des Vorlesens um sie herum auf dem Boden saßen, ihr sanft die Schuhe ab und polierte sie liebevoll mit Spucke und einem Tuch. Wenn die Geschichte zu Ende war, zog ich ihr die Schuhe wieder an. Das brachte sie immer zum Lächeln. Nachdem ich zwei Wochen so vorgegangen war, rief sie meine Mutter an und erzählte ihr, dass sie sich durch meine Hingabe so viel besser fühlte und dass sie viel glücklicher sei. Sie fragte meine Mutter, ob sie etwas dagegen einzuwenden habe, dass ich damit so lange fortfahre, wie ich wolle.

Ich war damals schon ein Heiler, genauso wie heute. Ich musste nicht erwachsen werden, um dazu zu werden. Der einzige Unterschied besteht darin, dass ich heute weiß, was es bedeutet, ein Heiler zu sein. Als Kind war ich es einfach. Ich wollte nur, dass die Leute glücklich sind. Ich wusste, sie brauchten nicht zu leiden. Ich wollte möglichst gut lernen, wie ich dazu beitragen konnte, dass sich die Menschen besser fühlen.

Als ich sieben Jahre als war, lernte ich die Amma-san kennen: japanische Heiler und Heilerinnen sowie Musiker und Musikerinnen, die allesamt blind waren. Während des Zweiten Weltkriegs erkannte ein japanischer Arzt, dass Blindheit oft mit erhöhter anderweitiger Wahrnehmung einhergeht. Er gründete eine Schule, in der den Sehbehinderten beigebracht wurde, durch Massage und Musik zu heilen. Auch nach dem Krieg wanderten die so ausgebildeten Heiler weiter durch die Wohnstraßen und bliesen auf ihren Bambusflöten, um ihre Dienste anzubieten.

»Hier sind zweihundert Yen (ungefähr 40 Cent)«, sagte meine Großmutter zuweilen. »Geh und bitte einen der Amma-san, zu uns zu kommen.«

Ich lief dann durch die Straßen, um einen Heiler zu finden, immer dem Klang der geheimnisvollen und doch erdigen Töne der Bambusflöten nach. Eine stille Freude stieg in mir auf, wenn ich einen der Amma-san holen durfte. Viele Abende saß ich dann neben dem Heiler oder der Heilerin und schaute zu, wie sie die Körper meiner Großeltern mit der gleichen Virtuosität massierten und behandelten, mit der ein Pianist eine Rhapsodie spielt. Ich beobachtete jede Bewegung und ahmte sie innerlich nach. Selbst mit geschlossenen Augen konnte ich spüren, wie sie arbeiteten – ich musste es gar nicht sehen.

Wenn die Amma-san dann gegangen waren, bot ich jedem, der wollte, meine Massage-Dienste an. Meine Hände juckten vor Verlangen, das Gelernte auszuprobieren. Sie juckten nicht nur, es bildeten sich sogar Blasen. Niemand wusste, was mir fehlte. Man versuchte es mit allen möglichen Medikamenten, doch ohne Erfolg. Erst später erkannte ich, dass die schöpferische Heilungsenergie so heftig durch meine Hände floss, dass sie verbrannten.

Ohne entsprechende spirituelle Anleitung waren meine heilerischen Fähigkeiten eher ein Problem für mich. Das Ganze belastete mich so sehr, dass ich beschloss, Arzt zu werden. Schließlich ging jeder, der ein ernsthaftes Problem hatte, zum Arzt. Mein Bild von einem Arzt war das eines Menschen von großer Weisheit und Empathie, der viel vom Leben und dessen Geheimnissen weiß. Die Anfangssequenz einer damals populären Arztserie fasste das bestens zusammen: »Mann, Frau, Leben, Unendlichkeit«. Damals wusste ich nicht, was es bedeutet, ein Hellseher oder ein Heiler zu sein; ich kannte nicht einmal die Begriffe.

Die Grundschule war sehr hart für mich. Niemand schien etwas mit mir anfangen zu können. Ich wurde abwechselnd in die Begabten- und in die Sonderschüler-Gruppe gesteckt. Man schickte mich zu Schulärzten, Psychologen und Beratern. Als Kind wusste ich Dinge über andere, weil ich die Geometrien ihres Lebens sah, aber das half mir nicht, mit ihnen zu kommunizieren. Ich sah um die Menschen herum »farbige Wolken«, wie ich es nannte – der Begriff »Aura« war mir unbekannt –, aber auch das half mir nicht, mit anderen in Beziehung zu treten. Ich begriff nicht, was man von mir wollte. Ich merkte nur: So wie ich war, war ich offenbar nicht in Ordnung.

Also arbeitete ich in meiner Jugend hart daran, nicht ich selbst zu sein. Ich versuchte, den Erwartungen der anderen entsprechend intellektuell, konkurrierend, verantwortungsvoll und leistungsorientiert zu sein. Doch als ich zwanzig war und eine Freundin von mir erkrankte, ohne dass eine konventionelle Behandlung möglich war, begann ich, zu meinem wahren Selbst zurückzukehren. Durch meine Hände ereignete sich ein Heilungswunder; ich folgte dem Ruf meiner Bestimmung.

Ich tauchte in eine Welt voller Abenteuer der Heilung und des spirituellen Wachstums ein – in eine Welt der Wunder. Seitdem lebe ich in einer Welt, die offen ist für neue Wahrheiten und unendliche Schönheit. Es ist eine herrliche Welt voller Liebe, Gnade und Freiheit.

Ist es schwer, zu glauben, dass es eine solche Welt gibt? Ich meine nicht. Nicht dass es in der Welt, in der ich lebe, kein Leid gäbe: Sie birgt zahlreiche Schwierigkeiten und Herausforderungen, Prüfungen und Bedrängnisse. Doch in der Welt, in der ich lebe, werden solche Dinge in Weisheit transformiert, wie Blei in Gold umgewandelt wird.

Wie kam es dazu, dass ich in so einer Welt lebe? Es ist einfach, aber es bedarf der Übung: Ich lernte, Angst und Leiden hinter mir zu lassen und gegen Selbstliebe und inneren Frieden einzutauschen. In einer Welt der Wunder zu leben bedeutet, das Leben des Himmels auf Erden zu führen: in dieser Welt zu leben, ohne von dieser Welt zu sein. Wenn Sie mehr zu Ihrem wahren Selbst werden, fangen Sie an, das Wunder zu leben – einfach deshalb, weil Sie das Wunder sind.

Es ist leicht, zu sagen: »Lass Angst und Leiden hinter dir und liebe dich stattdessen selbst.« Wie alles im Leben ist dazu Übung erforderlich. Wenn Sie singen üben, werden Sie besser singen. Wenn Sie das Fußballspielen trainieren, werden Sie besser mit dem Ball umgehen können. Wenn Sie dranbleiben, das Leben des spirituellen Geistes zu leben, werden Sie besser die Bestimmung Ihres Lebens erfüllen. Sie werden besser darin werden, unabhängig von den Umständen glücklich zu sein.

In dieser materiellen Welt das Leben des Geistes zu leben sowie zu heilen, zu reifen und Ihre Bestimmung zu erfüllen – das ist nicht nur möglich, nein, es sind sogar unerlässliche Schritte der menschlichen Evolution. Es stimmt nicht, dass Erleuchtung und spirituelle Erfüllung nur durch lebenslange Askese, Disziplin und Übung erreichbar sind. Ihr ganzes Leben ist Ihr Training. Ihr Leben ist Ihre Schule. Das eine lässt sich nicht vom anderen trennen. Sie brauchen sich nur zu entscheiden, wach zu sein und zu lernen.

Spirituelle Erfüllung und Glück sind auch nicht wenigen Erwählten vorbehalten. Sie brauchen keine besondere religiöse Gemeinschaft und müssen nicht das Leben eines Heiligen führen. *Das Einzige, was von Ihnen verlangt wird: dass Sie sind, wer Sie wirklich sind.* Einfach, aber nicht immer leicht. Das Gute daran ist, dass es jeder lernen kann.

Ich hatte viele wundervolle Lehrer, die mich bewusst oder unbewusst zu meiner eigenen Wahrheit geführt haben. Ich kann allen Schülern nur raten, von jedem zu lernen. »Von jedem zu lernen« bedeutet jedoch nicht, jedem x-Beliebigen blindlings Glauben zu schenken. Von anderen zu lernen heißt, dass sie Sie auf die Wahrheit hinweisen dürfen, die bereits in Ihnen liegt. Ihre Freunde werden Sie häufig etwas über die Liebe lehren und Ihre Feinde etwas über die Wahrheit. *Ihre Freunde schätzen und fördern das Wundervolle in Ihnen, während Ihre Feinde die Schmerzen und Lügen aus Ihnen hervorzerren, die Sie nicht wahrhaben wollen.* Die Liebe wird Sie zur Wahrheit führen und die Wahrheit zur Liebe. Liebe ohne Wahrheit ist unvollständige Liebe, und Wahrheit ohne Liebe ist mangelhafte Wahrheit. Um frei zu sein, brauchen wir beide.

Vielleicht halten Sie Ihren Lehrer oder Ihre Lehrerin für unfehlbar. Vielleicht halten Sie sie für den Besten oder die Beste. Denn wenn Ihr Lehrer unvollkommen wäre und einen Fehler machte, was würde dann aus Ihnen? Sie werden jedoch irgendwann erkennen, dass Sie von jedem und von allem im Leben lernen können, sobald Sie die Angst vor dem Vertrauen in Ihr inneres Sein abgelegt haben. Wenn Sie sich selbst vertrauen, meistern Sie alles, was Ihnen begegnet. Das Leben selbst wird zu Ihrem Lehrer. Ich hoffe, dass Ihnen dieses Buch dabei helfen wird.

Dieses Buch kann ein Tor zu Abenteuern des Bewusstseins, der spirituellen Heilung und des persönlichen Wachstums werden: Es öffnet sich, wenn Sie ihm mit Offenheit gegenübertreten. Beim

Erkunden werden Sie merken, dass durch die Lektüre nicht nur Informationen vermittelt werden, sondern auch Erfahrungen des Geistes und der Heilung. Die Leser des Manuskriptes haben von erweiterten Bewusstseinserfahrungen, von Geistesblitzen, Spontanheilungen, Rückerinnerungen und anderen Bewegungen ihres inneren Seins berichtet. Haben Sie dieses Buch einmal durchgelesen, können Sie es als Nachschlagewerk benutzen. Es eignet sich auch als Studienmaterial, indem Sie sich die Kapitel einzeln zu Gemüte führen und sie in Ihr tägliches Leben integrieren. Oder Sie verwenden das Buch als Anregung für Ihre tägliche Meditation, indem Sie intuitiv irgendeine Seite aufschlagen und den Text als Botschaft für den Tag betrachten. Manchmal werden Sie es vielleicht einfach durchblättern, bis Ihr Blick auf einen Satz fällt, der Sie zum Nachdenken anregt. Vielleicht entdecken Sie auch, dass der gleiche Abschnitt, wenn Sie ihn einige Zeit später noch einmal lesen, Ihnen neue Erkenntnisse, Einsichten und Inspirationen vermittelt.

Lassen Sie sich von diesem Buch auf Ihrer Reise entlang dem Fluss Ihres spirituellen Lebens begleiten: Sie werden durch die Wildwasser der Inspiration fahren, sich durch spiegelglatte, ruhige Phasen treiben lassen, manchmal plötzlich auf die Hindernisse Ihrer Widerstände treffen und sich in den Wirbeln der Vergebung erholen. Die Lektüre kann Sie auf eine ähnliche Reise führen. *Seien Sie gewiss, dass hinter allem, das Sie erfahren, der Ruf Ihrer Bestimmung steht.* Lernen Sie, ihn zu erwidern und sich in den heiligen Tanz mit dem Leben zu begeben.

# 1

## Die Bestimmung unserer Seele

DAS LEBEN HAT EINEN SINN, EINE BESTIMMUNG, DIE SICH NICHT IGNORIEREN LÄSST und die bewirkt, dass wir uns nach Erfüllung sehnen. Wir werden zu physischen Wesen, um diese Bestimmung zu erfüllen. Das Leben in uns verlangt danach, zu der Ganzheit zurückzukehren, die das Leben ausmacht. Alles trägt dazu bei, dass das Leben seine Bestimmung erfüllt. Nichts existiert, ohne dass es durch eine Bestimmung zum Leben erweckt worden wäre, und diese Bestimmung ruft uns, bis wir antworten. Wenn wir den Ruf der Bestimmung erwidern, treten wir in den heiligen Tanz mit dem Leben ein.

In der Bestimmung eines Samens liegen die Energie und das Bewusstsein, die ihn dazu veranlassen, sich mithilfe der entsprechenden Nährstoffe zu einer blühenden Pflanze zu entwickeln. Der Sinn und der Wert eines Samens liegen darin, zu einem fruchttragenden Baum zu werden. Jeder Samen hat seine eigene Bestimmung. Der Sinn und Zweck eines Apfelkerns ist es, zu einem Apfelbaum zu werden und Äpfel hervorzubringen. Er kann keine Kirschen oder Wassermelonen produzieren. Die menschliche Seele ist auch ein Samen: ein Gottes-Samen. Genauso wie der Apfelkern nur zu einem Apfelbaum werden kann, kann ein Gottes-Samen nur zu einem Gottes-Baum werden, dessen Früchte die Vollständigkeit des Göttlichen zum Ausdruck bringen. Wie viel von dem, was Sie an Göttlichem in sich tragen, kultivieren Sie zurzeit? Und wie weit kann das gehen? Genauso wie aus einem Apfelkern nicht nur andere Äpfel, sondern Jahrhunderte überdauernde Obstbaumgärten werden können, kann eine menschliche Seele dahin wachsen, Generationen von Menschen zu heilen und zu erleuchten.

Es gibt zwar viele Apfelsorten, aber alle werden zu Apfelbäumen. Manche stehen in kleinen Privatgärten, andere wachsen in großen Plantagen. Genauso ist jeder von uns eine einzigartige menschliche Seele und erfüllt auf seine eigene, originelle Weise seine Bestimmung. Und gleichzeitig sind wir alle aus demselben Grund hier: um durch unsere vollständige Inkarnation als menschliche Wesen alles zu realisieren, was Gott ist.

Was bedeutet es, Gott zu realisieren? Es bedeutet, Gott in unserem Wesen, in unserem Bewusstsein und unserem Leben zu einer Realität zu machen. Doch was ist dieser Gott, den wir verwirklichen sollen? Die Aussage der Sufis über Gott gefällt mir persönlich besonders gut: »La illaha illa 'llah hu«, das heißt: »Es gibt nichts außerhalb von Gott.«

Gott ist ein Wort, mit dessen Hilfe ich Aufmerksamkeit auf die unbeschreibliche Transzendenz lenken möchte, die jedes Atom unserer Existenz erschafft, dem Leben Kraft einhaucht, zu allem wird, was manifest ist, alles erinnert, alles erfährt, Weisheit hervorbringt und wächst. Wenn Sie es wahrnehmen, denken, sich vorstellen können, es sein, tun oder haben können, ist es Gott. Selbst diese Worte sind Gott, der eine Form annimmt, um eine Sicht von sich zum Ausdruck zu bringen. Gott ist das, was hinter allem steht, in alles eingebunden ist und alles enthält.

Gott ist unendlich, ewig und unsterblich. In dem Augenblick, wo wir Gott um irgendetwas bitten, versorgt er uns nicht nur damit, sondern wird selbst zu dem, womit er uns versorgt; er schenkt sich uns. Er ist unbegrenzt, doch er begrenzt sich, damit wir ihn berühren, sehen, erkennen können. Er ist allmächtig, doch er macht sich hilflos, damit wir helfen können; er ist hilfreich, damit wir Hilfe empfangen können. Gott ist allwissend und allgegenwärtig.

Ich schreibe von Gott als »er«, doch jedes Pronomen könnte durch ein anderes ersetzt werden, denn Gott ist weder »er« noch »sie«. Doch Gott kann er, sie, es, wir, ihr, sie, du oder ich sein. Gott ist nicht getrennt von uns, allerdings passt sich Gott unserer Illusion der Getrenntheit an. Er kann als alter Mann mit weißem Bart auf einem himmlischen Thron erscheinen, wenn Sie möchten, oder als das ganze Universum; oder er kann Ihnen selbst überraschend ähneln.

In Ihrem Leben wird Gott in dem Maße als »Sie selbst« zum Ausdruck kommen, wie Sie dem freien Willen des Göttlichen Ihre Kontrolle, Ihre Beschränkungen und Ihre Bedingungen aufzwingen. Je mehr Sie dem göttlichen Willen Freiheit lassen, desto mehr werden Sie Gott in Gottes Leben sein.

## Die Bestimmung ist die Bitte, wir sind die Antwort

Wir sind spirituelle Wesen, die lernen, vollständige menschliche Wesen zu werden. Unser Menschsein ist keine Bürde, sondern Gnade und Erfüllung. Wenn Sie sich als Versager fühlen und lamentieren, Sie seien nun mal nur ein Mensch, entwerten Sie nicht nur sich selbst, sondern auch alles, was heilig ist. Um die wahre Bedeutung Ihrer Seelenbestimmung zu entdecken, müssen Sie sich notwendigerweise darüber klar werden, was es bedeutet, Mensch zu sein. Denn nur aufgrund unserer Menschlichkeit können wir den göttlichen Willen erfüllen.

Wenn unsere Bestimmung so gewiss ist: Warum entzieht sie sich dann so leicht unserem Zugriff? Selbst jene unter uns, die eine große Bestimmung zu erfüllen scheinen, tun sich nicht leicht, sie genau zu erfassen.

Als ein Reporter den Baseball-Star Mark McGwire während seiner sensationellen Spielsaison danach fragte, ob es seine Bestimmung sei, der »Home-run«-König zu sein, verneinte er: Er sei sich sicher, dass sein Leben einen Sinn habe, doch dieser liege nicht darin, Weltrekorde einzuholen oder auch nur Baseball zu spielen. »Gott hat mir ein unglaubliches Talent verliehen, die Bälle weiter zu schlagen als die meisten anderen Menschen«, meinte er. »Ich werde da weiterhin mein Bestes geben. Und wenn ich meine verschiedenen gottgegebenen

Talente nach bestem Vermögen entwickle, werde ich irgendwann meine Bestimmung erfüllen.«

Die Bestimmung des eigenen Lebens zu kennen hat nichts mit Intellekt zu tun, sondern mit einer Erfahrung von Sinn und Bedeutung.

Um besser zu begreifen, was mit Bestimmung gemeint ist, wollen wir sie sowohl auf der persönlichen als auch auf der kosmischen Ebene betrachten.

Angenommen, Sie haben endlich eine schwierige Aufgabe hinter sich gebracht, einen lange gehegten Traum verwirklicht oder ein großes Werk vollendet. Es ist geschafft, Sie sind fertig. Oder vielleicht doch nicht? Was könnten Sie noch wollen? Das Verlangen wurde befriedigt, jetzt *haben* Sie. Doch wenn sie ganz erfüllt sind, wächst natürlicherweise das Verlangen, es mit anderen zu *teilen*. Dieses Teilen ist nichts Eigenständiges, sondern ein Geben, das mühelos aus dem Sein erstrahlt.

Jetzt stellen Sie sich vor, Sie seien allwissend, allmächtig, all-liebend und all-schöpferisch. Es gibt nichts, was Sie nicht wissen, nichts, was Sie nicht können. Aus Ihrer grenzenlosen Ekstase ergießt sich Ihr Jubel in einer unzähligen Vielfalt von Formen. Ein Universum entsteht, das Ihren Gesetzen und Ihren göttlichen Anweisungen folgt. Als omnipotentes, unsterbliches Wesen haben Sie alles erschaffen, was ist. Vollständig in jeder Hinsicht, frei und selbsterfüllt – was könnten Sie da noch brauchen oder wollen? Nur eines: diese lebendige und freudvolle Schöpfung mit anderen zu teilen.

Dieses Geben ist Gottes Liebe, die sich in die Schöpfung ergießt. In diesem göttlichen Fluss wird alles erschaffen und bedingungslos unterstützt. Protonen unterstützen Elektronen. Die Sonne unterstützt die Erde. Die gesamte Natur unterstützt die Menschheit. Alles dient der Bestimmung des Lebens. Es ist ein heiliger Tanz.

Das ganze Leben ist Gottes ekstatischer Festakt. Dieser heilige Tanz, zu dem wir aufgefordert wurden, ist die Bestimmung des Lebens. Das Universum ist der Tanzsaal. Die Natur liefert das Büfett und die Symphonie. Gott formte uns nach seinem Bilde: ein Samen, der die gesamte Göttlichkeit enthält, damit in unserem Erblühen das Leben in seinem heiligen Tanz einen Partner habe. Erst dann ist die Feier vollständig.

Damit die Menschheit die Bestimmung des Lebens erfüllen kann, gab Gott der menschlichen Seele etwas, das sonst nirgends in der Natur vorkommt: einen freien Willen. Dies ist es, was sich Kinder von ihren Eltern ersehnen, wenn sie aufwachsen: die Freiheit, hinaus in die Welt zu ziehen und sie zu erkunden, zu entdecken und Erfahrungen zu sammeln. Sie möchten ausprobieren, was ihnen mitgegeben wurde; sie wollen ihre eigenen Familien gründen und lieben; sie möchten geben, wie ihnen gegeben wurde; es verlangt sie danach, ihren eigenen Wert zu entdecken.

Die Liebe aller Eltern wird auf die Probe gestellt, wenn es darum geht, ihren Kindern die Freiheit zu geben – unterstützt von ihrer zuverlässigen Liebe, frei von Angst –, sich auf eigene Füße zu stellen, ihre eigenen Fehler zu machen, durch eigene Erfahrungen zu lernen, sowohl zu siegen als auch zu versagen. Sie könnten dabei fallen, sich verletzen, sogar sterben.

Wie wäre es, wenn Sie die Macht besäßen, alles augenblicklich zu verändern, und doch nur am Rand stünden und ihr heiß geliebtes Kind ermuntern könnten, an den Abgründen des Lebens stolpernd seine eigenen Schritte zu wählen? Wären Sie in der Lage, es seine eigenen Schmerzen, Ängste und Leiden erleben sowie durch seine Freuden und seine Liebe lernen zu lassen? Das verlangt eine unermessliche Liebe. Dies ist die Liebe, die der menschlichen Seele freien Willen verlieh. Und dies ist die Liebe, die wir in uns selbst entdecken müssen, um als individuelle Seelen frei zu sein, um Schöpfer zu sein, um endlich eins mit Gott zu sein.

Denn aus Liebe sind wir hervorgegangen. Und in Liebe kehren wir zurück. Dies ist die Reise der Seele, die wir Liebe nennen. Zu sein, wer wir sind, mit allem, was in uns ist, und unser göttliches Erbe voll zum Ausdruck zu bringen – das ist der Sinn unseres Lebens und das Ziel unserer Reise.

Spirituelles Wachstum ist der Prozess, diesen Sinn zu erfüllen. Wenn Sie den Ruf Ihrer Bestimmung wahrnehmen, werden Sie zur Antwort. Auf der Reise zu Ihrem letztendlichen Ziel geht es nicht darum, von *hier* nach *da* zu kommen. Vielmehr geht es darum, von *da* nach *hier* zurückzukehren. Das Schicksal wählt sich seine Zeit selbst. Unsere spirituelle Entwicklung ist nichts, was sich in einer fernen Zukunft abspielt, und die Erfüllung unserer Bestimmung ist nirgends zu finden als hier in uns – jetzt.

Wir sind zur Freiheit bestimmt. Und wir erfüllen die Bestimmung unseres Lebens, indem wir uns an jeder Wegkreuzung für die Wahrheit entscheiden und sie in Liebe handelnd umsetzen.

Sie sind die Antwort. Die Bestimmung ist die Bitte. Jetzt wollen wir herausfinden, wie die Frage lautet.

# 2

## Die Reise der Seele

*»Schwer ist das Erlangen einer Geburt als Mensch.
Schwer ist das Leben der Sterblichen.
Schwerer noch ist es, vom Weg zu hören,
und noch schwerer, zu erwachen,
sich zu erheben und zu folgen.«*

GAUTAMA BUDDHA, Dhammapada, 14,182

DIE INKARNIERENDE SEELE SIEHT DIE WELT ALS EINE GROSSARTIGE ZURSCHAUSTELLUNG DER SCHÖPFUNG. Es ist eine Welt voll lebhafter Schwingungen und Chancen, Erfahrungen zu sammeln. Fasziniert und neugierig nähern wir uns dem kosmischen Tanz dieser dynamischen Kräfte. Wir beginnen zwar unsere Inkarnation in dem Bewusstsein, unsterblicher spiritueller Geist zu sein, doch meistens lassen wir uns von den ungeheuren Kräften der Manifestation hypnotisieren. Auf ähnliche Weise, wie wir uns von einem spannenden Film so einfangen lassen, dass wir die Wirklichkeit vergessen, verlieren wir in der Materialität unsere Bewusstheit und die Kraft unseres Seins. Dann fangen wir an zu glauben, dass wir voneinander getrennte physische Persönlichkeiten seien, die in einer Welt unabhängiger Objekte leben. Diese Erfahrung kann so betörend sein, dass viele vergessen, wer sie sind und warum sie inkarnieren wollten. Manche erwachen erst durch den Schrecken des nahe bevorstehenden Todes aus ihren Träumereien und finden den Weg wieder, dem sie folgen sollten. Doch selbst für jene, die es schaffen, relativ früh im Leben aufzuwachen, gibt es noch viel zu tun. Die meisten von uns brauchen mehrere Inkarnationen, um ganz aus diesem hypnotischen Traum zu erwachen, ihr Sein vollkommen zu erkennen und ihre göttliche Bestimmung zu erfüllen.

Unsere verschiedenen irdischen Inkarnationen sind jedoch keine einzelnen Leben, in die wir geboren werden und die wir durch den Tod wieder verlassen. Wir leben in Wahrheit ein einziges, fortwährendes Leben: Mit derselben Leichtigkeit, wie wir unsere Kleider wechseln, schlüpfen wir in die einzelnen Inkarnationen hinein und bewegen uns wieder aus ihnen heraus. Wäre es nicht merkwürdig, wenn wir uns ganz von unserem gestrigen Leben trennen müssten, weil wir gestern etwas anderes anhatten oder weil das Wetter gestern anders war? Wir halten die einzelnen Tage nicht für einzelne »Leben«, weil wir eine kontinuierliche Erinnerung haben, welche die einzelnen Tage miteinander verbindet. Könnten Sie sich auch an ihre verschiedenen Inkarnationen erinnern, würden Sie merken, dass es nur ein einziges Leben ist, das Sie seit Ewigkeiten leben. Und genauso wie Sie sich nicht an jede Einzelheit des gestrigen Tages erinnern müssen, um Ihr Leben als kontinuierlich zu erfahren, brauchen Sie auch nicht die Details Ihrer vorigen Inkarnationen zu wissen, um zu erkennen, dass Sie sie als unsterbliches spirituelles Wesen kontinuierlich durchlebt haben.

Sie inkarnieren in eine Vielfalt von Körperpersönlichkeiten und Umständen, damit Sie die Erfahrungen sammeln können, die Sie brauchen, um Ihre Bestimmung zu erfüllen. Sie wurden sowohl als Mann als auch als Frau geboren, sowohl reich als auch arm, mit allen möglichen Hautfarben und verschiedenen Rassen und Religionen angehörend. Ob Sie als Thronfolger königlich umsorgt oder als Findelkind früh verlassen wurden, ob Sie ein Superstar wurden oder eine Hausfrau, ob Sie als Moslem oder als Christ lebten: Der Wert der einzelnen Inkarnationen lässt sich nicht vergleichen. Wie sollte das auch gehen? Alles gehört zu demselben Leben. Alles war notwendig, um Sie mit dem auszustatten, was Sie brauchen, um Ihre Bestimmung so weit zu erfüllen.

Ihre Bestimmung entfaltet sich im Laufe eines kontinuierlichen Weges durch sich ständig verändernde Landschaften. Vielleicht legen Sie ihn diesmal in einem kleinen Fiat zurück und schimpfen über die gigantischen Sattelschlepper, welche die ganze Straße verstopfen und Ihnen die Sicht nehmen. Doch das nächste Mal sitzen Sie vielleicht am Steuer eines riesigen Trucks und knirschen mit den Zähnen über diese kleinen Blechkisten, die so leicht zu übersehen sind. Das eine Fahrzeug ist nicht wertvoller oder wertloser als das andere – jedes dient einem bestimmten Zweck. Früher oder später werden Sie sich daran erinnern, dass Sie auch schon auf dem anderen Sitz gesessen haben, und entwickeln allmählich mehr Verständnis und Mitgefühl. Dann fangen Sie an, die Einheit des Lebens zu erkennen.

Wenn Sie im Laufe Ihrer verschiedenen Inkarnationen alle möglichen Perspektiven durchleben, werden Sie irgendwann erkennen, dass das Leben, das Sie leben, das gleiche Leben ist wie jenes, das ich lebe. Ihre Lieben leben das gleiche Leben wie diejenigen, die Sie hassen. Es ist das *eine* Leben des *einen* Geistes. Wir alle teilen es miteinander, genauso wie wir alle auf diesem Planeten die gleiche Luft atmen. Was ich mit der Luft mache, wird sich irgendwann genauso auf Sie auswirken, wie es sich auf mich auswirken wird. Wir können uns vormachen, dass die Luft, welche die Leute in Afrika einatmen, nichts mit jener zu tun habe, die wir in Amerika oder in Europa atmen, doch tatsächlich ist es ein und dieselbe Luft.

Mental teilen wir dieses *eine* Leben in *dein* Leben, *mein* Leben und *deren* Leben auf. In der gleichen Weise unterscheiden wir zwischen meinem jetzigen Leben, meinen vergangenen Leben und meinen zukünftigen Leben. Diese Unterteilung des Lebens ist rein politisch, ähnlich wie die Linien, die wir auf der Landkarte ziehen, um die Erde in verschiedene Länder einzuteilen. Im Lauf der Zeit verinnerlichen wir womöglich sogar solche Lügen wie »Mein Land ist besser als deines«, als ob das Leben in einem Land wertvoller sein könnte als in einem anderen. Niemals ist ein Teil des Lebens wertvoller als ein anderer. Leben ist Leben.

In jeder menschlichen Seele ist die Ganzheit all dessen, was Leben ist. Ihre Bestimmung verleiht ihr Bedeutung und gibt ihrer Existenz einen Wert. Wir können einer Seele niemals ein Preisschild anhängen oder sie irgendwie beurteilen, denn sie ist immer hundert Prozent wert. *Keine Seele ist wichtiger als eine andere. Durch irgendeine Leistung werden Sie nicht wertvoller. Nur indem Sie den wahren Wert in sich selbst entdecken, gewinnt alles, was Sie tun, an Wert.*

Wie niemals das Leben einer Seele besser oder schlechter sein kann als das einer anderen, ist auch keine Inkarnation wertvoller als eine andere. In ihrem jetzigen Leben sind Sie die Summe all ihrer Inkarnationen – der vergangenen, der gegenwärtigen *und* der zukünftigen. Sie waren nie großartiger, als Sie jetzt gerade sind, und Sie werden es nie sein. Ihr Wert ist bereits vollständig und verändert sich nie. Nur Ihre Beziehung dazu entwickelt sich. Sie mögen vielleicht sagen: »Ich bin nur Hausfrau und finde nicht einmal einen Job. Wie kann dieses Leben das großartigste sein? Wie kann es mehr Bedeutung haben als das Leben, in dem ich ein Pharao oder ein Präsident oder eine Heilige war? Und wie steht es um den Wert des Lebens eines Mörders, der in der Todeszelle sitzt?«

Liebt eine Mutter eines ihrer Kinder weniger als ein anderes? Ist ein Kind in der dritten Grundschulklasse weniger wert als eines im Gymnasium? Natürlich nicht. Eine Mutter mag es schwieriger finden, ein bestimmtes Kind aufzuziehen, doch deswegen liebt sie dieses Kind nicht weniger. Ein Vater mag seine Liebe bei einem seiner Kinder anders zum Ausdruck bringen als bei einem anderen, aber er liebt es deswegen nicht minder. Ein Kind mag weniger gebildet oder weniger stark sein als ein Erwachsener, aber deswegen hat sein Leben nicht weniger Bedeutung. Wie könnte dann Gott, der nicht begrenzt ist wie wir, eine Seele mehr oder weniger lieben als eine andere?

Aus einer menschlichen Perspektive kann das Leben voller Leiden und Ungerechtigkeiten erscheinen. Doch aus der Sicht der Seele sind wir alle *aus eigener Entscheidung* in der Schule des Lebens. Manche von uns sind im Kindergarten, andere in der Mittelstufe und wieder andere bereiten sich auf ihre Doktorarbeit vor. Doch jeder muss gewisse Dinge lernen, unabhängig von seiner Intelligenz oder Begabung. Manche nehmen sich noch Wahlfächer hinzu, andere nicht. In einer Klasse sitzen wir vielleicht ganz vorne und kriegen alles mit, während wir in einer anderen lieber hinten sitzen und unsere Ruhe haben wollen. Als wir das Fach Kriminalität hatten, entschieden sich manche für ein Leben als grausamer Verbrecher, andere lernten etwas über das Grauen, Opfer zu sein, und wieder andere wählten es, sich die Sache aus Sicht der Polizei anzusehen.

In der Schule des Lebens geht es darum, Erfahrungen zu sammeln und daraus Weisheiten abzuleiten. Das Wichtige in der Ausbildung einer Seele ist also nicht, in welche Umstände wir geboren wurden – unsere Herkunft, Umgebung, Religion, unser Geschlecht oder sozial-ökonomischer Status –, und auch nicht, was uns im Leben widerfährt. Unsterbliche Weisheit und ewige Freiheit gewinnen wir vielmehr daraus, *wie wir mit den Ereignissen unseres Lebens umgehen. Hier offenbart sich der wahre Wert unserer Seele.*

Die Reise Ihrer Seele begann in unschuldiger Einheit. Wie ein unbefangenes Kind waren Sie frei und eins mit Gott. Um sich Ihres wahren Wesens bewusst zu werden, mussten Sie jedoch in die Individualität geboren werden, einen freien Willen erhalten und vergessen, dass Sie eins sind mit Gott. Durch die Prüfungen, die sämtliche Entscheidungen und deren Konsequenzen bedeuteten, haben Sie aus Ihren Erfahrungen Weisheiten abgeleitet. Mit jeder Geburt in die physische Welt haben Sie mehr von Ihrem spirituellen Selbst eingebracht. Jetzt lernen Sie, mit Ihrem Bewusstsein aus der verführerischen Traumwelt der Dualität aufzuwachen, um zu einem vollständigen menschlichen Wesen zu werden, einer menschlichen Verkörperung des göttlichen Seins. Das ist die eigentliche Bedeutung der Zeile aus dem Vaterunser: »Und führe uns nicht in Versuchung, sondern erlöse uns von dem Bösen.« (Matthäus 6,13)

Eine der größten Herausforderungen der Inkarnation besteht darin, dass wir uns an unser spirituelles Selbst erinnern und uns nicht von den polarisierenden Kräften der Materialisation verführen lassen. Wir sind wie das kleine Mädchen, das zu seinem neugeborenen Brüderchen sagt: »Los, sag mir schnell, wie Gott aussieht! Ich fange an, es zu vergessen.« Doch wenn man es ihnen erlaubt und ihnen die entsprechende Sicherheit gibt, erinnern sich die meisten Kinder bis zum Alter von vier bis fünf Jahren noch zumindest an Aspekte ihrer vorherigen Existenz als Seele.

Ich kenne einen Jungen, der im Alter von fünf Jahren seiner Mutter auf ihre liebevollen Worte »Ich bin so froh, dass Gott dich zu mir geschickt hat« prompt erwiderte: »Gott hat mich nicht zu dir geschickt. Ich habe dich ausgesucht.«

Als Wissenschaftlerin und Katholikin war seine Mutter nicht nur perplex über diese Worte, sondern auch über die Selbstsicherheit, mit welcher der Junge sie verkündete. Als die Mutter ihn fragte, was das bedeuten solle, erklärte er geduldig: »Bevor ich geboren wurde, als ich noch Geist war, habe ich mich entschieden, dass ich in diesem Leben dich als Mutter haben will. Zuerst war es schwer, dich zu finden. Als es Zeit wurde und ich dich nicht finden konnte, habe ich mich fast entschlossen, als Kind eines anderen Paares in Deutschland geboren zu werden. Ich bin sehr froh, dass ich dich im letzten Moment doch noch gefunden habe und als dein Kind geboren wurde.«

Diese Erklärung verwirrte seine Mutter. »Ich kann dir noch viel mehr erzählen«, meinte er, »aber du bist noch nicht so weit. Wenn ich sieben bin, erzähle ich dir den Rest.«

Von den erstaunlichen Berichten ihres Sohnes über sein bewusstes spirituelles Leben vor seiner Geburt berührt, bemühte sich die Mutter, ihr spirituelles Verständnis zu erweitern. Ihr verstorbener Vater erschien ihr bald danach im Traum und erklärte, der Tod sei nicht so, wie die meisten Menschen meinen.

Zu einem anderen Zeitpunkt stellte sie fest, dass ihr Sohn mit einem Freund Schach spielte. Sie kommentierte, wie nett es von dem Freund sei, dass er ihm das Schachspielen beigebracht habe. Doch ihr Sohn widersprach und gab zu verstehen, sein Großvater habe es ihm erklärt.

»Das hat er wohl getan, bevor er gestorben ist«, erwiderte sie.

»Nein«, meinte ihr Sohn, »er hat es mir letzte Nacht im Traum erklärt.«

Wie versprochen fuhr der Junge zwei Jahre später mit seinen spirituellen Offenbarungen fort. Er erläuterte seiner Mutter, er habe schon viele Leben gelebt, und wählte fünf dieser Leben aus, von denen er genau zu berichten wusste, wer er war, wo er lebte, was er getan hatte, wer noch zu seiner Familie gehört hatte und wie es ihm in jeder Inkarnation ergangen war.

Als mein jüngster Sohn, der damals acht Jahre alt war, hörte, wie ich einmal die Geschichte dieses Jungen erwähnte, erzählte er selbst von der Zeit vor seiner Geburt: »Bevor ich geboren wurde, war ich in einem hellen, weißen Raum. An den Wänden waren Bilder von Leuten, die ich als Eltern haben könnte. Nachdem ich die Eltern gewählt hatte, die ich wollte, glitt ich eine Art Rohr hinab und alles wurde ganz dunkel. Dann bin ich geboren!« Sprach's und sprang weg, um weiterzuspielen.

Vor unserer Geburt und nach unserem Tod sind wir alle bewusste, spirituelle Wesen mit einem freien Willen. Jetzt geht es darum, uns dessen auch *während* unserer Inkarnation bewusst zu sein.

### Ein Tor zur Unsterblichkeit

Es geschah während meiner ersten Ägyptenreise. Ich war dreißig Jahre alt, als sich das Tor zu meiner eigenen Unsterblichkeit weit öffnete. Seit meiner frühen Ausbildung in Hellsichtigkeit war ich zwar in der Lage, mich bei Bedarf bewusst an vergangene Leben zurückzuerinnern, doch die ständig greifbare Realität der Kontinuität und Einheit des Lebens hatte sich in meiner Kindheit verflüchtigt. Eine bestimmte Erfahrung stellte jedoch in mir die Gewissheit wieder her, dass ich nicht nur viele Male zuvor inkarniert war, sondern dass auch alle meine Inkarnationen hier und jetzt in mir als funkelnde Facetten meines Seins lebendig sind.

Auf einem unserer Ausflüge war ich ganz fasziniert von der Herrlichkeit einer riesigen Klippe, auf der die Überreste eines Tempels lagen. Das grelle Licht der unerbittlichen Sonne tanzte auf den gewaltigen alten Steinen mit all ihren Geheimnissen. Das ferne Echo lang vergangener Leben raunte in meinem Bewusstsein. Ich stand auf der Schwelle zwischen den Welten.

Ein arabischer Bauarbeiter holte mich aus meinen Träumereien. »Könnt ihr uns ziehen helfen?«, rief er uns zu und reichte uns das Ende eines riesigen Seils: Es war um einen enormen Steinblock geschlungen, der auf halber Höhe einer steinernen Rampe stand. Ich schaute in die sonnenverbrannten, lächelnden Gesichter von einem Dutzend Arbeitern, die alle das Seil hielten.

»Na sicher, warum nicht?«, erwiderte ich, und meine Begleiter schlossen sich an. »Die Dinger haben wir doch früher schweben lassen, oder?«, scherzte ich noch.

Sobald wir uns alle um das Ungetüm positioniert hatten, brachte uns der Vorarbeiter kurz einen rhythmischen arabischen Ruf-und-Antwort-Gesang bei. Der Rhythmus des Gesangs, die Anstrengung des Ziehens und die brennende Sonne lösten einen merkwürdigen, aber wunderbaren Prozess in mir aus: Schon bald befand ich mich nicht mehr in den ägyptischen Ruinen im Jahre 1984; ich vergaß meinen gegenwärtigen Körper und meine Persönlichkeit ...

Ich bin ein junger Diener, einer der persönlichen Kammerdiener des Pharaos. Ich weiß, dass der Pharao tot ist und dass ich ihm in die nächste Welt folgen werde. Einige Männer in weißen Roben bereiten mich darauf vor, mit seinem mumifizierten Körper begraben zu werden. Die Luft ist von Räucherwerk geschwängert. Ich empfange letzte Anweisungen im Hinblick auf das, was ich zu erwarten habe, wenn ich meinen Körper verlasse. Ein Priester erklärt mir, dass mich bei meiner Ankunft in der geistigen Welt spirituelle Lehrer und Begleiter empfangen und anleiten werden.

Ich kann meine Augen nicht mehr offen halten. Ich schlafe ein. Ich weiß, dass ich gestorben bin. Ich stehe schwebend in einem großen, offenen Raum. Von goldenem Glanz umgeben, tauchen vor mir drei Wesen auf. Als mein Blick klarer wird, erkenne ich, dass es drei Männer in fließenden Gewändern sind. Jener, der mir am nächsten steht, ist bis zu seinen Füßen in ein weißes Gewand gehüllt. Er strahlt eine sanfte, priesterliche Präsenz aus. Hinter ihm und zu seiner Rechten wartet ein Mann in einer strahlend safrangelben Robe. Sein Gesicht ist voll und sanft; er lächelt verständnisvoll. Noch weiter zur Rechten steht ein Mann dunklerer Hautfarbe, dessen Gesicht von altersloser Weisheit gezeichnet ist. Er wartet geduldig, in eine majestätische Robe aus königlichem Violett und Gold gehüllt.

Das erste Wesen tritt mit ausgesteckten Armen nach vorne. Es hält ein weißes, sorgfältig gefaltetes Stück Stoff in den Händen. »Du hast dein Leben des Dienens erfolgreich abgeschlossen, mein Lieber«, beginnt er. Seine Gedanken besänftigen meine Seele. »Dieses weiße Gewand ist gesponnen aus der Reinheit deines Herzens und gereinigt durch das Leben, das du dem Dienst an deinem Herrn gewidmet hast. Willkommen zu deiner nächsten Initiation der Seele!«

Ich beuge mein Haupt, und er legt das entfaltete weiße Tuch aus seidigem Licht über meine Schultern. Ich spüre, wie die Reinheit dieses Umhangs durch mein ganzes Sein fließt, während ich Szenen aus dem Leben sehe, das ich gerade hinter mir gelassen habe. Ich erfahre in meiner Seele die Konsequenzen der kleinen alltäglichen Freundlichkeiten, während ich sehe, wie ich dem Pharao die Sandalen über seine königlichen Füße ziehe. Ich spüre die Liebe, die aus dem Herzen meines Herrn strahlt, und ich erkenne, dass er nicht nur Pharao war, sondern auch ein hoher spiritueller Meister eines Ordens von Eingeweihten.

Ich sehe die komplexen Vereinbarungen, die in den spirituellen Dimensionen vor meiner Geburt getroffen wurden. Ich sehe, wie ich in ein Leben des Dienstes an der königlichen Familie gestellt werde, um auf diese Weise ein geheimes Training als Eingeweihter zu erhalten. Dieses kurze Leben der spirituellen Unterweisung war so angelegt, dass ich mir dieser Tatsache in meiner physischen Inkarnation nicht bewusst war. Es war ein Teil dieser Initiation, dass ich mich einverstanden erklärte, mir ihrer nicht bewusst zu sein. So konnte ich aus freier Entscheidung und meinem eigenen Verlangen entsprechend dienen und nicht, weil ich am Ende meiner Inkarnation eine Belohnung dafür erwartete. Ich hatte mich nicht gefürchtet, mich meinem

Herrn sowohl im Leben als auch im Tod anzuvertrauen. Dies war meine Initiation. Dafür erhielt ich die Gnade, bei vollem Bewusstsein in einen höheren Seinszustand hineinzusterben.

Als Nächstes tritt das Wesen in der safrangelben Robe mit stiller Kraft vorwärts. »Du hast wohl getan, mein Freund«, beginnt es. »Ich verleihe dir hiermit deinen nächsten Grad. Er betrifft die Macht, mit der du in der Welt, in die du zurückkehrst, etwas verändern kannst.«

Mit diesen Worten legt es seine Hand auf meine Stirn, und ich schließe die Augen. Ich erkenne viele Bilder von Leben, die ich als nächste Inkarnation wählen kann. Mit jeder Option erkenne ich sowohl die damit verbundenen Wachstums- und Lernmöglichkeiten als auch die Art, in der ich in der Welt um mich herum damit etwas bewirken könnte. Jede Wahlmöglichkeit hat mit einer Führungsposition zu tun. Ich begreife, dass der beste Diener im Haus der Herr des Hauses ist.

Es ist nicht schwierig für mich, mich dafür zu entscheiden, in den königlichen Haushalt eines Pharaos geboren zu werden. Ich hatte meinen Herrn in dem gerade vergangenen Leben geliebt und immer zu ihm aufgeschaut. Ich wollte sein wie er, so wie ein Sohn danach strebt, wie sein Vater zu sein. Damit erhalte ich die Chance, nicht nur als zukünftiger Herrscher wiedergeboren zu werden, sondern auch als jemand, der in den Mysterien ausgebildet und eingeweiht wird. Ich werde ein Eingeweihter und Pharao, genau wie mein voriger Herr.

Nach dieser Entscheidung und den damit verbundenen Offenbarungen öffne ich meine Augen. Das dritte Wesen steht vor mir. Einen Moment lang durchläuft mich eine gewisse Ängstlichkeit und Verwirrung. Bis zu diesem Zeitpunkt war ich in beständigem Frieden gewesen. Dann höre ich in mir, mehr als Gefühl denn als Stimme, die Worte »Lass alles los!«.

Ich lasse die Verwirrung, die in mir aufsteigt, hinter mir. Dann erlebe ich eine Art Leere. Nichts. Als Nächstes taucht ein Licht über mir auf und senkt sich in mich. Ich weiß. Gewissheit entsteht in mir, Gewissheit über den Geist, über Gott. Anders kann ich es nicht beschreiben. Ich weiß, dass ich dies in mein nächstes Erdenleben mitnehmen muss. Ich weiß, dass ich irgendwie lernen muss, aus diesem Zustand heraus andere zu führen. Das ist meine folgende Einweihung.

Und dann scheint sich alles ganz schnell vorwärtszuspulen. Ich sehe von oben, wie meine Familie meine Geburt vorbereitet. Dann wird alles schwarz.

Als würde ich von einem Traum in den anderen wechseln, befinde ich mich plötzlich in der Kindheit meines jetzigen Lebens. Die Erinnerungen an das Leben im alten Ägypten hallen noch stark in mir nach, doch jetzt denke und empfinde ich so, wie ich es als Kind tat. Ich bin in der vierten Klasse einer amerikanischen Schule des Militärstützpunkts in Tokio. Es ist die Klasse von Mr. Davis. Er hat uns die Aufgabe gestellt, in die Bücherei zu gehen und aus dem Lexikon einen Abschnitt über das alte Ägypten herauszusuchen. Aus irgendeinem Grund bin ich ganz aufgeregt und stürze mich gleich in die Arbeit. Vor lauter Erregung vergesse ich die Aufgabenstellung. Ich denke nur noch, dass ich ein Modell des Niltals bauen will, mit Tempeln und Pyramiden und der Sphinx und Ägyptern der alten Zeit. Ich arbeite die ganze Nacht an meinem Projekt und bin am Ende sehr stolz auf mein etwa spieltischgroßes Modell, in dem es sogar Sanddünen gibt. Ich schreibe sogar meine Geschichte über das alte Ägypten auf ein nachgemachtes Stück Papyrus, das ich mit Lederstreifen zusammenbinde.

Am nächsten Tag geben meine Mitschüler den Abschnitt ab, den sie aus dem Lexikon abgeschrieben haben, aber ich bekomme eine schlechte Note und muss sogar nachsitzen. Meine Freude verwandelt sich in Verwirrung, denn ich verstehe nicht, was ich falsch gemacht habe.

Als würde ich in einem Traum mir meiner selbst bewusst, löst sich mein Bewusstsein aus meinem Viertklässlerselbst und ich nehme mich jetzt als mein gegenwärtiges erwachsenes Selbst wahr, das mein Kindheitsdilemma betrachtet. Ich verstehe plötzlich: Bei der Aufgabe ging es darum, wie man Informationen sammelt und ein Thema erforscht. Aus dieser Sicht hatte ich die Aufgabe verfehlt – ich hatte nichts nachgeschlagen. Ich hörte nur »Ägypten« und war sofort voller Begeisterung und Informationen. Als Kind begriff ich nicht, warum mich mein Lehrer bestrafte und weshalb er nicht anerkannte, wie viel Herz und Seele ich in meine Hausaufgabe gelegt hatte. Heute kann ich erkennen, dass er aus Angst handelte. Er konnte nicht damit umgehen, dass ein Viertklässler, der sich noch nie mit dem alten Ägypten befasst hatte, so viel darüber wissen konnte, ohne in Büchern nachzuschlagen. Es war ihm unbegreiflich und unheimlich.

»Okay!«, schrie der Vorarbeiter, und plötzlich war ich wieder ich selbst mitten im Geröll alter ägyptischer Ruinen. Ich konnte mich nicht daran erinnern, wie wir den Steinblock die Rampe hinuntergezogen hatten, aber er war da, direkt neben uns. Schwitzend und lächelnd bedankte sich der Vorarbeiter bei uns. Ich betrachtete die Steine um uns, einst neu, jetzt alt. In mir hatte sich ein Tor geöffnet, durch das ich in die Unsterblichkeit getreten war. Seit dieser Erfahrung bin ich mit der Einheit des Lebens und der ewigen Liebe vertrauter geworden, in der unser Flickenteppich von einzelnen Leben ein einziges, nahtloses Gewebe bildet.

Mit den Augen der Seele betrachtet, ist der Tod nur ein Übergang. Durch unser Sterben entledigen wir uns unseres äußeren Gewandes von Fleisch und Blut, unserer Urteile, unserer Einsamkeit und unserer Leiden. Nach unserem physischen Tod stellen wir fest: Weder sind wir »auf der anderen Seite«, noch gibt es ein »Leben nach dem Tode«. Unser Bewusstsein hat sich einfach erweitert und ist tiefer in unser eigenes Wesen und in die Einheit des Lebens eingetaucht. Wir werden uns all dessen bewusster, was immer in uns war; wir hatten es nur über sämtlichen Geschäftigkeiten, die mit der körperlichen Inkarnation einhergehen, vergessen.

Hat sich unser Bewusstsein mehr auf unser spirituelles Selbst eingelassen, untersuchen wir genau jeden Gedanken, jedes Gefühl, jedes Wort und jede Tat, die wir als die Persönlichkeit, die wir gerade hinter uns gelassen haben, hervorbrachten. Wir erleben nicht nur die Auswirkungen in dem, was wir in der Einheit des Lebens als »wir selbst«

betrachtet haben, sondern erkennen, dass wir auch jene sind, die wir für »die anderen« hielten. Wir erleben als Empfänger die Verurteilungen, mit denen wir andere so selbstgerecht beschimpft haben. Wir erleiden die Verletzungen und Demütigungen, die sie durch unsere Worte und Taten empfanden. Und wir baden in dem liebevollen Mitgefühl, das wir unseren Lieben gewidmet haben. Dann beginnen wir, zu erkennen, was Jesus wusste, als er sagte: »*Liebe deinen Nächsten wie dich selbst.*«

In dieser Phase unserer spirituellen Reise begegnen wir Freunden und Familienmitgliedern, aber auch Lehrern und spirituellen Begleitern. Unser Bewusstsein versetzt sich in Zustände der Heilung und des Lernens. In den inneren Dimensionen der Wirklichkeit gibt es – ähnlich wie in der physischen Welt – Orte der höheren Bildung, der Heilung, der Künste und viele mehr. Hier bereiten wir den nächsten Abschnitt unserer Reise vor. So wie wir im Rückblick die Inkarnation betrachtet haben, die gerade hinter uns liegt, schauen wir jetzt voraus auf die Lektionen, die wir als Nächstes durchleben werden. Unsere kommende Geburt in einen physischen Körper planen wir auf der Grundlage von

- dem Wesen unserer Seelenpersönlichkeiten;
- unseren Neigungen und Werten;
- unvollständigen karmischen Zyklen aus vorigen Inkarnationen;
- Vereinbarungen, die wir mit anderen Seelen haben;
- Gaben, die wir in Fülle anzubieten haben;
- unseren Bedürfnissen und Wünschen.

Das Ausmaß unserer vorgeburtlichen Planung kann man sich leicht vorstellen, wenn man sich daran erinnert, wie viel fachlichen Rat wir einholen und wie viel Planung wir investieren, wenn wir zum Beispiel ein neues Geschäft beginnen wollen. Eine völlig neue Inkarnation, von der das ganze Leben abhängt, kann wohl kaum weniger Vorbereitung verdienen.

»Inkarnation« bedeutet »im Fleisch sein«. Die lange Reise der menschlichen Seele beginnt in dem unendlichen, grenzenlosen Potenzial des Geistes. Und da es im Geist weder Zeit noch Raum gibt, kann es dort auch keine Erinnerungen, keine Konsequenzen, keine Verantwortung und keine Wachstumserfahrungen geben. Um die Ganzheit dessen, was wir Gott nennen, erfahren zu können, muss die Seele in die physische Dimension inkarnieren, in Zeit und Raum. Hier hat die Seele die Möglichkeit, Sterblichkeit, Verantwortung und die Ausübung des freien Willens zu erfahren. Was wir die menschliche Seele nennen, steht mit einem Bein im Nichts und mit dem anderen in allem; dazwischen liegen die grenzenlosen Chancen der Erfahrung, die beides miteinander zu *einem* verbinden. Während wir in unserer Verkörperung lernen, wie wir aus der Betörung und Hypnose der materiellen Welt erwachen, entdecken wir, dass wir nicht mehr den physischen Tod abwarten müssen: Wir können die Brücke nach Hause auch jetzt schon überschreiten.

# 3

# Raum schaffen für den göttlichen Geist

ICH BEOBACHTE OFT, WIE MENSCHEN SICH ABMÜHEN, NEBEN IHREM ALLTÄGLICHEN LEBEN NOCH SPIRITUELL ZU WACHSEN. Für die meisten von uns ist es nicht leicht, zwischen den beiden Bereichen ein Gleichgewicht herzustellen. Wir haben Familien, die versorgt werden wollen, einen Job, finanzielle Verpflichtungen, eine Karriere, persönliche Ziele und Träume und unsere Gesundheit, um die wir uns neben tausend anderen Dingen kümmern wollen. Viele Menschen versuchen, ihr spirituelles Leben irgendwie zwischen ihre anderen, vordringlichen Aufgaben zu quetschen. Häufig blasen sie ihre Verabredung mit dem Göttlichen ab, weil es irgendetwas Wichtigeres zu tun gibt.

Ich habe viele Menschen kennengelernt, die jeden Tag ihren Geschäften nachgehen und sich lediglich an einem Vormittag pro Woche im Gottesdienst um ihre Spiritualität kümmern oder hin und wieder zu einem Seminar, einem Vortrag oder einmal im Jahr zum Retreat gehen. Manche ringen sich sogar dazu durch, einmal am Tag eine spirituelle Übung zu machen, sei es Yoga, Tai-Chi oder eine andere Art der Meditation. Wieder andere beten vielleicht zu bestimmten Tageszeiten. Doch wenn die vorgesehene Zeit des Gottesdienstes, der Meditation oder der spirituellen Reflektion vorbei ist, nun ..., dann ist sie eben vorbei. Danach kehren viele ganz einfach zu ihren Geschäften, ihrer Familie, ihrem Alltag zurück – das Göttliche ist schnell wieder vergessen.

In unserer immer schnelleren, hochtechnisierten Welt ist es nicht schwer, sich vom spirituellen Weg ablenken zu lassen. Mobiltelefone, Pager, Faxgeräte, Fernseher, Computer, Navigationsgeräte, Internetzugänge und E-Mails ... – da gibt es immer etwas, das nach unserer Aufmerksamkeit verlangt, bevor wir nach innen gehen und unseren mentalen Geist zur Ruhe bringen können. Unser Leben wird dadurch zu einem chaotischen Haufen von Bedürfnissen, dem wir den Anschein einer Ordnung zu geben versuchen, indem wir sie wie Einzelereignisse aneinanderreihen und für sie einen Zeitplan entwickeln – und unser spirituelles Wachstum wird auf Standby geschaltet. Viele von uns praktizieren das schon so lange, dass unser individuelles Leben in dieser Welt zu Vorgangsnummern und Informationsbits in Gerichtsdokumenten, Verwaltungsbehörden und Krankenhausdateien geworden ist.

Doch das Leben besteht nicht aus einer Reihe unzusammenhängender Ereignisse. Wir können es uns auch nicht leisten, unser spirituelles Wachstum auf die Nische zu begrenzen, die in unserem Zeitplan gerade vakant ist. Spirituelles Wachstum ist der Weg, die Bestimmung unseres Lebens zu erfüllen. Es bildet die Grundlage des Lebens und verleiht ihm ein Thema und eine Bedeutung, die sich in jedem Aspekt unseres Seins widerspiegeln. Doch wenn wir das Geistige in uns nicht nähren und heilen, wird der Faden unseres Lebenssinns und der Kontinuität dünn und verliert sich im Chaos unseres Alltags. Das Ergebnis ist dann oft dies:

- Isolation,
- Verlust von Lebenssinn und Selbstwert,
- ein Gefühl der Ohnmacht,
- unerträgliche psychische Leiden.

Nur unsere Rückkehr zum Göttlichen kann das sinnerfüllte spirituelle Leben wiederherstellen, mit dem wir diese Existenz angetreten haben. Wir müssen dieses spirituelle Gewahrsein und die Gewisheit entwickeln, damit wir uns durch die sich ständig verändernden Umstände des Lebens in der Welt hindurchnavigieren und unsere Bestimmung erfüllen können.

Die häufigste Klage, die ich von Leuten höre, die sich abmühen, zu ihrem spirituellen Weg zurückzufinden, lautet: »Ich habe zu viel zu tun, ich habe keine Zeit.« Ihre ganze Aufmerksamkeit und Energie wird von den Dingen verschlungen, die sie *meinen*, tun zu müssen, sodass am Ende des Tages, der Woche, des Monats oder des Jahres keine Zeit für das Göttliche übrig bleibt. Ihnen ist nicht klar, dass jeder von uns täglich vierundzwanzig Stunden zur Verfügung hat. Niemand hat mehr oder weniger. *Zeitmangel ist keine objektive Realität* – er erscheint uns nur so. Wenn Sie meinen, nicht genug Zeit zu haben, fehlt Ihnen nicht Zeit, sondern *Raum*. Sie haben keinen Raum mehr, in dem Sie hier und jetzt sein können, wer Sie sind, wo Sie sind, wie Sie sind und was Sie sind. Wann immer die Anforderungen überwältigend werden und Ihnen die Zeit davonzulaufen scheint, ist es Zeit, Raum für das Göttliche zu schaffen.

Martin Luther hatte das begriffen. Er berichtete, dass er jeden Morgen eine Stunde bete, doch an Tagen, an denen er wisse, dass er besonders viel zu tun habe, verbringe er noch eine zusätzliche Stunde auf den Knien. Logisch betrachtet erscheint das wenig sinnvoll. An Tagen, an denen er mehr Zeit gebraucht hätte, um alles zu schaffen, verbrachte er mehr Zeit im Gebet. Die meisten Menschen tun genau das Gegenteil. Die Zeit, die sie der inneren Betrachtung schenken, verringert sich in direkter Proportion zu den Anforderungen der äußeren Welt.

Ich selbst habe wie Luther festgestellt, *dass ich umso fähiger bin, mich den Herausforderungen des jeweiligen Tages zu stellen, je mehr Zeit ich dem Geistigen gewidmet habe*. Statt *weniger* Zeit zu haben, alles zu erledigen, habe ich *mehr*. Und was zuvor schier unmöglich erschien, wird plötzlich machbar. Ich brauche für alles weniger Zeit und Energie. Warum? Um das zu verstehen, müssen wir uns ansehen, was wir unter »Geist«[1] verstehen.

Der **mentale Geist** (engl. *mind*) ist für mich das, was die wahr-

---

[1] Im Folgenden wird *mind* in der Regel mit »mentaler Geist« und *spirit* mit »spiritueller Geist«, »göttlicher Geist«, »das Göttliche« oder »das Geistige« übersetzt. Wenn aus dem Kontext zu schließen ist, welche Art von Geist gemeint ist, wird das Attribut u. U. auch weggelassen. (Anm. d. Übers.)

nehmbare Welt erzeugt. Alle Form wird nicht nur im und vom mentalen Geist wahrgenommen, sondern das Erzeugen und das Wahrnehmen sind ein und dasselbe. Alles, was sich verändert, wird vom mentalen Geist wahrgenommen.

Der **spirituelle Geist** (engl. *spirit*) hingegen *ist* einfach. Geist im spirituellen Sinne ist unveränderlich, unendlich, ewig, alles. Die eigentliche Bedeutung des Begriffs »Heiliger Geist« ist die des Ganzen Geistes, des Allumfassenden, Unteilbaren. Der Ausdruck »Heiliger Geist« bezieht sich auf den (vom mentalen Geist *(mind)* wahrgenommenen) dynamischen Aspekt Gottes. Ohne den mentalen Geist könnten wir keine Form und keine Bewegung wahrnehmen. Der mentale Geist »interpretiert« die Kraft und das Sein des Heiligen oder spirituellen Geistes als Bewegung und als die unerschöpfliche Quelle all dessen, was ist. Wahrheit *ist* jedoch einfach nur – sie *tut* nichts. Der sich selbst als vom Ganzen getrennt wahrnehmende mentale Geist nimmt an, dass es dieses Sein ist, was die Dinge geschehen lässt, doch das Sein *ist* einfach. Der mentale Geist bringt vor dem Hintergrund des spirituellen Geistes ständig Bilder, Formen und Erscheinungen hervor, wodurch es dem mentalen Geist so scheint, als sei es der spirituelle Geist, der all das erzeugt, was er wahrnimmt.

Für die Beziehung zwischen dem spirituellen Geist, dem mentalen Geist und der Welt der Phänomene verwende ich gerne die Analogie eines Diaprojektors: Der spirituelle Geist ist das Licht; der mentale Geist besteht aus den Dias und der Leinwand. Die Bilder, die wir auf der Leinwand sehen, machen unsere Welt aus. Wenn wir viele Dias gleichzeitig vor das Licht hielten, würde das Bild auf der Leinwand immer dunkler, unklarer und verwirrender. Das ist der Zustand unserer »Welt«: Unser mentaler Geist ist vollgestopft mit zueinander im Widerspruch stehenden Bildern. Sortieren wir diese Bilder aus, wird die Leinwand heller, leuchtender und klarer. Bei einem einzelnen Menschen spricht man dann vom Erwachen. Man könnte auch sagen, er sieht klarer. Der erwachte Mensch kann das wahre Wesen der Dinge erkennen, mitsamt den dahinterstehenden Ursachen und Bedingungen, seien sie persönlicher oder globaler Art.

Wenn wir unseren mentalen Geist von allen Bildern entleeren und von allen Teilungen außer der ursprünglichen Teilung befreien, dann sähen wir auf der Leinwand unseres mentalen Geistes nur noch Licht. Doch es wäre immer noch ein Abbild auf einer Leinwand. Erst wenn wir die ursprüngliche Teilung des mentalen Geistes in »ich« und »die anderen« aufheben, verschwindet die Leinwand und es bleibt nur noch die Strahlkraft und die Liebesmacht, die wir Gott nennen.

Wir sind alle spirituelle Wesen. Tatsächlich sind wir alle eins, auch wenn es manchen nicht so scheinen mag. Äußerlich mögen wir uns als viele wahrnehmen – in Wahrheit sind wir alle *eins*.

Die **Seele** ist auch spiritueller Geist, der sich als individueller »Gottesfunke« verhält, bis er seine Bestimmung der Gotteserkenntnis vollendet hat. Bis dahin verfügt die Seele über alle Qualitäten des Göttlichen, verhält sich jedoch wie ein individuelles, sterbliches Wesen. Die ganze »Reise« der Seele ist ein ständiges Werden, bis die Seele zu der Erkenntnis erwacht, dass dieses ganze Werden die Ursache alles Elends und Leidens ist. Dann fängt die Seele an, sich nach innen (und heimwärts) zu wenden und das auseinanderzunehmen, was das »Ego« oder der »getrennte mentale Geist« erschaffen hat. Wenn der mentale Geist aller Teilungen entledigt ist, erwacht die Seele zu der Erkenntnis ihrer wahren Natur: »Ich bin das ›Ich-bin‹. Es gibt nichts ›anderes‹.«

»Geist« ist ein Begriff, der alle möglichen Bilder und Gefühle hervorruft. Manche denken dabei an den Heiligen Geist, an Religion, egal ob sie damit Ehrfurcht vor dem Geistigen, eine künstliche Feierlichkeit oder Feuer und Schwefel verbinden. Andere denken an Gruselgeschichten, Geister und Besessenheit. Wer in einem religiösen Zusammenhang verletzt oder enttäuscht wurde, assoziiert mit dem Begriff vielleicht Dogma und Unterdrückung. In manchen Kreisen wird mit dem Begriff auch eine geistige Wesenheit bezeichnet. Wieder andere verwenden den Begriff wie eine Art Mitgliederausweis für bestimmte New-Age-Kreise. Und dann gibt es natürlich die Skeptiker, die schwören, dass es keinen Geist in diesem Sinne gibt. Doch wenn wir all das einen Augenblick beiseite lassen können, ist »Geist« im spirituellen Sinne ein Begriff, der die Existenz und ihr wahres Wesen bezeichnet: das Sein, das Bewusstsein und seine Energie.

Also existiert Geist. Wer meint, dass es keinen spirituellen Geist gibt, kann das nur, wenn er davon ausgeht, dass spiritueller Geist etwas von der Existenz Getrenntes sei. Doch der spirituelle Geist ist das, was die Form erschafft, sie aufrechterhält und sie erfährt. Existenz *ist* spiritueller Geist.

Außerdem ist Geist Bewusstsein. Wenn Sie dies lesen und wenn Sie sich irgendwelcher Gedanken oder Gefühle bewusst sind, müssen Sie Bewusstsein haben. Dieses Bewusstsein ist spiritueller Geist.

Und schließlich ist Geist Energie. Falls Sie äußere Beweise brauchen: Inzwischen ist wissenschaftlich gesichert, dass alles *Energie* ist. Sie existieren, Sie sind bewusst und Sie bestehen aus Energie: *Sie* sind Geist.

Sie sind ein bewusstes Energiewesen. Geist ist kein Ding, kann jedoch zu allem werden. Alles im Universum ist Form gewordener Geist. Ein Baum ist Geist, der Baum ist. Ein Stuhl ist Geist, der ein Stuhl ist. Sie sind Geist, der all das ist, was Sie ausmacht. Nur wenn der Geist neutral ist – ohne positive oder negative Ladung –, bleibt er reiner Geist. Ansonsten steht er in Wechselwirkung mit den Ladungen der Welt um ihn herum und wird zu dem, womit er in Wechselwirkung steht.

Geist ist wie Wasser. Bei höheren Temperaturen wird Wasser zu Dampf. Wir können ihn kaum sehen, doch er ist überall. Auf ähnliche Weise ist Geist in höheren Frequenzen für das bloße Auge kaum sichtbar und doch allgegenwärtig. Wenn die Temperatur des Dampfes sinkt, wird er zu Flüssigkeit. Wir können sie sehen und berühren, aber sie kann keine Form beibehalten. Und wenn es noch kälter wird, gefriert das Wasser zu einer festen Form. Auf ähnliche Weise verlangsamt der Geist seine Schwingung, um sich in dichteren Formen zu materialisieren. Der Geist hat eine unbegrenzte Kapazität, zu dem zu werden, was die Umstände verlangen. Der Geist passt sich den Bedürfnissen der Natur an.

Es heißt: »*Bittet, so wird euch gegeben ... Denn wer da bittet, der empfängt.*« (Matthäus 7,7–8) Dies ist im Wesentlichen die Art, wie sich alles im Universum manifestiert. Bitten Sie im Geist, wird im Geist sofort gegeben, worum auch immer Sie gebeten haben. *In dem Maße, wie Sie in sich selbst und in der Welt um Sie herum Raum schaffen, kann sich jenes, worum Sie gebeten haben, dann auch in Ihrem physischen Leben manifestieren.* Der Geist als Bewusstseins-Energie transformiert sich in die Atome, aus denen die materielle Welt besteht. Nur wenn wir unsere Aufmerksamkeit unserem inneren spirituellen Sein zuwenden, können wir anfangen, eben jenes zu empfangen, was wir brauchen, um unser Leben zu erfüllen.

Wenn Sie meinen, Sie hätten keine Minute Zeit übrig – sodass Sie es gerade mal schaffen, mit allem fertig zu werden, was Sie zu tun haben – und Sie hätten keinen Raum für spirituelle Aufmerksamkeit, dann wird das, was Sie ohnehin schwierig finden, noch schwerer zu bewältigen sein. Doch wenn Sie sich entscheiden, Ihre Aufmerksamkeit Ihrem inneren Sein zuzuwenden und dem Geist Raum zum Atmen zu geben, werden Sie bald merken, dass Sie immer besser darin werden, Probleme zu lösen, Beziehungen zu führen, Ziele zu erreichen und Ihre Bestimmung zu erfüllen. Ihre Wahrnehmung, keine Zeit zu haben, bedeutet nur, dass Sie nicht genug Raum für das Geistige geschaffen haben, für Ihre Existenz als bewusstes Energiewesen in einem physischen Körper.

Sie sind Geist, und in einem idealen, reinen Seinszustand sind Sie unendlich, ewig, nicht gebunden an Zeit und Raum. Potenziell verfügen Sie über unbegrenztes Begriffsvermögen und unendlich viel Kraft. Sie sind unsterblich. Doch wenn Sie wie die meisten von uns sind, wird das in Ihrem Leben kaum sichtbar. *Je mehr Sie sich Raum geben, um im Geist zu sein, desto mehr von Ihrem unbegrenzten ideellen Vermögen wird sich in Ihrem Leben manifestieren.*

Wie kommt es, dass wir unseren Zustand des Geist-Seins aufgeben und vom spirituellen Weg abkommen? Wir vergessen, wer wir sind, und die dynamischen Kräfte der Materialisierung, die ständig die physische Welt um uns herum bilden, hypnotisieren uns. Wir werden *Teil* der Welt, statt *in* ihr zu sein und sie zu erfahren. Es ist, als stünden wir am Rand vom Ozean des Geistes mit dem Blick zum Land. Wir sind fasziniert von der Schönheit der Landschaft und den möglichen Gefahren, die sich darin verbergen könnten, und vergessen die mächtigen Wogen hinter uns. Doch irgendwann überrollt uns eine der Wellen und wir kämpfen darum, nicht unterzugehen. Dann kommt die nächste Welle, die uns auf den harten Sand wirft. Wir haben das Gefühl, zusammengeschlagen zu werden, statt zu begreifen, dass das Problem im Umgang mit unserer eigenen Kraft liegt. Würden wir uns umwenden und seewärts auf den Geist schauen, sähen wir die Wellen schon von ferne und könnten lernen, unter ihnen hindurchzutauchen, über sie hinwegzuschwimmen oder uns weiter hinaus ins Wasser zu begeben und auf ihnen landwärts zu reiten.

Jede menschliche Seele steht während ihrer Inkarnationen vor der Herausforderung: Können wir unserem spirituellen Wesen treu bleiben und unsere Bestimmung erfüllen, oder unterliegen wir dem Sog der Energien unseres Körpers und der materiellen Welt und vergessen unser wahres Sein? Wie gesagt, der Geist ist frei, wenn er neutral ist. Wenn Sie jedoch eine Ladung entwickeln, sei sie positiv oder negativ, dann tritt er in Wechselwirkung damit und wird zu dem, womit er in Wechselwirkung getreten ist. Wenn Sie sich also entscheiden, sich auf ein Verlangen einzulassen, laden Sie Ihre innere geistige Energie damit auf. Das Verlangen, etwas zu haben oder zu erleben, hat eine anziehende (+) Ladung, und das Verlangen, etwas zu vermeiden, hat eine abstoßende (–) Ladung. Wenn Sie sich entscheiden, Ihre Energie und Ihr Bewusstsein von einem Verlangen zu lösen, kehren Sie in den neutralen Bereich zurück. *Neutralität* ist der »schmale Weg«, von dem Jesus gesprochen hat. Buddha nannte es den »*mittleren Weg*«. Neutralität ist für den spirituellen Weg so wichtig, dass ich diesem Thema noch ein ganzes Kapitel widmen werde.

## Sie *haben* einen Körper

Wenn Sie den Zustand des Geist-Seins aus dem Bewusstsein verlieren, aber endlich doch zu Ihrem spirituellen Sein zurückkehren möchten, müssen sie zunächst erkennen, dass Sie einen Körper *haben,* aber nicht Ihr Körper *sind*. Sie sind ein spirituelles Wesen, das in einen physischen Körper inkarniert ist. Die »Schwerkraft« der Energien unserer Körper ist jedoch so groß, dass wir leicht zu unserem Körper *werden,* statt ihn nur zu haben. Wir haben Kleider, ein Haus, einen Computer, ein Auto. Für Sie als Seele ist Ihr Körper wie eines dieser Dinge, nur mehr. Ihr Körper bekleidet Sie, gibt Ihnen ein Zuhause, ermöglicht es Ihnen, zu analysieren, zu berechnen, zu verarbeiten und zu speichern, er transportiert Sie überallhin und so weiter. Doch Sie sind nicht die Kleider, die Sie tragen, genauso wenig wie Sie das Haus sind, in dem Sie wohnen, oder das Auto, mit dem Sie fahren.

Ein Körper zu *sein* ist etwas ganz anderes, als einen Körper zu *haben*. Wenn Sie zum Körper werden, handeln Sie wie ein Körper und Ihr Bewusstsein und Ihre Energie sind stark beschränkt. Einen Körper zu *haben* ermöglicht es Ihnen dagegen, sowohl Sie selbst zu sein, mit Ihren besonderen Fähigkeiten, Wahrnehmungsmöglichkeiten und Geisteskräften, als auch über all die Vorzüge zu verfügen, die ein Körper mit sich bringt, damit Sie sich voll verwirklichen können. Sie werden Ihre Heilkräfte entwickeln, Ihren schöpferischen Genius, sich an vergangene Leben erinnern, hellsichtig und intuitiver werden und vieles mehr. Wenn Sie spirituell wachsen, werden Sie den Wert Ihres Körpers aus der Sicht einer sich entwickelnden Seele erkennen und ihn sehr viel höher schätzen – in welcher Verfassung er sich auch befinden mag.

Solange Sie ein Körper *sind,* werden Sie sich vor dem Tod zu Tode fürchten. Der Körper weiß, dass er sterben wird, und ist darauf programmiert, alles zu tun, um zu überleben. Je mehr Sie anfangen, einen Körper zu *haben,* also als spirituelles Wesen zu funktionieren, das sich liebevoll um seinen Körper kümmert, ihn ausbildet und weiterentwickelt, desto mehr wird die Wahrnehmung der Unsterblichkeit, der Unendlichkeit und der Ewigkeit auch Ihrem Körper zu eigen werden. Um Ihren unsterblichen Körper auferstehen zu lassen und mitnehmen zu können, müssen Sie jedoch zuerst lernen, Ihr spirituelles Selbst aus Ihrem physischen Körper auferstehen zu lassen. Wir werden auf dieses Thema später weiter eingehen.

### Woran Sie es merken, falls Sie Ihr Körper sind

Je mehr Sie Ihr Körper sind, desto mehr werden Sie »Opfer« sein. Als Körper werden Sie immer das Gefühl haben, dass Ihnen die Ereignisse widerfahren. Das liegt daran, dass die Erlebnisse dem Körper widerfahren. *Der Körper erfährt jedoch immer die Wirkung, er ist nie die Ursache.* Sie selbst sind es, der ursächlich wirken kann. Ohne Ihr bewusstes, schöpferisches Einwirken kann Ihr Körper nie etwas Neues tun. *Ihr Körper ist immer der Effekt dessen, wo und was Sie unbewusst oder bewusst sind.* Die Entscheidungen, die Sie im Geist fällen, werden sich irgendwann im Körper auswirken.

Wenn Sie Radio hören und die Musik nicht mögen, die gerade gespielt wird, schlagen Sie dann auf den Lautsprecher ein? Natürlich nicht. Sie wissen, dass das keinesfalls die Musik ändert, sondern nur die Lautsprecher beschädigt. Nichts, was Sie mit den Lautsprechern tun, ändert etwas an der Musik, die Sie hören. Sie müssen den Sender wechseln, den das Radio empfängt. Das Gleiche gilt für Ihren Körper. Der Körper fühlt, was er fühlt, und hört, was er hört. Wenn Sie nicht mögen, was er fühlt, hört, sieht etc., müssen Sie ihn auf eine andere Frequenz einstellen. Sie müssen den Sender wechseln.

### Senderwechsel

Wenn Sie der Körper sind und nicht mögen, wie Sie sich fühlen, haben Sie den Eindruck, daran nichts ändern zu können. Sie fühlen sich eben so, und so ist es. Das Gleiche gilt fürs Hören, Sehen und alle anderen Wahrnehmungen. Wenn Sie der Körper sind, haben Sie keinen Einfluss auf die Gedanken, die Ihnen durch den Kopf schwirren. Um Einfluss zu nehmen, müssen Sie zum Benutzer ihres Körpers werden, genauso wie Sie der Benutzer Ihres Radios, Fernsehers, Telefons oder Computers sind. *Wenn Sie sich nicht als Opfer fühlen oder sich nicht als Opfer verhalten wollen, sollten Sie alles daran setzen, Ihr spirituelles Selbst zu erwecken und mehr zur Ursache Ihres Leben zu werden,* statt einfach mit den Auswirkungen leben zu müssen. Sie sind Geist und Sie haben einen Körper, in dem Sie leben und dem Sie Leben verleihen. Welche Qualität dieses Leben hat, liegt an Ihnen, nicht an Ihrem Körper.

Je mehr Raum Sie für Ihr spirituelles Selbst schaffen, desto mehr werden Sie erkennen, wie viel von dem, was Sie denken und fühlen, weder zu Ihnen noch zu Ihrem Körper gehört. Ihr Körper empfängt ständig eine Vielzahl von Energien anderer. Wie oft haben Sie sich schon die Stirn gerieben, um die unerwünschten Gedanken loszuwerden? Kennen Sie das Gefühl, dass es in Ihrem Kopf so voll und so laut ist, dass es gar keinen Platz mehr für Ihre eigenen Gedanken zu geben scheint? Wann haben Sie das letzte Mal etwas bereut, was Sie gesagt oder getan haben, weil Sie von unkontrollierbaren Emotionen beeinflusst wurden? Wie oft haben Sie mit Emotionen zu tun, die Sie nicht auflösen können und deshalb verdrängen, bis Sie sie nicht mehr spüren?

Genau wie Ihr Fernseher empfängt Ihr Körper-Geist[2] ständig von jedem und von überall her Sendungen. Jeder von uns ist ein starker Sender. Wir strahlen vierundzwanzig Stunden am Tag Bilder,

---

[2] Der Begriff »Körper-Geist« soll verdeutlichen, dass ich den Körper als einen Teil des mentalen Geistes *(mind)* verstehe. Im Gegensatz zu der verbreiteten Auffassung, dass der mentale Geist ein Teil des Körpers oder im Körper sei, ist meine Erfahrung, dass der Körper zum mentalen Geist gehört. Im mentalen Geist nehmen wir alles wahr – auch unseren Körper und die Welt um uns herum. Der mentale Geist erzeugt etwas aus dem Nichts und empfindet das, was er erzeugt, als real. »Körper-Geist« bezeichnet also die gesamte Struktur, Form und Funktion des Körpers als einen Ausdruck des mentalen Geistes.

Gedanken und Gefühle aus, ob wir es merken oder nicht. Dieses unablässige Bombardement kann es uns schwer machen, den Weg zu unserem spirituellen Selbst zu finden. Wir können die Gedanken, Emotionen und anderen psychischen Energien, die wir von anderen aufschnappen und irrtümlich für unsere eigenen halten, nicht auflösen, erfüllen oder irgendwie verändern.

Angenommen, Ihr Ehemann ärgert sich über etwas im Büro. Er strahlt diesen Ärger den ganzen Abend lang aus, ohne dass Sie eine Ahnung davon haben, was los ist. Doch weil Sie auf ihn eingestimmt sind, nehmen Sie mit Ihrem Körper-Geist immer mehr von seinem Frust auf. Jetzt werden Sie allmählich ebenfalls ärgerlich und frustriert und haben Lust, Ihren Druck an irgendjemandem auszulassen. Vielleicht fangen Sie an, mit den Kindern zu schimpfen. »Was ist nur mit mir los?«, fragen Sie sich. Das Problem ist: Je mehr Sie versuchen, den Ärger Ihres Mannes und die damit verbundenen Gedanken in sich zu verarbeiten, desto mehr verfangen Sie sich darin. Da es nicht Ihre Energie ist, können Sie sie nicht auflösen, doch solange Sie auf Ihren Mann eingestimmt bleiben und er in seiner Laune bleibt, werden Sie sich ebenfalls unwohl fühlen.

Sobald Sie sich erlauben, sich mit Ihrem geistigen Selbst zu identifizieren statt mit den Auswirkungen Ihrer Körper-Geist-Wahrnehmungen, wechseln Sie den Sender. Fragen Sie Ihre Intuition: »Wie viel von dem, was ich gerade empfinde oder denke, gehört *nicht* zu mir?« Sie können nach einem Prozentsatz fragen. Trauen Sie einfach dem, was Ihnen als Erstes in den Sinn kommt. Vielleicht haben Sie die Eingebung »80 Prozent« oder »das meiste«. Seien Sie froh! Das bedeutet, Sie können diese Dinge ohnehin nicht lösen. Entscheiden Sie sich, sie loszulassen, und wählen Sie bewusst, worauf Sie sich einstellen wollen, zum Beispiel auf Ihre eigenen Gefühle und Gedanken. Wenn Sie dies regelmäßig üben, werden Sie einen großen Unterschied feststellen zwischen dem, *was* Sie fühlen und denken, und dem, *wie* Sie fühlen und denken. *Was* Sie fühlen, entspricht häufig jenem, was Sie von anderen aufgeschnappt haben; und *wie* Sie fühlen, hängt mit Ihren eigentlichen Empfindungen in Bezug auf eine Situation zusammen, die Sie wahrnehmen können, wenn Sie bewusst Raum für das Göttliche geschaffen haben.

### Die Wahrheit erkennen

Wir beginnen diesen Prozess, indem wir uns selbst die Erlaubnis, die Gewissheit und die Gelegenheit geben, zu erkennen, was für uns wahr ist. Wahrheit ist Energie. Jeder von uns hat eine einzigartige Beziehung zu Gott. Sie ist die Grundlage für unser spirituelles Wachstum. Sie ist die Stimmgabel, mit der wir unsere Tonlage messen können. Klingen wir klar? Ist diese Energie wahr für uns?

Unsere Beziehung zu Gott bestimmt, was jeder von uns für sein spirituelles Wachstum braucht. Was für Sie wahr ist, muss auch in Ihrer Beziehung zur Liebe Gottes wahr sein. Doch was für den einen richtig ist, kann für den anderen falsch sein. Und was jetzt für Sie richtig ist, muss das nächste Mal nicht auch richtig sein.

Wenn Sie ins Vergleichen verfallen und versuchen, den Weg eines anderen zu gehen, werden Sie Ihr Ziel nicht erreichen. Etwas mag noch so prima aussehen und noch so gut für jemand anderen funktionieren: Wenn es nicht aus Ihnen selbst kommt, ist es nicht das Richtige für Sie. Wenn Sie sich daran klammern, wird es den Raum einschränken, in dem Sie Sie selbst sind. Einfach ausgedrückt, schränkt jede Energie, die nicht aus Ihnen selbst stammt, Ihren Raum ein. Energie, die nicht in Ihrem einzigartigen Muster mit Gott erzeugt ist, ist auch nicht Ihre eigene. Sie müssen Ihre Tonlage der Wahrheit immer mit Ihrer eigenen inneren Stimmgabel messen.

Schon bei der Empfängnis fangen die Prüfungen an, dass wir unterscheiden müssen, was wahrhaft unser ist und was nicht. Im Mutterleib, noch bevor wir in die Welt geboren werden, begegnen wir den Freuden, Hoffnungen, Träumen, Erwartungen, Ängsten und Befürchtungen unserer zukünftigen Eltern. Auch Verwandte, Nachbarn, Ärzte, Krankenschwestern, Hebammen und Pfarrer können Meinungen, Segnungen, Urteile, Ängste und Ermutigungen beitragen.

»Ich werde endlich Mutter!« »Oh, nein, ich bin schwanger!« »Wie, du bist schwanger?« »Was soll ich nur damit machen?« »Wenn es ein Junge wird, soll er ... werden! Wenn es ein Mädchen wird, soll sie ... werden!« »Und wenn etwas mit ihm nicht in Ordnung ist?«

Wie viele Eltern achten darauf, Ihrem Kind den Namen zu geben, den sich die hereinkommende Seele wünscht? Als unser erster Sohn bald geboren werden sollte, ging ein medial sehr begabtes kleines Mädchen auf meine Frau zu, berührte ihren Bauch und sagte: »Da ist mein Freund Gregory drin!«

Wie oft zwingen wir den Kleinen als Eltern, Lehrer, Ärzte, Babysitter oder Verwandte das auf, was *wir* wollen, statt herauszufinden, wer *sie* sind und was *sie* brauchen, um ihre Bestimmung im Leben zu erfüllen! Wir betrachten unsere Kinder vielleicht als Himmelsgeschenke, doch tatsächlich sind sie eine Leihgabe, nicht unser Besitz. Uns wird Gelegenheit gegeben, sie eine Zeit lang zu begleiten, damit sie *ihre* Bestimmung erfüllen können, nicht unsere.

Auf die eine oder andere Weise erleben wir es alle als Kinder, herabgesetzt zu werden. Sosehr uns unsere Eltern und andere geliebt haben mögen: In den meisten Fällen werden wir in unserer Kindheit als etwas betrachtet, was den Erwartungen, Hoffnungen, Träumen und Ängsten unserer Erziehungsberechtigten entsprechend geformt werden kann und soll. Die Liebe unserer Eltern und anderer fällt ihren Ängsten zum Opfer, das geliebte Kind möglicherweise zu verlieren, und wir werden zu ahnungslosen Nutznießern ihres oft fehlgeleiteten Willens. Die empfindsame und freigiebige Art des Göttlichen, die wir in unserer Seele mitgebracht haben, zieht sich angesichts aggressiver Stimmungen und unfreundlicher Gedanken zurück. Wie eine bedrohte Amöbe bildet unsere Seele aus unseren Abwehrmechanismen eine Schutzhülle. Dabei leiden wir immer mehr unter spirituellem Gedächtnisschwund. Je mehr wir zum Körper werden mit allem, was ihm in dieser Welt zustößt, desto mehr vergessen wir unser spirituelles Sein.

### Jeder Tag ist voll spiritueller Gedächtnisstützen

Um diese spirituelle Degeneration umzukehren, müssen wir als Erwachsene mehr Raum für das Geistige schaffen. Spirituelle Retreats, einsame Meditationen, Kirchengebete und asketische Übungen sind auf bestimmten Ebenen unserer spirituellen Entwicklung nötig, aber die spirituelle Erleuchtung, die durch diese Praktiken erreicht werden kann, bildet nur die Hälfte unserer Bestimmung im Leben. Die andere Hälfte besteht aus dem spannenden Abenteuer, jeden Aspekt der Erleuchtung in unserem weltlichen Leben zu erkennen. Aus Sicht der Seele bietet jede Herausforderung unseres Alltags den Schmelztiegel, aus dem wir Weisheit ziehen. Jede Wegkreuzung, an die wir kommen, bietet uns eine goldene Gelegenheit für spirituelles Wachstum, wenn wir fragen:

- Mische ich mich ein oder schaue ich weg?
- Spreche ich die Wahrheit, lüge ich oder halte ich den Mund?
- Bleibe ich in dieser Beziehung oder ziehe ich weiter?
- Bleibe ich meiner Bestimmung treu oder halte ich mich an das Sichere und Vertraute?
- Mache ich mich zum Opfer dieser Emotionen, die ich fühle, oder entscheide ich mich, den Sender zu wechseln?

Das Ausmaß unserer Entwicklung hängt nicht davon ab, was in unserem Leben geschieht, sondern *wie* wir mit dem umgehen, was geschieht. Es geht nicht darum, das Ergebnis zu kontrollieren, sondern bewusst auf das einzugehen, was einem das Leben präsentiert. Die Entscheidung liegt immer ganz bei uns.

### Das Göttliche in die Welt gebären

Gott sollte in diese Welt geboren werden, doch es gab keinen Raum in der Herberge. In unserer Gesellschaft ist für das Göttliche oft kaum Platz. Statt bei der Geburt jedes Kindes das Göttliche in der Welt willkommen zu heißen, diktieren viele von uns dem göttlichen Geist die Grenzen, an die er sich halten muss, um unsere Liebe und Anerkennung zu bekommen. Im Alter von vier bis fünf Jahren vergessen die meisten von uns ihre göttliche Herkunft. Dann beginnt die Suche nach allem Möglichen, was den Schmerz der Getrenntheit, der Isolation und der Einsamkeit mindert. Wir versuchen, die Leere, die wir in uns wahrnehmen, mit etwas Weltlichem zu füllen.

Oft bringt uns erst der Tod eines uns nahestehenden Menschen dazu, in unserem Herzen und unserer Seele zu erkunden, ob Gott bei uns ist oder uns verlassen hat. Warten Sie nicht so lange. Beginnen Sie schon heute, in Ihrem Herzen und Denken mehr Raum für das Geistige zu schaffen, damit das Göttliche in Ihnen in den besten Räumen willkommen geheißen werden kann.

# 4

# Die Bestimmung der Seele erfüllen

IM HERZEN IHRER SEELE TRAGEN SIE DIE SAMEN DES GÖTTLICHEN. Die Erfüllung Ihrer wahren Bestimmung bedeutet, aus diesen Samen einen Hain heiliger Bäume wachsen zu lassen. Jeder Aspekt, jede Qualität und jede Fähigkeit des Göttlichen kann als Frucht aus der Vielfalt von Bäumen, die Sie in Ihrem Leben wachsen lassen, hervorgehen. Zwar wurden jedem von uns die gleichen Samen in unsere Seelenbestimmung gelegt, doch jeder sät und pflegt sie auf seine Weise, sodass jeder Baumgarten einzigartig wird.

Die Natur spiegelt alles, was Gott ist, und der Lebenszyklus eines Baumes ist ein klarer Ausdruck von erfüllter Bestimmung. Er beginnt als ein Samen, der das gesamte Potenzial seiner vollen Existenz in sich trägt. Wenn dieser Samen gepflanzt und genährt wird, wächst daraus ein Baum, der Blüten trägt und Früchte hervorbringt.

Die Erfüllung unserer Seelenbestimmung verläuft nach einem ähnlichen Prozess. Ihre Individualität erblüht nicht, weil sich Ihre Bestimmung von jener der anderen unterscheiden würde, sondern aufgrund der besonderen Art, wie Sie Ihre schöpferische Wahrnehmung und Imagination einsetzen, um jeden Samen so zu lieben, dass er sich voll entfaltet, reift und auf fruchtbare Weise die Göttlichkeit ausdrückt.

Woher wissen Sie, dass Ihre Bestimmung erfüllt ist? Ist sie erfüllt, wenn alle Ihre Samen zu Bäumen herangereift sind? Wo endet der Lebenszyklus eines Baumes? Ein ausgewachsener Baum kann jahrelang Früchte tragen. Seine Früchte enthalten Samen, die wieder zukünftige Baumgenerationen hervorbringen. So geht es immer weiter. Wenn Sie alle göttlichen Samen in Ihrem Herzen zu einem Baumhain herangezogen haben und ein vollständiges menschliches Wesen geworden sind, werden Sie immer weiter alles, was göttlich ist, zum Ausdruck bringen, denn Sie sind eine unsterbliche Seele. Ihre Bestimmung wächst unaufhörlich; die Erfüllung Ihrer Bestimmung ist Ihr ewiger Tanz mit dem Leben.

Im vorigen Kapitel haben wir uns den Prozess angesehen, mit dem wir in unserer bewussten Wahrnehmung und in unserem Alltag genug *Raum für das Göttliche schaffen*. Dies ist der erste Schritt zur Erfüllung Ihrer Seelenbestimmung. Hier gilt es, den harten Boden aufzubrechen, vielleicht zu düngen, Platz zu schaffen, um die Samen auspflanzen zu können. In diesem Kapitel befassen wir uns mit den verschiedenen Stufen zur Erfüllung Ihrer Seelenbestimmung, angefangen mit dem Auspflanzen Ihrer Seelensamen in den fruchtbaren Boden Ihres Körpers. Jeder Samen muss zwar die gleichen Stufen der Keimung durchlaufen, doch Sie haben in Ihrer Seelenbestimmung eine Vielzahl von Samen zur Verfügung. In jeder Phase Ihres Lebens wird es Pflanzen in verschiedenen Wachstumsstadien geben. Vielleicht machen Sie in einer Ecke Ihres Lebens gerade mehr Raum, um neue Samen auszusäen, während Sie in einem anderen Bereich zur selben Zeit die Früchte eines Baumes ernten, den Sie schon vor Jahren gepflanzt haben.

Vergessen Sie nicht, dass Ihr spirituelles Wachstum welkt, wenn Sie vergleichen und konkurrieren, sei es mit sich selbst oder mit anderen. Erfüllen Sie Ihre Bestimmung in fröhlicher Kooperation, mit Humor, Mitgefühl und Gelassenheit.

### Die Verkörperung Ihres spirituellen Selbst

In Ihrem Bewusstsein und Ihrem Leben haben Sie Raum geschaffen für Ihr spirituelles Selbst. Sie achten mehr auf die Tatsache, dass Sie ein spirituelles Wesen mit einem menschlichen Körper sind. Jetzt sind Sie bereit, die Samen Ihrer Bestimmung in den fruchtbaren Boden

Ihres Körpers zu pflanzen. Da sich diese Samen in Ihrem spirituellen Selbst befinden, müssen *Sie* in Ihren physischen Körper kommen, damit die Samen sprießen und Wurzeln schlagen können. *Sie müssen Ihr spirituelles Selbst verkörpern.*

Bedeutet das, dass Sie nicht in Ihrem Körper sind? Wenn Sie so sind, wie die meisten Menschen, denen ich Tag für Tag begegne: Ja. Ich meine, dass unsere Körper das größte Naturwunder der Welt sind und dass man sie mit relativ wenig spiritueller Aufmerksamkeit und Energie ganz gut in Gang halten kann. Wenn Sie begreifen würden, wie viel Bewusstsein und welche Macht Ihrer Seele innewohnen, dann würden Sie verstehen, wie wenig wir davon verwenden, um ein sogenanntes »normales« Leben zu führen. Was macht dann der Rest von »mir«?, fragen Sie sich jetzt vielleicht. Der Rest von Ihnen kann nicht nur an einem anderen *Ort*, sondern auch in einer anderen *Zeit* sein. Sie sind ein spirituelles Wesen und als solches haben Sie die unendliche Möglichkeit, alles zu sein, wie, wo und wann auch immer Sie wollen.

Angenommen, Sie haben morgen Abend eine wichtige Verabredung in Ihrem Lieblingsrestaurant und machen sich Gedanken darüber, wie es wohl verlaufen wird: Sie sind der Verabredete (irgendwas), Sie sind besorgt (irgendwie), im Restaurant (irgendwo), morgen Abend (irgendwann) – auf jeden Fall sind Sie jetzt gerade nicht voll und ganz *hier*. Doch Ihr Körper kann nur sein, was er ist, wie er ist, wo er ist und wann er ist. Wenn Sie nur mal kurz an diese Verabredung denken, werden Sie körperlich nur ein bisschen phasenverschoben sein. Aber wenn Sie sich sehr sorgen, werden Sie kaum noch in Ihrem Körper sein. Das Ausmaß, in dem Sie in Ihrem Körper sind, bestimmt auch, wie viel von Ihrer spirituellen Wahrnehmung und Energie hier und jetzt zentriert ist.

Wenn Sie versuchen, etwas anderes zu sein, als Sie in Wahrheit sind, und in einem anderen Zustand zu sein, als Sie sind, oder an einem anderen Ort bzw. zu einer anderen Zeit zu sein als hier und jetzt, dann sind Sie nicht in Ihrem Körper. Das Gute daran ist, dass die Entscheidung ganz bei Ihnen liegt. Die meiste Zeit wählen wir jedoch nicht bewusst, außerhalb unseres Körpers zu sein. Wir verlassen ihn, um nicht zu leiden. Aber wenn wir unsere Bestimmung erfüllen wollen, müssen wir uns bewusst entscheiden, in unseren Körper zurückzukehren. Jedes Mal, wenn Sie unglücklich sind und sich entscheiden, anzuklagen, zu kritisieren, zu hassen, zu begehren, zu klammern oder sich zu sträuben, verlassen Sie das Raum-Zeit-Kontinuum Ihres Körpers. Wie Sie sehen, gibt es viele Möglichkeiten, den Körper hinter sich zu lassen, doch es gibt nur einen Weg, darin zu sein. Sie müssen lernen, unter allen Umständen zu *genießen, wer Sie sind*.

Wie ist es, nicht im Körper zu sein? Viele Bücher und Filme haben die verschiedensten außerkörperlichen Erfahrungen dargestellt. Manche Menschen haben erlebt, wie Sie während einer Operation den Körper verließen und dem operierenden Arzt von der Decke aus zusahen. Andere berichten, während einer Nahtod-Erfahrung den Körper verlassen und in ein strahlend weißes Licht gegangen zu sein. Und es gab immer Leute, die bewusst die Grenzen ihres physischen Körpers überwanden und andere Welten oder Dimensionen besuchten. Klingt das spannend? Nun, das ist es auch. Doch die meisten Menschen sind in gewissem Maße außerhalb ihres Körpers und haben keine Ahnung davon.

Außerhalb des Körpers zu sein bedeutet nicht, großartige Klang- und Lichterfahrungen zu machen. Im Alltag geht jeder von uns in seinem Körper ein und aus. Wenn wir schlafen, verlassen wir ihn noch vollständiger. Manche von uns sind sich dessen bewusst, andere erinnern sich beim Aufwachen daran wie an einen Traum. Manche erinnern sich auch an gar nichts. Wenn wir vor uns hin träumen, sind wir oft ebenfalls nicht ganz im Körper. Welche alltäglichen Beispiele gibt es noch?

Wenn Sie der Wecker aus dem Bett gejagt hat und Sie sich den großen Zeh an der Badezimmertür stoßen, waren Sie noch nicht wieder ganz in Ihrem Körper. Oder wenn Sie wegen der U-Bahn zu spät zur Arbeit erscheinen und insgeheim überlegen, wie Sie sich bei Ihrem Chef entschuldigen und trotzdem Ihre Projekte fertig kriegen wollen: Während Sie noch nach Ihrem Handy fischen, um im Büro anzurufen, merken Sie, dass Sie Ihre Station verpasst haben. Sie waren nicht in Ihrem Körper.

Oder Sie haben auf einer Party ein bisschen zu tief ins Glas geschaut und wurden laut. Am nächsten Tag auf Ihr Verhalten angesprochen, erinnern Sie sich an nichts mehr. Sie waren während der Party nicht in Ihrem Körper. Bis auf den Fall, dass Sie aus Ihrem Körper gehen, um eine bestimmte Aufgabe zu erfüllen, verlassen die meisten ihren Körper, um Leiden zu vermeiden. Im Bereich des Geistigen gibt es keinen Schmerz, nur im Körper. Ich werde später noch darauf eingehen.

Je mehr Sie in Ihrem Körper sind, desto wachsamer und aufmerksamer sind Sie, denn Aufmerksamkeit ist ein wesentliches Merkmal des spirituellen Selbst. Sie werden mehr Energie haben, denn auch das ist ein Merkmal des Geistigen. Die Art von Aufmerksamkeit und Energie hängt davon ab, welcher Aspekt Ihres spirituellen Selbst am meisten anwesend ist. Bei manchen bezieht sich die Aufmerksamkeit und Energie auf die körperliche Ebene; sie achten also gut auf alles um sie herum und reagieren schnell auf sich verändernde materielle Situationen. Bei anderen mag der Schwerpunkt auf der psychischen Ebene liegen; sie reagieren besonders auf Energien und Interaktionen zwischen Menschen. Wieder andere fokussieren ihre Aufmerksamkeit auf alles, was sich in ihrem Körper abspielt.

Zwei bewusste Übungen werden Ihnen sehr helfen, Ihr spirituelles Selbst zu verkörpern:
- Verbinden Sie Ihren Körper mit der Erde (Erdung). Starke Wurzeln ermöglichen es einem Baum, aufrecht und stabil zu stehen: So bietet das Erden Ihrem Körper eine Verwurzelung und eine gute Grundlage in der physischen Welt, auf der Sie Ihr spirituelles Leben aufbauen können. Wie in der Elektrik hilft Ihnen das Erden, überschüssige und negative Energien abzuleiten, die Sie von anderen oder aus Ihrer Umgebung aufnehmen. Eine gute Erdung hilft Ihnen, buchstäblich auf Ihren

- eigenen beiden Füßen zu stehen, statt sich von den Energien und Meinungen anderer umherschubsen zu lassen.
- Zentrieren Sie Ihre spirituelle Wahrnehmung hinter Ihren Augen, in der Mitte Ihres Kopfes. »Du bist zu sehr im Kopf«, sagen wir zu jemandem, der ein Übermaß an intellektuellem Denken einsetzt. Doch das ist hier nicht gemeint. Die Zentrierung Ihres Gewahrseins hinter Ihren Augen bedeutet stattdessen, dass Sie sich als spirituelles Wesen auf den Fahrersitz Ihres Körpers begeben.

Als Geist können Sie überall sein, aber dieser Ort hinter Ihren Augen in der Mitte des Kopfes bietet Ihnen den Zugang zu den Fähigkeiten des Körpers, die Sie brauchen, um Ihre Seelenbestimmung zu erfüllen. Deswegen heißt es von alters her, die Augen seien das Fenster zur Seele. Wenn Sie einem Menschen, der spirituell hinter den Augen zentriert ist, in die Augen schauen, blicken Sie in die Unendlichkeit. In Ihrer spirituellen Werkzeugkiste am Ende dieses Buches finden Sie Anleitungen, wie Sie sich erden und Ihr Gewahrsein zentrieren können.

Während Sie mehr üben, in Ihrem Körper zu sein, sollten Sie sich immer wieder ermutigen und Ihre Gewissheit stärken, dass sich in Ihrem Körper reflektiert, was in Ihrem Geist vor sich geht. Im Augenblick liegen die Samen Ihrer Bestimmung noch tief in der Erde verborgen und sind nicht zu sehen. Verhalten Sie sich diesem Schritt Ihrer Seelenerfüllung gegenüber wie ein Kind: spielerisch, abenteuerlustig, voller Staunen und Offenheit. Gehen Sie nicht mit zu hohen Erwartungen heran. Dies ist nicht der Zeitpunkt, um nach Beweisen zu forschen, sondern um Spaß zu haben und auf Entdeckungsreise zu gehen. Lassen Sie sich angenehm überraschen.

### Ganz als menschliches Wesen inkarnieren

Wenn Sie in der Erde verankert sind und Ihre spirituelle Aufmerksamkeit in den Körper gebracht haben, beginnen die Samen Ihrer

Bestimmung zu keimen, und neue Pflänzchen tauchen auf. Jetzt müssen Sie lernen, auf deren wechselnde Bedürfnisse einzugehen. Wie viel Wasser brauchen sie? Brauchen sie Schutz vor zu viel Sonne, vor dem Wind oder vor Tieren? Brauchen einige vielleicht eine Stütze? Müssen Sie Insekten absammeln oder die Unkräuter in ihrer Nähe entfernen? Die Fürsorge für Ihr spirituelles Wohlbefinden bedeutet, dass Sie etwas über den menschlichen Körper und den menschlichen, mentalen Geist lernen und als spirituelles Wesen eine neue Beziehung zu ihnen entwickeln müssen.

Ihre Bestimmung zu erfüllen bedeutet, zu lernen, ganz als menschliches Wesen zu inkarnieren. Als spirituelles Wesen ist Ihre Aufgabe, sich mit Ihrem Körper anzufreunden und eine kooperative Partnerschaft zu bilden, nicht Ihren Körper zu zwingen, spiritueller Geist zu werden. Eine der größten Herausforderungen dabei ist, dass der Körper Luft, Wasser, Nahrung, Schutz und Schlaf braucht. All das ist dem spirituellen Geist fremd. Ihre Existenz als spiritueller Geist ist unendlich und ewig, während Ihr Partner, der Körper, an Raum und Zeit gebunden ist. Sie sind unsterblich, während Ihr Körper früher oder später sterben wird. Die Unterschiede zwischen den beiden stehen sich polar gegenüber. Stellen Sie sich vor, Sie betrieben Hochleistungssport und wären mit einem geistig behinderten, an den Rollstuhl gefesselten Partner verheiratet. Stellen Sie sich weiter vor, dass Ihr Lebensgefährte, auch wenn er in einiger Hinsicht sehr viel beschränkter ist als Sie, Sie bedingungslos liebt und Sie ihn brauchen, um Ihre Lebensbestimmung zu erfüllen. Scheidung ist keine echte Option, da sie nur den frühzeitigen Tod Ihres Körpers und einen nächsten Versuch mit einem noch beschränkteren Partner nach sich ziehen würde. Um zu einem vollständigen menschlichen Wesen zu werden und Ihre Seelenbestimmung in dieser Inkarnation zu erfüllen, müssen Sie diese Ehe irgendwie hinkriegen.

Ich erinnere mich an die Schwierigkeiten, die ich bei meiner ersten Ostereiersuche mit meiner Inkarnation als menschliches Wesen hatte. Ich war ein sechs Jahre alter japanisch-amerikanischer Junge, der in Tokio auf die amerikanische Militärschule geschickt worden war. Ich war ohne Osterhasen aufgewachsen und hatte keinen blassen Schimmer, was Ostereiersuchen war. Als alle auf der Startlinie standen, dachte ich, es würde ein Wettrennen geben, auch wenn mir unklar war, warum wir dabei ein buntes Körbchen tragen sollten. Beim Startschuss rannte ich dementsprechend los, mit dem Körbchen in der Hand, geradewegs auf die Ziellinie zu. Ich war außer mir vor Freude, denn zum ersten Mal im Leben gewann ich einen Wettlauf!

Meine Freude währte jedoch kurz, denn plötzlich stürzten drei Männer auf mich zu und schrien auf mich ein. Ich hatte das Gefühl, etwas furchtbar falsch gemacht zu haben und dafür ausgeschimpft zu werden. Was ist bloß los?, wunderte ich mich; ich habe doch das Rennen gewonnen! Doch die Männer regten sich enorm auf und zerrten mich in die Büsche. Ich war völlig verwirrt und befand mich plötzlich außerhalb meines Körpers ungefähr fünf Meter oberhalb der Szene. Ich sah zu, wie die Männer meinen Körper in die Büsche drückten, wo alle anderen Kinder auf Händen und Knien herumkrochen und etwas suchten. Als spirituelles Wesen hatte ich keine Ahnung, wie ich mit der überwältigenden Energie umgehen sollte, welche die anderen auf meinen Körper ausübten. »Was ist bloß mit diesem Jungen los? Warum sucht er keine Eier? Weiß er nicht, was Ostereiersuchen bedeutet? Gibt es ein Kind, das davon nichts wissen könnte? Los, geh da rüber! Such endlich nach Eiern wie alle anderen! Das macht Spaß!«

Woher sollte ich wissen, dass man von mir erwartete, in den Büschen nach versteckten, hart gekochten Eiern zu suchen? Welch merkwürdige Sitte! Doch für alle anderen war es selbstverständlich. So ist das eben zu Ostern. Alle anderen wussten es.

Als der Druck nachließ und ich zu meinem Körper zurückkehren konnte, krabbelte ich auf allen vieren durch die Sträucher und versuchte, es den anderen Kindern nachzumachen. Ich fühlte mich elend, mutlos und gedemütigt. Ich passte offensichtlich nicht hierher. Ich war wohl dumm. Ich hatte es falsch gemacht und darüber hinaus hatte man mir die Freude über den gewonnenen Wettlauf genommen. Bei dieser Ostereiersuche gab es keinen Platz für eine Seele, die keine Ahnung davon hatte, dass der Osterhase bunte Eier in die Büsche legt. Die Tatsache, dass ich meinen Körper verlassen hatte, beunruhigte mich weniger; das war normal für mich. Viel schwieriger war es, dass ich als menschliches Kind bei einem sehr menschlichen Ereignis so beschämt worden war.

Nach etlichen weiteren Erfahrungen in meiner Kindheit, in denen vorausgesetzt wurde, dass ich etwas weiß oder kann, und bestraft oder gedemütigt wurde, da ich es nicht konnte, zog ich meine eigenen Schlussfolgerungen. Ich lernte, immer einen Schritt voraus zu sein, immer zu wissen, was von mir erwartet wurde, und es besser zu machen als alle anderen. Solange ich alles am besten machte, fühlte ich mich sicher. Dadurch wurde ich natürlich sehr erfolgreich. Es gab nur selten etwas, das ich nicht am besten konnte. Nicht meine Seelenbestimmung gab meinem Leben Richtung, sondern das Bestreben, der Beste zu sein.

Sie können eine hoch entwickelte Seele sein, doch solange Sie nicht ganz in Ihren gegenwärtigen Körper inkarniert sind, gleichen Sie einem Jugendlichen, der alles weiß, aber noch wenig im Leben verwirklicht hat. Sie kennen die Theorie, aber Sie haben sie noch nicht ausprobiert. Ich sehe viele Menschen, die sehr hoch entwickelte Seelen in verschiedenen Stadien der Erleuchtung sind, doch ihre liebe Mühe damit haben, ihr spirituelles Wissen in ihren menschlichen Beziehungen anzuwenden. Wenn sie lernen, mit ihrem Körper-Geist spiritueller umzugehen, wird sich das Gewahrsein und die Energie, die sie als Seelen bereits in vergangenen Leben entwickelt haben, auch in ihrem jetzigen Leben widerspiegeln.

Spirituell ganz als menschliches Wesen zu inkarnieren bedeutet, das Gewahrsein und die Energie der Seele mit der Körper-Persönlichkeit zu integrieren. Bei den meisten Menschen, die nach spirituellem Wachstum streben, ist das Seelenbewusstsein weiter entwickelt als der Körper-Geist. Die gute Nachricht dabei ist, dass Sie das Bewusstsein und die Fähigkeiten bereits im Geist entwickelt haben und nur noch lernen müssen, sie in den Körper zu integrieren.

Dabei müssen Sie nicht von vorne anfangen. Nehmen wir zum Beispiel eine Seele wie Mozart: Die Inkarnation, in der diese Seele als Musikgenie bekannt wurde, war nicht ihre erste als Musiker. Sie hatte bereits in früheren Leben einen hohen Grad an musikalischer Erleuchtung erreicht. Jetzt ging es für sie darum, dieses musikalische Genie in Mozarts Körper und durch ihn zum Ausdruck zu bringen. Das Leben als Mozart war für diese Seele das *Opus magnum*. Wie bei vielen großen Persönlichkeiten hatte es mehrere Leben gedauert, bis die Seele das entwickelt hatte, was sich dann der Menschheit mitteilen und eine neue Richtung in Kunst, Bildung oder Wissenschaft vorgeben konnte. Mozart stand zwar in gutem Kontakt mit bestimmten Aspekten des Göttlichen, doch mit seiner Inkarnation als menschliches Wesen tat er sich ziemlich schwer. Wir alle lernen irgendwann, dass zum Menschsein mehr gehört als Genie, besonderes Talent oder wundersame Fähigkeiten.

Bei meiner Arbeit begegne ich regelmäßig Menschen, die sich erfolglos darum bemühen, ihre sogenannten menschlichen Schwächen zu überwinden. Doch bei den meisten davon zeigt sich, dass in den Bereichen, die sie als Schwäche oder Last empfunden haben, ihre größte spirituelle Kraft liegt. Ich kenne zum Beispiel eine Frau, deren Ehen immer wieder in die Brüche gehen. Die größte Fähigkeit ihrer Seele liegt darin, Beziehungen zu heilen. Warum kann sie dann nicht wenigstens eine vernünftige Beziehung führen?, fragt sie sich. Nun, sie ist eine wundervolle Heilerin und Lehrerin in allen Herzensangelegenheiten. Wen zieht sie da wohl natürlicherweise an? Selbstverständlich jene, die sich mit Beziehungen besonders schwertun, ja vielleicht sogar unfähig dazu sind! Weil sie sich des Talents ihrer Seele nicht bewusst ist, versucht sie, mit den Leuten eine Ehe zu führen, die eigentlich ihre Klienten oder Schüler sein sollten, nicht ihre Partner!

Die herausragenden Fähigkeiten einer anderen Frau liegen in ihrer kreativen Ausdrucksfähigkeit. Solange sie sich dieser Kraft nicht bewusst war, projizierte sie sie voll und ganz auf eine einzige Person und brachte den Mann damit schier um den Verstand. Stattdessen müsste sie auf der Bühne stehen und zu einem großen Publikum reden. Dort würde man ihre Energie als große Bühnenpräsenz oder als Charisma betrachten und nicht als nervtötendes Problem. Ihr ganzes Leben lang kritisierte man sie, sie sei zu emotional. Natürlich ist sie sehr emotional, darin zeigt sich die Kraft ihres kreativen Ausdrucks, solange er kein angemessenes Ventil findet. Sie hat immer daran gearbeitet, ihre größte spirituelle Begabung zu überwinden, weil sie sie als Problem betrachtete. *Unsere Stärken sind nicht Probleme, die es zu lösen gilt, sondern Talente, die wir entwickeln und anwenden sollen.*

Ich kannte auch einen jungen Mann, der auf der Seelenebene die Freiheit über alles liebte – nicht nur seine eigene, auch die aller anderen. Sein Mitgefühl für die Menschheit war so groß, dass er in mehreren Leben sein eigenes Leben geopfert hatte, um seiner Familie oder seinem Volk zu mehr Freiheit zu verhelfen. Er wollte die Freude, die er empfand, wenn er sich frei fühlte, gerne mit allen anderen teilen, doch die Menschen um ihn herum kritisierten ihn ständig, weil er zu widerspenstig sei und stets für Unruhe sorge. Manche nannten ihn sogar unsozial. Er fühlte sich von den Leuten, die er innig liebte, oft zurückgewiesen und abgelehnt. Er erkannte nicht, dass er ein Freiheitskämpfer ist, der hierher kam, um das Denken und das Leben der Menschen zu transformieren. Doch da die meisten Menschen Angst vor Veränderung oder zumindest vor zu schnellen Veränderungen haben, empfanden sie es als Angriff auf ihre Sicherheit, wenn er seine spirituellen Gaben zum Ausdruck bringen wollte. Eine der schwierigen Lektionen für die Seele dieses jungen Mannes bestand darin, die Menschlichkeit der Angst und das Bedürfnis der Menschen nach Bequemlichkeit und Sicherheit zu verstehen und zu erkennen, dass die Menschen um ihn herum so denken, auch wenn er selbst diese Ängste und Bedürfnisse hinter sich gelassen hat. Wenn er lernen könnte, diesen menschlichen Eigenschaften mit mehr Verständnis zu begegnen und seine Freiheitsliebe in ein allgemein nutzbares Werkzeug für ein umfassenderes Bewusstsein zu verwandeln, dann könnte er seinen spirituellen Zielen näherkommen.

*Wenden Sie Ihre Aufmerksamkeit nach innen und finden Sie heraus, was Sie wirklich bewegt. Das wird Sie zu der Kraft und den Fähigkeiten Ihrer Seele führen:* Diese in Ihren menschlichen Beziehungen angemessen anzuwenden, gehört zu den Herausforderungen der Inkarnation als menschliches Wesen. Die erste menschliche Beziehung, mit der Sie sich gut arrangieren müssen, ist jene zu Ihrem eigenen Körper. Der Versuch, die menschlichen Schwächen zu vermeiden und den Körper zu transzendieren, indem man seine Grenzen leugnet, funktioniert letztendlich nicht.

Es gibt großartige Meditationsübungen von alten Meistern, mit denen man sich aus dem Körper schwingen und herrliche Ebenen der Seligkeit und des Lichts erreichen kann. Doch irgendwann müssen Sie wieder in Ihren Körper zurückkehren und Mensch werden – in diesem Leben oder in einem anderen. Um als menschliches Wesen vollständig zu inkarnieren, sollten Sie zuerst auf das schauen, was Sie bereits wissen und in sich tragen, und anwenden, was Sie im Leben entdecken, statt auf das zu schielen, was Sie nicht wissen und nicht haben.

Lernen Sie, sich selbst ganz zu lieben: Wer, wie und was Sie sind, hier und jetzt. Lieben Sie und genießen Sie sich selbst, ob Sie nun göttlich oder menschlich, wohlhabend oder arm, glücklich oder traurig, wütend oder zufrieden, gesund oder krank, ein Arzt oder ein Künstler oder ein Habenichts sind. Dann wird sich alles ändern – zum Besseren.

### Einen Tempel der Seele errichten

Die »Pflanze« Ihrer Bestimmung wächst langsam zu einem starken, gut verwurzelten Baum heran. Es findet eine magische Verwandlung statt: Aus dem kleinen, grünen Pflänzchen wird ein reifer, majestätischer Baum. Am Anfang Ihrer Inkarnation hat Sie die Natur (Gott durch Ihre Eltern) mit einem neuen Körper versorgt. Um Ihre Bestimmung zu erfüllen, gilt es jetzt, diesen sterblichen Körper des Karmas in einen unsterblichen Körper der Weisheit zu verwandeln.

Man sagt, der Körper sei der Tempel der Seele. Doch der wahre Tempel der Seele besteht nicht aus der äußeren Hülle, welche die meisten Menschen mit dem Körper bezeichnen, sondern aus dem unsterblichen Körper, den die Seele im Inneren im Laufe ihrer Inkarnationen errichtet. *Der äußere, biologische Körper, mit dem Sie geboren wurden, entstand aus den karmischen Mustern Ihrer Seele und dient Ihnen am besten, um die Muster zu erfüllen.* In ihm verborgen liegt der Schlüssel zu Ihrer wahren Unsterblichkeit und der Freiheit Ihrer Seele – eine vollkommene Schablone für Ihren unsterblichen, strahlenden Körper, durch den Sie ewig Erfahrungen sammeln und die Totalität des Göttlichen zum Ausdruck bringen können.

Die Chance und die Herausforderung für die menschliche Seele liegen darin, in einen sterblichen Körper zu inkarnieren, der karmische Erfüllung braucht, und die Weisheit zu entwickeln, die nötig ist, um einen unsterblichen Körper zu erschaffen, der zu der heiligen Schablone passt. Sobald der wahre Tempel vollendet ist, kann die Seele den göttlichen Körper aus der physischen Hülle lösen und an seinen wahren Platz bei Gott bringen, sowohl Gott in der Manifestation als auch Gott im Unmanifestierten. Ohne die Vervollständigung dieses unsterblichen, strahlenden Körpers kann die Seele nur zu Gott im Unmanifestierten zurückkehren, ohne freien Willen, als *nicht*-eingeborenes Kind.

Der Körper, in den Sie geboren wurden, ist wahrhaftig die Gnade und Anmut Gottes. In ihm ist alles, was Sie als Seele brauchen, um Ihre Bestimmung zu erfüllen, selbst wenn Sie mit einer Krankheit oder einer anderen außergewöhnlichen Beschränkung geboren wurden. Ihr sterblicher Körper wurde vom Karma gebildet, also von unerfüllten Sehnsüchten und unvollständigen Handlungen. Und nicht nur Ihr eigenes Karma wirkt dabei mit. Manches mag auch genetisch sein oder zu Ihren Eltern gehören, zu Ihrer Rasse oder Ihrem Geschlecht. Doch selbst jene unvollständigen Handlungszyklen oder unerfüllten Sehnsüchte, die nicht Ihre eigenen sind, haben Sie gewählt, um jene zu erfüllen, die tatsächlich zu Ihnen gehören.

Ein stark vereinfachtes Beispiel wäre, dass Sie etwas von dem Leiden Ihrer Eltern übernehmen, in der Hoffnung, es für sie heilen zu können. Aber das unglaublich komplexe Gewebe aus den Fäden des Karmas entzieht sich jeder intellektuellen Beschreibung.

Als Sie zum ersten Mal in einen sterblichen Körper inkarnierten, begannen Sie mit einer Masse ungeformter Energie um Ihr Herz. Im Laufe Ihrer vielen physischen Verkörperungen haben Sie diese amorphe Masse von Lebensenergie durch Versuch und Irrtum, durch das Verlangen nach Dingen und ihr Erreichen, durch das Erleiden von Konsequenzen schädlichen Handelns und durch Erlernen von Vergebung mehr und mehr zu einem menschlichen Körper-Geist entwickelt. Wenn Sie die Wirklichkeit als die Energie wahrnehmen könnten, die sie ist, sähen Sie, dass eine wenig entwickelte Seele einen »Körper« hat, der eher einem Kartoffelsack oder einer riesigen Amöbe ähnelt.

Ein weises, erleuchtetes Wesen hingegen hat einen voll ausgebildeten menschlichen Körper mit klaren Abgrenzungen, der in aller Herrlichkeit erstrahlt. Wenn eine Seele diesen heiligen Tempel voll ausgebildet hat, kann ihr Wesen zwischen Universen umherreisen, die höchsten Himmel und die tiefsten Höllen durchwandern, im Absoluten verweilen oder sich einen physischen Körper materialisieren, ganz wie es will. Das ist die Bestimmung der menschlichen Seele: über die volle Freiheit zu verfügen, zu sein oder nicht zu sein.

Wenn Sie sich der Entwicklung Ihres unsterblichen Körpers bewusster werden, werden Sie erkennen, dass jeder Körperteil, jedes Organ, ja jede Zelle Ihres physischen Körpers ein göttliches Ideal widerspiegelt, eine Erfahrung und eine Bedeutung. Das ist der dynamische Aspekt Gottes, den die Christen »Heiliger Geist« nennen und der sich auf diese Weise in unseren Zellen inkarniert und die Schablone unseres unsterblichen Körpers bildet. Wenn wir uns zum Beispiel weigern, einen bestimmten Aspekt der Wahrheit zu sehen, kann sich im Laufe der Zeit unsere Sehkraft verschlechtern. Wenn wir Hass gegen einen Teil von uns selbst hegen, verlieren wir Vitalität aus unserem Blut und schädigen unser Immunsystem. Jede Zelle unseres Körpers und jede Erfahrung unseres Lebens bestehen aus der

Liebe Gottes. Und die einzige Art, wie wir diese Liebe empfangen können, besteht darin, zu lieben.

Ich wanderte gerade mit meinem Lehrer durch seinen Garten, als ich das erste Mal meinen wahren Körper wahrnahm und die Welt als das sah, was sie wirklich ist. Plötzlich stand ich sprachlos und staunend vor der funkelnden, glänzenden Herrlichkeit der Existenz. Der Baum, der noch einen Augenblick zuvor so fest verwurzelt und stabil in der Erde stand, pulsierte jetzt vor Leben und sandte ständig Lichtwellen aus, riesige silberne Schwingungen, die auf einem Teich schimmernden Sonnenlichts zu tanzen schienen. Die Energiewellen rauschten wie ein kühlender Wasserfall durch mein ganzes Sein – eine Symphonie von Tausenden winziger Silberglöckchen, und ein Gefühl von Nachhausekommen. Die Existenz sang und tanzte in Ekstase durch die Vögel, Insekten, Bäume, Blumen, sogar die Steine. Sowohl mein Körper als auch der meines Lehrers erstrahlten in herrlichem Licht. Alles in der Welt stand durch ein wundervolles Leuchten miteinander in Verbindung. Silberne Lichtfäden flossen durch alles. Mein Lehrer sah mich an, lächelte und sagte. »Alles redet mit dir, stimmt's?«

Als ich nickte, forderte er mich auf, den Baum neben mir zu begrüßen. Während ich es tat, sah ich meine Stimme als Wellen zu dem Baum schweben. Dann öffnete sich der Baum und grüßte mich ebenfalls.

In den 28 Jahren seit dieser Erfahrung habe ich Tausende von spirituellen Heilungen und hellseherischen Beratungen gegeben und dabei allmählich gelernt, woraus unsere Körper wirklich bestehen. Ich wollte ihre göttliche Bestimmung erkennen.

Vor etwa zehn Jahren gipfelte diese Suche nach einer Reihe von Erfahrungen in einem Augenblick tiefer Offenbarung. Es begann an einem Morgen, als ich eine Spazier-Meditation durch unsere Wohngegend unternahm. Während ich die Bäume und die Blumen, das Gras und seine winzigen Bewohner begrüßte, schien es mir plötzlich, als öffne sich das Universum. Vielleicht sollte ich besser sagen: Ich öffnete mich dem Universum. Der Himmel stand offen und in der Öffnung erblickte ich einen strahlenden Feuerglanz. Die ganze Welt um mich herum flimmerte und schien voll goldener Lichtfunken zu sein. Ich spürte, wie das Universum durch mich hindurchfloss, und wurde selbst so groß wie das Universum. In diesem Augenblick begriff ich die Anmut und Gnade meines Körpers. All die Puzzlesteinchen, die ich in den vergangenen Jahren gesammelt hatte, fügten sich zu einem großen Verstehen zusammen. Dann schloss sich der Himmel wieder zu seinem bekannten strahlenden Blau, während alles in der Welt noch eine Weile in neuem, goldenem Glanz erstrahlte.

Gewonnen habe ich dabei diese Erkenntnis: Der Körper wird durch ein komplexes Gewebe von karmischen Neigungen und Handlungen erschaffen. Bei unserer Geburt verkörpert er die Summe unserer bis dahin unerfüllten Verlangen. Er enthält alles: von dem ursprünglichen Samen des Verlangens nach Erfüllung unserer Bestimmung bis zu den Milliarden von sehnsüchtigen Gedanken, die aus Ignoranz und Angst in uns entstanden sind. Jeder Wunsch, jede Sehnsucht und alles unbefriedigte Wollen werden bei der Bildung unserer Körper berücksichtigt. Dazu gehört auch die Art von Eltern, die wir brauchen, die uns nicht nur die richtigen Gene, sondern auch die passende Umgebung und die nötigen Chancen bieten. *Der physische Körper wird der menschlichen Seele geschenkt, um ihre ultimative Freiheit zu verwirklichen und ihre eigene Göttlichkeit zu erkennen.*

Wenn ein Mensch stirbt, verbleiben alle unerfüllten Verlangen wie Samen im Herzen der Seele. Aus diesen Samen erzeugt die Seele ihr nächstes Leben und ihren nächsten Körper, mit dem sie diese Verlangen erfüllen kann. Wenn die Eltern gewählt sind, kann die Empfängnis stattfinden. Wenn eine Seele, die sich nach Inkarnation sehnt, in der Nähe eines Mannes und einer Frau ist, kann die sexuelle Anziehung sehr stark werden. Die Umsetzung dieses Verlangens bewirkt in allen drei Seelen Erfüllung, wenn auch in unterschiedlichem Maß.

Nach der Geburt, meistens um den vierten Monat herum, werden die karmischen Samen, welche die Seele mitgebracht hat, ins Herz gepflanzt. Dort ruhen sie, bis sie von den entsprechenden Energien genährt werden und zu keimen beginnen. Das kann durch den Kontakt mit jemandem geschehen, mit dem die Seele einen unvollständigen karmischen Zyklus hat, oder auch in der Gegenwart von jemandem, der ein ähnliches karmisches Muster hat. Wenn sie zu keimen beginnen, fließen diese karmischen Muster ins Blut und werden vom Herzen durch den ganzen Körper gepumpt. Diese lebendigen geometrischen Energiemuster von Ursache und Wirkung fließen zu jeder Zelle des Körpers, die mit Blut versorgt wird. Je nach Art des karmischen Musters, können verschiedene Zellen unterschiedliche Informationen erhalten.

So formt sich der Körper des Karmas entsprechend den Vorgaben dieser Muster. Das kann vorwiegend physiologische Auswirkungen haben oder sich mehr auf der emotionalen oder mentalen Ebene manifestieren. Wenn die karmischen Muster erfüllt oder transformiert werden und das Herz reiner wird, wird auch das Blut klarer und die Körperzellen empfangen immer mehr Licht.

Dieser karmische Körper kann auf drei Arten in den unsterblichen Körper der Weisheit verwandelt werden:
1. Die langsamste Methode ist, einen karmischen Zyklus nach dem anderen abzuarbeiten, bis alles erfüllt und im Gleichgewicht ist.
2. Sobald eine Seele in einer Inkarnation mehr erwacht, beginnt sie zu erkennen, dass es effizientere Möglichkeiten gibt, karmische Schulden zu begleichen. Statt sich langsam Schritt um Schritt durchzuquälen, entwickelt die Seele ein Handlungskonzept, mit dem sie ihr Karma schneller und effektiver auflösen kann. Eine Seele, die zum Beispiel als grausamer militärischer Befehlshaber für den Tod, die Vergewaltigung und die Verstümmelung Tausender Menschen verantwortlich war, kann sich, wenn sie die karmischen Konsequenzen erkannt hat, als Arzt jahrzehntelang der Rettung von Leben widmen,

vielleicht ein Krankenhaus aufbauen, wo Tausende von Menschen geheilt werden.
3. *Der schnellste Weg, Karma aufzulösen, besteht darin, dass sich die Seele entscheidet, voll und ganz zu vergeben.* Damit ruft die Seele alle Energien zurück, die sie in ein karmisches Muster gesteckt hat, und löst die Kraft auf, die darin steckte. Vollständige Vergebung ermöglicht uns, die unerfüllten Verlangen und unvollständigen Handlungszyklen zu transzendieren. Viele Wunderheilungen Jesu geschahen durch diese Art von Vergebung und durch eine Umwandlung der karmischen Schuld, die sich der Mensch selbst aufgeladen hatte.

## Die allumfassende Göttlichkeit zum Ausdruck bringen

Sobald ein Baum ausgereift ist und erblüht, kann er auch Frucht tragen. Wenn Sie Ihren karmischen Körper immer mehr zu einem Weisheitskörper umwandeln, können Sie immer besser die Gesamtheit des Göttlichen auf Ihre einzigartige Weise zum Ausdruck bringen. Jedes Mal, wenn Sie einen Aspekt des Göttlichen verwirklichen, schenkt Ihr Baumhain dem Leben eine neue Frucht. Das Potenzial Gottes manifestiert sich in der Welt. Je mehr Sie die Ehe zwischen Ihrem spirituellen Selbst und Ihrem Körper entwickeln, desto mehr bringen Sie den Himmel auf die Erde. Um all das, was Gott ist, hier auf Erden ausdrücken zu können, müssen Sie lernen, innerhalb der physischen Beschränkungen spirituell frei zu sein und innerhalb der Polaritäten Einssein zu erfahren.

Jedes Mal, wenn auf Erden eine Seele geboren wird, stirbt Gott, um dieses Leben zu schenken. Um dieser Seele einen Körper zu geben, muss der Geist die Unendlichkeit gegen die Begrenztheit eintauschen, das Ewige gegen das Endliche, das Unsterbliche gegen das Sterbliche. Kann jemand mehr aufgeben, um Ihnen Leben zu schenken?

Gott in Ihnen hat all das aufgegeben, weil Sie darum gebeten haben – genauso wie Sie ohne zu zögern einem hungernden Kind

Ihr Essen überlassen würden oder ein paar Minuten Ihrer Zeit einem Menschen in Not widmen. Und wie groß ist die Freude, wenn dieses Kind nach Jahren als glücklicher Erwachsener wieder auftaucht und sich für das Mahl bedankt, das ihn am Leben erhielt! Oder wenn der Mensch, den Sie getröstet haben, gesteht, dass Ihre Freundlichkeit ihn davon abhielt, damals von der Brücke zu springen.

Die Liebe erzeugt das Leben mit den Worten:

*»Ich schenke dir freudig mein Leben, damit du leben kannst. Ich bitte dich nur, dich gut um diesen Lebenssamen zu kümmern, damit er zu dem herrlichen Baum heranwachsen kann, zu dem er bestimmt ist. Lass die Wurzeln tief in die Erde reichen, damit er groß und stark wird. Lass seinen Stamm zu einer Säule deiner Gemeinschaft werden, damit die Kinder darauf herumklettern, die Schwachen sich anlehnen und die Jungen sich an seiner Zuverlässigkeit erfreuen können. Lass die Äste weit hinauswachsen und sich voll belauben, um den müden Pilgern auf den schwierigen Wegen des Lebens Schatten zu spenden. Lass seine Blätter die ganze Gemeinschaft heilen, indem sie Frieden, Zusammenarbeit und Freundschaft fördern. Lass seine Blüten duften und das Herz jeder Seele erfreuen, die sie erblickt. Lass den Baum süße Früchte hervorbringen, die den Körper, den Geist, das Herz und die Seele von jedem erquicken, der wachsen möchte. Und lass seine Samen sich weit ausbreiten, um allen neues Leben zu schenken, die danach streben. Mein Leben liegt jetzt in deiner Hand, geliebtes Kind. Beschenke das Leben, wie ich dir mein Leben geschenkt habe.«*

Wenn wir in unseren Körper geboren werden, kommt Gott mit uns in die Welt als das Bewusstsein des Feldes, das unseren Körper-Geist ausmacht. In dem Maße unserer Unbewusstheit ruht Gott dann in uns wie ein Samen in einem Feld, das von großen Unkräutern überwuchert wird. Wenn unser Bewusstsein erwacht und auf diesem Feld Wurzeln schlägt, reifen auch unsere Gottes-Samen, bis wir schließlich die Gesamtheit Gottes ernten können. Schrittchen für Schrittchen lassen wir dann gleichsam Gott aus unserem Unbewussten wiederauferstehen durch unser wachsendes Gewahrsein und unsere Liebe.

Um die Unsterblichkeit des Göttlichen zum Ausdruck zu bringen, müssen wir uns dem Tod stellen. Wer sich an die Angst vor dem Tod klammert, hat keinen Platz für Unsterblichkeit. Um die Unendlichkeit des Göttlichen zum Ausdruck zu bringen, müssen wir allen Besitz, alle Eingrenzungen und alle Beschränkung aufgeben. Um die Ewigkeit des Göttlichen zum Ausdruck zu bringen, müssen wir die Vergangenheit opfern, genauso wie die Zukunft: Man kann nicht an vergangenen Verletzungen festhalten, die man nicht vergeben will, Schuld zuweisen für Geschehenes oder sich um die Zukunft sorgen. Ewigkeit gibt es nur im jetzigen Augenblick. Das sind einige der Früchte des Göttlichen, die es zu teilen gilt. Aspekte der Göttlichkeit zum Ausdruck zu bringen bedeutet, dass wir uns um Gott in uns selbst und in anderen kümmern.

### Den heiligen Tanz mit dem Leben wagen

Ein ausgewachsener Baum, der immer wieder Früchte trägt, erfüllt seine Bestimmung. Er dient dem Leben und das Leben versorgt den Baum mit allem, was er zum Gedeihen braucht. Sobald wir mehr von dem Göttlichen in uns selbst in der Welt zum Ausdruck bringen, ist es genauso. Wenn wir endlich fragen, wie wir der Bestimmung des Lebens dienen können, öffnen wir uns für die Fülle und den Fluss des göttlichen Lebens. Dann treten wir in den heiligen Tanz mit dem Leben ein.

Wenn Sie sich weniger von Angst und Zweifeln als von liebe- und vertrauensvoller Wahrnehmung führen lassen, werden Sie erkennen, wie sehr Sie das Leben mit allem versorgt, was Sie brauchen. Wahrscheinlich haben Sie es oft nur übersehen, weil Sie Ihren Fokus auf etwas anderes gerichtet hatten anstatt auf das, was Sie wirklich brauchten. Das Leben gibt, in jedem Augenblick, Schritt für Schritt. Als Sie fürchteten, nicht genug Geld zu haben, hat Sie das Leben vielleicht mit Lernmöglichkeiten überschüttet, die es Ihnen ermöglicht hätten, letztendlich Ihr Einkommen zu verbessern, oder es hat Ihnen Menschen geschickt, die Ihnen helfen könnten. Das Leben versorgt Sie immer mit dem, was Sie am meisten brauchen, doch es liegt bei Ihnen, dem Ruf zu folgen und ihn anzunehmen.

Wir zögern, uns auf den Tanz mit dem Leben einzulassen, denn wenn wir uns dem Leben hingeben, öffnet sich uns das Leben noch viel mehr. Oft merken wir erst, wie dreckig der Raum ist, wenn wir die Vorhänge aufziehen, um das Sonnenlicht hereinzulassen. Uns auf den Tanz einzulassen erfordert Mut, denn es bedeutet, auch die dunkleren Ecken unseres Herzens, unseres Verstands und unserer Seele zu erkunden. Um uns auf dieses Risiko einzulassen, müssen wir uns zunächst selbst lieben und uns selbst wichtig sein. Der heilige Tanz mit dem Leben ist voller Liebe und Licht, doch diese Liebe bricht uns das Herz, bis es frei von allen Urteilen ist. Und dieses Licht bedrängt den Verstand, bis er frei ist von jeglicher Voreingenommenheit. Nur Mut! Sie tragen bereits alles in sich, um Ihr Glück zu verwirklichen, und alles, was Sie verlieren könnten, ist es ohnehin nicht wert, festgehalten zu werden.

Wenn Sie sich auf diesen beständigen Fluss des Bittens und Empfangens einlassen, werden Sie sich unabhängiger und vollständiger fühlen. Alles, worum Sie bitten, wird sich peu à peu verändern. Ihre Bitten werden sich mehr auf die echten Bedürfnisse des Lebens konzentrieren als auf Ihr persönliches Wollen und Wünschen. Sie fragen: »Was kann ich heute dem Leben geben?« Und Sie merken: Je mehr Sie von dem Göttlichen in sich selbst mitteilen, desto mehr haben Sie teil am Göttlichen im Leben und an der Fülle um Sie herum.

Ich habe eine schöne Erinnerung an diesen Tanz mit dem Leben: Bei einem Retreat, das ich mit meiner Frau auf Hawaii leitete, fragten wir uns, wie wir den Leuten die Zeit noch angenehmer gestalten könnten. Wir hatten schon einen Bootsausflug organisiert, damit die Teilnehmer die Delfine sehen und vielleicht mit ihnen schwimmen könnten. Wir überlegten auch, den Leuten den Besuch einiger heiliger Stätten zu empfehlen. Um mein Gedächtnis aufzufrischen, wie man an einige dieser Plätze gelangt, beschloss ich daher am Tag vor dem Bootsausflug, frühmorgens ein paar meiner Lieblingsplätze aufzusuchen. Als ich an einer Kreuzung stand, verspürte ich jedoch den starken Drang, einen anderen Weg einzuschlagen. »Die Delfine möchten sich mit dir treffen«, hörte ich in meinem Kopf.

Ich fuhr also nach rechts statt nach links und die Straße hinab bis in eine große Bucht. Ich hatte zwar nicht die Absicht, ins Wasser zu gehen, nahm aber trotzdem Maske, Flossen und Schnorchel mit. Auf meinem Weg zu der Felsenküste begegnete ich einem alten Hawaiianer. »Da würde ich heute nicht schwimmen«, meinte er. »So rau hab ich es hier in der Bucht seit Langem nicht gesehen. Echt gefährlich.«

Ich bedankte mich für seine Warnung und versicherte ihm, ich hätte auch gar nicht vor, zu schwimmen.

»Sind ohnehin keine Delfine da«, ergänzte er. »Hab hier seit Wochen keine gesehen.«

Als ich am Wasser ankam, erkannte ich, dass der alte Mann recht gehabt hatte: Über zwei Meter hohe Wellen brachen gegen die Felsen. Ich war schon oft hier gewesen, aber so hatte ich es noch nie erlebt. Und weit und breit kein Delfin. Ich setzte mich etwas abseits von der Brandung hin und beschloss, zu meditieren.

Während meiner kurzen Meditation fragte ich, warum ich hierher gerufen worden war. »Komm, schwimm mit uns!« Ich spürte den Ruf der Delfine in meinem Herzen. Ich lachte. »Das kann ich wohl nicht«, antwortete ich ihnen in Gedanken. »Nicht unter diesen Umständen.«

Plötzlich veränderte sich etwas. Alles wurde still um mich herum. Ich öffnete meine Augen und sah, dass die Wellen verschwunden waren und die Bucht glatt wie ein Swimmingpool vor mir lag. Als hätte jemand die Wellen einfach abgeschaltet!

»Kannst du jetzt kommen und mit uns schwimmen?«, spürte ich wieder die Delfine fragen. Was blieb mir da noch übrig? Ich ging ins Wasser.

Ich schwamm höchstens zwei Minuten im Meer, als mich mindestens hundert Delfine mit überschwänglicher Freude begrüßten.

Manche schwammen neben mir, andere umkreisten mich. Ein paar führten mir ein herrliches Luftballett vor. Wir tollten eine ganze Weile miteinander herum, bis ich ihnen mitteilte, dass ich jetzt los müsse, um ein Seminar zu geben. Zum Abschied bat ich sie noch, am nächsten Tag zu kommen, wenn wir mit der Gruppe im Boot die Nordküste entlangfahren würden. Sie nahmen meine Einladung freudig an.

Am nächsten Tag fuhren wir mit unseren Teilnehmern im Boot einer guten Freundin hinaus. Sobald wir den Hafen verlassen hatten, tauchten ungefähr vierzig Delfine auf und begleiteten uns die ganze Fahrt über. Jeder, der wollte, konnte mit ihnen schwimmen. Unsere Freundin erzählte uns später, dass die Delfine in all den Jahren, in denen sie Leute auf solche Touren mitgenommen hatte, noch nie so schnell da gewesen seien und dass sie das Boot noch niemals die ganze Zeit begleitet hätten.

*Das Leben ist immer da und gibt – die Frage ist nur, ob wir auch da sind, um daran teilzuhaben.* Auf dieser Stufe der Erfüllung unserer Seelenbestimmung wird es zu unserem ureigenen Bedürfnis, die Bestimmung des Lebens selbst zu erfüllen, statt unseren persönlichen Wünschen nachzugehen. Wenn wir das Leben bitten, uns mit allem zu versorgen, was wir brauchen, um die Bestimmung des Lebens selbst zu erfüllen, wird uns das Leben zuerst mit allem ausstatten, was wir persönlich brauchen. Schließlich müssen wir ja überleben, um irgendeine Bestimmung zu erfüllen, oder nicht?

Lernen Sie, Ihre Beziehung zur Liebe Gottes wie einen Garten zu hegen und zu pflegen. Ernten Sie die göttlichen Früchte und verteilen Sie sie an das Leben. Auf diese Weise nehmen Sie teil an dem heiligen Tanz mit dem Leben.

# 5

## Weckrufe

IN JEDEM AUGENBLICK LÄDT UNS UNSERE BESTIMMUNG EIN, SIE ZU ERFÜLLEN. Manchmal fordert sie uns auf, die Schönheit des Sonnenuntergangs, einer Rose oder des Gesangs einer Feldlerche zu bewundern. Zu einem anderen Zeitpunkt bittet sie uns, zur Feier unseres Lebens eine große Party zu veranstalten. Häufig ermutigt uns unsere Bestimmung, uns tiefer einzulassen, die Wahrheit einer Situation zu erforschen, eine neue Wahrnehmung einzubringen oder unsere Gewohnheiten zu verändern. Doch wenn wir am Steuerrad des Lebens einschlafen und wiederholt ihre Impulse missachten, werden ihre sanften Hinweise zu dringlicheren Weckrufen.

Als mein ältester Sohn vierzehn Jahre alt war, versuchten zwei Mitglieder einer kriminellen Bande von Jugendlichen, ihn ohne ersichtlichen Grund zu erschießen. Er hatte vor der Schule darauf gewartet, dass ihn seine Mutter abholt. Im Vorbeifahren eröffneten sie das Feuer. Es war kein Film. Sein Leben hing zwischen fliegenden Kugeln.

Später teilte er mir mit, was die Situation in ihm bewirkt hatte. »Wenn du noch einmal davongekommen bist, obwohl du hättest sterben können, dann deswegen, weil es einen Sinn hat, dass du hier bist«, erzählte er. »Ich weiß noch nicht, was es ist, aber ich weiß, dass mein Leben eine Bestimmung hat.«

Wenn unser eigenes Leben oder das Leben eines unserer Lieben dem Tod nur um Haaresbreite entronnen ist, schrecken wir aus unserem Schlaf auf. Unsere Wahrnehmung erweitert sich schlagartig, wir werden ganz gegenwärtig und schätzen die Kostbarkeit des Lebens. Die Ahnung, dass die Bestimmung des Lebens etwas Heiliges ist, verschlägt uns einen Augenblick lang den Atem. Im Laufe der Zeit lässt die Intensität unserer Dankbarkeit dann wieder nach, doch irgendwo im Hintergrund unseres Bewusstseins bleibt ein unauslöschliches Gefühl, dass unser Leben einen Sinn hat. Wir können ihn vielleicht nicht erklären, aber wir wissen: Es gibt einen Grund, weshalb wir hier sind.

Krisen sind dazu da, uns aus unserem Schlummer aufzuwecken und das Gefühl einer Bestimmung wiederzubeleben. Häufig sind wir so mit allen unseren Interessen beschäftigt, dass wir vergessen, warum wir hier sind. Wir schlafen ein. Dann weckt uns das Leben wieder auf. Jeder hat das schon erlebt. Mag es eine lebensbedrohliche Situation sein, eine finanzielle Krise, ein emotionaler Aufruhr oder ein Beziehungskrach: Es erinnert uns daran, dass wir vergessen haben, was in unserem Leben am wichtigsten ist. Es fordert uns auf, uns selbst zu fragen, warum wir eigentlich hier sind.

Missachten wir solche »Hoppla, jetzt wäre mir beinahe etwas passiert«-Weckrufe, dann werden sie zunehmend dramatischer, bis es zur Tragödie kommt. Ignorieren wir die Anzeichen für den drohenden Sturm, befinden wir uns plötzlich und unvorbereitet mittendrin.

Mein Freund Rich musste so eine Breitseite hinnehmen. »Sie haben Krebs«, teilte ihm der Onkologe mit. Drei kurze Worte – jeder hofft, sie niemals zu hören. Und dann verkündete er das offizielle Todesurteil: »Sie haben noch ungefähr drei Monate zu leben.«

Ein Weckruf dieser Art bringt uns zunächst völlig zum Stillstand und verlangt unsere Aufmerksamkeit. Er rüttelt uns aus unseren Gewohnheitsmustern der Ignoranz und Unbewusstheit auf. Wenn wir unsere Seele Stück für Stück an unsere Ängste und Unsicherheiten verkauft und uns immer tiefer in unseren Widerstand und die Verdrängung vergraben haben, können wir uns darauf verlassen, dass sich der Weckruf so massiv meldet, bis wir ihn endlich beachten.

Welche Form er auch annehmen mag (selbst ein Todesurteil kann ein Weckruf des Lebens sein): Er erinnert uns daran, dass wir einen wichtigen Aspekt unserer Seelenbestimmung annehmen müssen. Und wenn der Ruf erschallt, ist es wichtiger, wie wir mit ihm umgehen, als zu fragen, ob wir ihn selbst »verursacht« oder ihn »verdient« haben. Das Leben verwählt sich nicht.

Unerfüllte Seelenbestimmung führt zu ruhelosem Schlaf, manchmal sogar zu einem albtraumhaften Leben, aus dem wir so gerne erwachen würden. Da wir hinsichtlich unserer Bestimmung immer wieder einschlafen, sind Weckrufe ab und zu notwendig, und sie treffen auch zuverlässig ein. Sie rütteln uns auf, die Prioritäten unseres Lebens wieder mit der Bestimmung unserer Seele in Einklang zu bringen. Um das zu tun, müssen wir uns *entscheiden,* aufzuwachen.

### Aufwachen – eine Entscheidung auf Leben und Tod

»Bist du der gleichen Meinung wie meine Ärzte?«, fragte mich Rich. »Meinst du auch, dass ich sterben muss?«

»Ja, da bin ich der gleichen Meinung«, antwortete ich. »Du musst genauso sterben wie ich und wie die Ärzte selbst. Nur was den Zeitpunkt betrifft, bin ich anderer Meinung. Das ist eine Sache zwischen dir und deinem Schöpfer. Ich habe allerdings das Gefühl, dass es nicht so bald sein könnte, wie die Ärzte meinen. Du hast noch zu viel zu lernen.«

»Das ist schon mal sicher!« Rich lachte. »Nun, ich glaube, ich bin bereit, zu lernen. Kannst du mir weiterhelfen, was ich als Nächstes tun soll? Die Ärzte meinen, ich würde sterben, was auch immer sie tun. Meinst du, ich sollte mich besser an einen Naturheilkundler wenden oder mir von dir eine spirituelle Heilung geben lassen?«

Die Aussicht auf den nahen Tod erschütterte Rich natürlich zutiefst. Wenn der Weckruf kommt, springen wir zunächst erschrocken auf und reagieren instinktiv. Auf die erste panische Überlebensreaktion folgt meistens ein Haufen Fragen. Wir wollen wissen, was wir tun müssen, um das Problem zu beheben.

»Wie auch immer du deine Heilung angehst, Rich«, erklärte ich ihm, »welchen Ansatz du auch verfolgst, es wird nicht das Richtige für dich sein. Du hast gelernt, dass du nur das Richtige zu tun brauchst, dann sei alles in Ordnung. Also meinst du nun, dass du mit deinem Körper nur das Richtige tun musst, und dann würdest du geheilt.«

»Hältst du das für falsch?«, fragte er.

»Ja«, erwiderte ich. »Du suchst zwar die Wahrheit, aber du suchst sie außerhalb deiner selbst. Hier wirst du sie nicht finden, weil die Wahrheit *in dir* ist. Übrigens bedeutet das Auskurieren der Krankheit nicht unbedingt, dass du geheilt bist. Aber die Heilung kann manchmal bewirken, dass auch der Körper kuriert wird.«

Rich war ein gebildeter, weltgewandter Mann. Er war ein staatlich anerkannter Wirtschaftsprüfer und ein wundervoller Mensch. Jeder, der ihn kannte, mochte ihn. Er war finanziell gut abgesichert und glücklich mit einer schönen, liebevollen Frau verheiratet. Mit seinen neunundsechzig Jahren wirkte er äußerst sportlich. Er ging jeden Tag schwimmen und oft wandern. Er rauchte nicht, trank keinen Alkohol und ernährte sich vorbildhaft. Er war gewissenhaft und hatte alles korrekt gemacht. Man konnte leicht fragen: »Warum kriegt so ein Mensch Krebs? Was hat er falsch gemacht?«

Angesichts einer bedrohlichen Situation neigen wir dazu, uns selbst, andere oder die Umstände zu beschuldigen. Doch ein Weckruf bedeutet nicht, dass irgendetwas im konventionellen oder moralischen Sinne falsch gelaufen ist. Was auch immer uns aus unserer Träumerei gerissen hat: Interessant ist die Ursache oder der Hintergrund, den es zu erkennen gilt. Ein Weckruf bedeutet, dass wir unsere Wahrnehmung nach innen kehren und nach einer tieferen Wahrheit suchen sollen – anders als bisher. Wahrheit, Heilung, die »Antworten« auf alle unsere Fragen befinden sich in uns. Solange wir sie außerhalb unserer selbst suchen, wird uns kein »Gut« und »Richtig« Erfüllung schenken, und selbst »Bester« zu sein wird uns nicht weiterbringen.

Für Rich war die Zeit gekommen, sich nach innen zu wenden und sein Leben zu überprüfen, bis er seine Perspektive so verändert hatte, dass er angesichts des Todes lebensbejahende Veränderungen durchführen konnte. Er musste die Bereiche finden, die er sein Leben lang vernachlässigt hatte, weil er die vermeintlich »richtigen« Dinge bevorzugt hatte.

Er musste sich fragen, ob er sich vielleicht mehr um die Bedürfnisse anderer gekümmert hatte als um seine eigenen: Selbstsucht nimmt etwas weg, doch sich um die eigenen Bedürfnisse zu kümmern ist ein Akt des Gebens, der nicht nur der Person selbst, sondern auch allen anderen nützt. Wie war er mit seinem inneren Selbst umgegangen, mit den Träumen seines Herzens, seiner Intuition und seiner Seelenbestimmung, während er alles »richtig« gemacht hatte? Hatte er sich mehr um sein materielles Wohlergehen und das seiner Familie bemüht als um seine spirituelle Entwicklung?

Lange vor unserem Tod begraben wir uns oft unter den Ängsten anderer, die aus deren Ignoranz und Illusionen entstanden sind. Angesichts seiner Krebsdiagnose stand Rich vor der Aufgabe, sich aus seinem vorzeitigen Grab zu befreien und sich um sein spirituelles Wohlergehen zu kümmern.

Rich hatte sich noch nicht wirklich für das Leben entschieden – er war noch ganz damit beschäftigt, den Tod zu vermeiden. Um aufzuwachen und fähig zu sein, das Leben zu wählen und wahre Heilung zu erfahren, musste er sich erst der schlichten Wahrheit stellen, dass wir alle sterben. Erst dann konnte er der Frage nachgehen: »Wie will ich meinem Tod begegnen?«

Das führte natürlich zu der Frage: »Wie will ich leben?« Solche tiefschürfenden Fragestellungen ermöglichen es uns, uns auf der fundamentalsten Ebene für das Leben zu entscheiden. Als Rich diese Frage stellte, erkannte er, dass er bislang immer im Außen bei sogenannten Experten nach der Antwort gesucht hatte. Doch welchem Rat er auch folgen mochte: Die Entscheidung lag letztendlich immer bei ihm. Er merkte, dass er in seiner Vermeidung des Todes nach etwas gesucht hatte, das er nicht besaß. Die Entscheidung für das Leben bedeutete nun, dass er mit dem anfing, was er hatte und was er wusste. Also begann er mit dem Bereich, in dem er sich auskannte: mit der Buchhaltung. Er beschloss, dem Tod direkt ins Auge zu sehen. Er widmete sich seinen Geschäften, verfasste sein Testament und ordnete seine finanziellen Angelegenheiten. Er wollte nicht mehr vor dem Tod davonlaufen.

Als er alles auf einem Stand hatte, wo er es loslassen konnte, schien er ein neuer Mensch zu sein. Er wusste, er würde sterben – früher oder später. Jetzt lebte er jeden Tag. Als Nächstes widmete er sich seiner Heilung. Er erkannte, dass er in seiner Angst den Ärzten und Heilpraktikern viel Macht gegeben hatte. Er beschloss, jetzt selbst die Verantwortung zu übernehmen und sich zum Dirigenten seiner Symphonie zu machen. Nach gründlicher Recherche und Beratung entschied er sich, seiner Intuition zu vertrauen und jeden Schritt seines Heilungsprozesses selbst zu gestalten. Er fragte nicht mehr, ob er jetzt dem Rat des Ernährungsberaters, der Ärzte oder des spirituellen Heilers folgen sollte, sondern wählte Schritt für Schritt eben jenes aus, was er seinem Gefühl nach brauchte. Manchmal lehnte er bestimmte Eingriffe ab und manchmal ließ er sich auf Operationen ein. Er entwickelte sein eigenes Ernährungsprogramm und bildete sich spirituell weiter bei einem spirituellen Lehrer. Er versuchte nicht mehr, sich ein »richtiges« Konzept aufzuzwingen.

Rich lebte nicht nur drei Monate, sondern noch zwei Jahre lang. Bis kurz vor seinem Ende schwamm und wanderte er regelmäßig. Er erneuerte alte Freundschaften und schloss neue. Er meditierte und arbeitete an seinem spirituellen Wachstum und seiner Seelenbestimmung. Als der Tag seines Abschieds von dieser irdischen Existenz kam, starb er mit Würde und Anmut und beschenkte alle Anwesenden mit dem Glanz des Friedens, den er in sich gefunden hatte.

Nach seinem physischen Tod beschleunigte sich Richs spirituelles Wachstum. Bis zum heutigen Tag steht er in engem Kontakt mit seiner Frau, mir selbst und vielen anderen spirituell offenen Menschen. Nach seinem Tod hat er seiner Frau bei ihrem spirituellen Wachstum geholfen und sie ist sich dessen voll bewusst. Sowohl in seinem Leben als auch in seinem Sterben konnten viele von Rich lernen.

Kurz nach seinem Tod besuchte mich Rich, während ich an einer früheren Version dieses Kapitels arbeitete. Ich bat ihn, einen Moment zu warten, bis ich meinen Gedankengang fertig niedergeschrieben hätte. In diesem Augenblick brach die Elektrizität im Haus zusammen. Natürlich streikte dabei auch der Computer. Rick lachte und meinte, er habe keinen Kurzschluss verursachen, sondern nur sicherstellen wollen, dass ich niederschreibe, was er auf der »anderen Seite« über seinen Krebs herausgefunden hatte. Er bestätigte, dass der Krebs zum großen Teil mit dem Ärger zu tun hatte, den er sein ganzes Leben lang unterdrückte, während er sich abmühte, für alle anderen »das Richtige« zu tun. Er wollte die Menschen wissen lassen, welche Macht in unseren Emotionen steckt und welchen Schaden sie anrichten können, wenn wir sie verdrängen und sie unabsichtlich in unsere Körper stopfen. »Es war zum größten Teil Ärger über mich selbst aus meinen frühen Jahren«, schloss er, während die Lichter in meinem Büro flackernd wieder angingen.

Selbst jenseits des Schleiers lernen wir also, dass Anschuldigungen und Kritik gegen uns selbst und gegen andere der erste Schleichweg sind, den wir aufgeben müssen: Dann können wir die Grenze vom bloßen Überleben hin zu einem Leben in Wahrheit und Heilung überqueren. Alle Anklagen und Vorwürfe ersticken die klare, leise Stimme in uns, die Stimme unserer Seele, die uns wie der Polarstern direkt zu unserer Bestimmung führt.

Der Prozess des Aufwachens entspricht dem Prozess des Sterbens, denn im Sterben erwachen wir zum geistigen Leben. Ob wir nun in Kürze physisch sterben oder nicht: Wir müssen uns dem Tod stellen, um zu leben und spirituell zu wachsen. Ein Weckruf ist ein Hinweis auf den Tod. Aber was soll sterben? Was sollen wir loslassen?

*Ein Weckruf ist immer eine Kreuzung, an der wir auf der spirituellen Ebene zwischen Leben und Tod wählen können, unabhängig davon, ob unser physisches Leben in Gefahr ist oder nicht.* Er gibt uns die Chance, notwendige Kurskorrekturen vorzunehmen. Jede Entscheidung, die wir in Reaktion auf diesen Ruf treffen – ob wir ihn erwidern oder ob wir uns grunzend auf die andere Seite drehen und weiterschlafen –, wird sich auf unser spirituelles Wohlbefinden und unsere Zukunft auswirken.

*Ein Weckruf bedeutet ein gewisses Paradox: Um uns tiefer für das Leben zu entscheiden, müssen wir unserem Tod ins Auge sehen.*
Der Autor Gregg Levoy schreibt in seinem Buch »Callings«, dass es in der afghanischen Sprache für »festhalten« und »sterben« nur ein Wort gibt. Wenn wir uns unserem Tod stellen, verändert sich unsere Perspektive auf das Leben und entsprechend unsere Beziehung dazu. Wir erkennen all die Lügen, die wir leben, all das, woran wir uns verzweifelt festklammern. Die meisten von uns wollen nicht sterben. Doch nur wenige von uns leben wirklich. Wir neigen dazu, Schlafwandler zu sein, die sich an Illusionen, Menschen, Überzeugungen und Dinge klammern, statt zu leben. Sich für das Leben zu entscheiden bedeutet, diesen Griff zu lockern, die Illusionen aufzugeben, von denen wir uns einschläfern lassen.

## Neue Prioritäten setzen

Ein ernsthafter Weckruf bewirkt in der Regel, dass wir unsere Prioritäten schnell neu sortieren, doch um aus diesen neuen Prioritäten eine Lebensgrundlage zu entwickeln, braucht man Geduld und Ausdauer. Wenn das eigene Kind schwer verletzt ist oder wir eine schmerzhafte Trennung oder eine gesundheitliche Krise durchleben, erscheinen unsere üblichen »Wichtigkeiten« erst mal bedeutungslos. Doch wenn wir dem Ruf nicht wirklich folgen, gleiten wir unmerklich in unser gewohntes Einerlei zurück, sobald sich das Kind erholt hat, die Trennung hinter uns liegt oder wir uns körperlich regeneriert haben. Oder wir geben einfach auf.

*Aber ein Weckruf ist niemals eine Strafe Gottes für vergangene Missetaten, sondern immer eine liebevolle Erinnerung, dass wir positive Veränderungen durchführen sollen, um unserer Bestimmung zu entsprechen. Wenn ein Weckruf schmerzhaft ist, liegt das nicht an dem Ruf, sondern an dem unterdrückten Leid, das er in uns aufrührt.* Und je widerwilliger wir auf den Ruf eingehen, desto leidvoller wird unsere Lage. Ein scheinbar banales Ereignis kann dann in einem Menschen eine starke Reaktion hervorrufen, und etwas, das manchem gar nicht weiter der Erwähnung wert scheint, artet für einen anderen in eine Katastrophe aus.

Die Lautstärke des Weckrufs muss auch nicht im Zusammenhang damit stehen, wie tief ein Mensch schläft. Manche Seele nimmt große Mühen und Opfer auf sich, nicht nur um ihrer selbst willen, sondern auch, um anderen ein Vorbild zu sein. Dazu gehören zum Beispiel große Politiker wie Martin Luther King und Nelson Mandela, oder spirituelle Lehrer wie Jesus und Buddha. Aber viele solcher Seelen wurden auch als kranke oder behinderte Kinder geboren, die uns lehren, worum es im Leben wirklich geht.

## Um einen Weckruf bitten

Wenn ich in einem Hotel übernachte, bevor ich ein Seminar gebe, bitte ich immer um einen Anruf in der Frühe. Ich weiß, dass ich etwas zu tun habe, wofür ich aufwachen will. Meistens wache ich von allein und viel früher auf. Aber manchmal brauche ich die Hilfe der Rezeption. Meine Bitte um einen Weckruf gibt mir Sicherheit für den Fall, dass ich morgens nicht begeistert aus dem Bett springe.

Also denken Sie daran: Ein Weckruf ist eine Erinnerung, die Sie selbst für sich erbeten haben. Bevor Sie geboren wurden, haben Sie gesagt: »Bitte, helft mir, dass ich diese Inkarnation nicht vergeude. Weckt mich, falls ich einschlafe!« Wenn Sie dann einschlafen, gibt es einen Teil tief in Ihnen, der um einen Weckruf bittet.

## Genießen Sie das Aufwachen!

Einmal im Jahr liegen liebevoll verpackte Päckchen unter einem geschmückten Baum – Geschenke für die Kinder, die an diesem besonderen Tag niemand daran erinnern muss, dass es Zeit zum Aufwachen ist. Kinder wissen, was am Weihnachtstag zu tun ist, wie sie es an fast jedem Tag wissen. Die Bestimmung eines Kindes liegt darin, lebendig zu sein. Weil sie mit ihrer Bestimmung in Verbindung sind, wachen sie meistens fröhlich und früh auf, voller Energie und Neugierde.

Doch im Laufe der Zeit füllt sich unser Leben mit Verpflichtungen und Anforderungen; andere Menschen und die Gesellschaft insgesamt bestimmen unser Leben. Irgendwann springen wir nicht mehr aus dem Bett, wie wir es als Kinder voller Vorfreude taten. Wir fühlen uns belastet, überfordert, verwirrt. Wir kaufen Wecker. Und wenn der Weckruf ertönt, drücken wir auf den Ausschaltknopf.

Doch wenn wir unsere Seelenbestimmung wiederfinden, wenn unser Leben den Ruf erwidert, dann werden wir wieder wie Kinder am Weihnachtsmorgen. Dann entscheiden wir uns, wieder freudig zu erwachen.

### Geliefert wie bestellt

Jeder Weckruf ist speziell auf unseren Seelencharakter und unsere spirituellen Bedürfnisse zugeschnitten. Vielleicht besagt der Ruf, wir sollen uns selbst oder unsere Nächsten lieben und stärken oder dem Leben auf sinnvollere Art dienen oder einen bestimmten Beruf ergreifen, ein Talent entfalten, uns auf den spirituellen Weg begeben oder einer von unzähligen anderen sinnvollen Betätigungen nachgehen. Der Weckruf will vor allem unsere Aufmerksamkeit auf unser spirituelles Selbst richten und uns an unsere Seelenbestimmung erinnern, für die wir hier auf Erden sind.

Dieser Ruf kann jede nur erdenkliche Form annehmen. Vielleicht brauchen wir eine schwere Krankheit, um unsere Identifikation mit dem Körper zu lockern und unser spirituelles Wachstum zu beschleunigen. Möglicherweise brauchen wir ein Wunder, um uns an die grenzenlose Kraft des Geistes zu erinnern. Eventuell wird die Erfahrung einer Entführung für uns zu einer Chance, auch angesichts roher Gewalt unsere Kraft und unseren Glauben zu spüren.

Oder wir brauchen eine finanzielle Katastrophe, bevor wir erkennen, welchen Schatz wir in unserem spirituellen Selbst besitzen.

Meinem Freund Jim ist es so ergangen. Er war ein begeisterter Unternehmer und Politiker, der von einem niederschmetternden finanziellen Ruin aufgeweckt wurde. Ich begegnete ihm zum ersten Mal kurz nach seinem Konkurs. Er war nicht nur finanziell am Ende, sondern steuerte auch auf eine emotionale Bankrotterklärung zu. »Ich weiß nicht, was ich falsch mache«, seufzte er.

Auf der Seelenebene war er bereits ein spiritueller Heiler und Lehrer. Er war hier, um allen um ihn herum Bewusstheit und Heilung zu vermitteln. Doch das lag unter einem Haufen Geringschätzung und Demütigungen begraben, die er in seiner Kindheit erfahren hatte. Man brachte ihm bei, dass es das Wichtigste sei, erfolgreich im Geschäftsleben zu sein. Seine Verwirrung wurde noch verstärkt, weil er auch in geschäftlichen und politischen Dingen ein gewisses Talent besaß. Wie Rich hatte er erfolgreich im Sinne aller anderen das »Richtige« getan. Doch dann brachten ihn eine Reihe unerklärlicher Rückschläge zu Fall.

Bei seinem Weckruf ging es nicht darum, dass er sich zwischen dem Leben als spiritueller Lehrer und Heiler und dem Leben als Geschäftsmann und Politiker entscheiden sollte. Vielmehr drängte es sich nun auf, seiner Seelenbestimmung die Priorität zu geben und dann seine unternehmerischen Fähigkeiten einzusetzen, um die Erfüllung seiner Bestimmung zu unterstützen. Er hatte vergessen, dass er heilen konnte. Als ich ihn damit konfrontierte, begann er, sich an Ereignisse aus seiner Kindheit zu erinnern, wo er kranken Menschen einfach die Hände auflegte und sie gesund wurden. Leider hatte damals niemand sein Potenzial erkannt.

Doch dann änderte er seine Prioritäten. Jim unterzog sich einer mehrjährigen Ausbildung in spirituellem Heilen und entwickelte seine unterdrückten Talente. Dann machte er sein eigenes spirituelles Heilungszentrum auf und wurde damit sehr erfolgreich. Sobald seine Seelenbestimmung an erster Stelle stand, blühte auch das Geschäft.

Manchmal kann ein Weckruf auch darin bestehen, dass man sich einer Situation bewusst wird, die schon lange besteht. Ein am Hungertuch nagender Künstler kann zum Beispiel feststellen, dass er zwar Künstler sein will, aber nicht arm. Ana war eine solche Künstlerin. Sie war begabt, voller Energie und Tatendrang, doch egal wie sehr sie sich bemühte: Weder sie noch ihre Bilder fanden rechte Anerkennung. Genauso wie Jim war sie von Natur aus sehr medial begabt und eine geborene Lehrerin. Auch sie musste ihren spirituellen Ruf an die erste Stelle setzen, bevor sie als Künstlerin Erfolg haben konnte. Sie nahm an einem Kurs zur Entwicklung ihrer medialen Fähigkeiten teil und wurde Lehrerin, indem sie Kurse zur medialen Entwicklung für Künstlerinnen anbot. Zu ihrem ersten Seminar kamen sechzehn Frauen, Künstlerinnen aller Art. Nach dem Workshop kam eine der Frauen, eine bekannte, sehr erfolgreiche Künstlerin, auf Ana zu. Sie war so begeistert von dem Kurs, dass sie mehr über Ana wissen und ihre Bilder sehen wollte. Sie war von Anas Arbeit so beeindruckt, dass sie ihr Ausstellungen in ihren Galerien in New York und Florida anbot.

Natürlich geht es nicht bei allen Weckrufen darum, mediale Fähigkeiten zu entwickeln oder ein spiritueller Heiler zu werden. Unsere Bestimmung hat jedoch immer etwas mit unserer Seele zu tun, und auf die eine oder andere Weise brauchen wir unsere medialen, intuitiven Fähigkeiten, um unsere Seelenbestimmung umzusetzen. Wie ein spiritueller Meister einst sagte: »Wenn du etwas wissen willst, dann lerne es. Wenn du etwas meistern willst, dann lehre es.«

## Weckrufe sind ein Ausdruck von Gottes Liebe

Meine liebsten Weckrufe kommen von Magic, unserer Katze. Ihre Belehrungen sind elegant und unfehlbar. Es beginnt in der Regel damit, dass ihr leises Miauen durch den Äther schwebt, meistens, wenn ich gerade mit »Wichtigerem« beschäftigt bin. Oft ignoriere ich es. Also schraubt sie die Lautstärke hoch und pirscht durch das Haus, um mich zu finden. Hinter der geschlossenen Bürotür hänge ich über meinem Computer (wo ich versuche, dieses Buch fertig zu kriegen!) und widerstehe ihrem Rufen. Je herzerweichender und nervtötender es wird, desto grimmiger konzentriere ich mich auf meine Aufgabe. Jetzt höre ich an der Lautstärke, dass sie vor meiner Tür angelangt ist. Magic beginnt zu kratzen. »Ich weiß, dass du da drin bist«, scheint sie zu sagen.

Da ich sie weiter ignoriere, um meine »bedeutende« Arbeit zu machen, wird das Kratzen stärker. Es ist ein Machtkampf der Willenskraft. Ich weiß, dass sie stärker ist, aber ich will nicht nachgeben. Ich frage mich, ob ich wohl bald die Tür renovieren muss. Plötzlich hört das Kratzen und Jaulen auf. Die Stille verheißt nichts Gutes.

Zu spät wird mir klar, dass ich meine Prioritäten schlecht gesetzt habe. Ich hätte auf ihren Weckruf früher reagieren sollen. Was wird jetzt passieren? Was wird mich das kosten?

Plötzlich höre ich einen lauten Schlag gegen die Tür. Magic ist auf den Türknopf gesprungen. Der Knopf dreht sich, die Tür fliegt auf. Sie springt ungerührt herein und direkt auf meinen Schoß, wo sie schnurrend anfängt, mich liebevoll zu massieren. Warum war ich nur so stur? Es ging ihr die ganze Zeit nur um Liebe.

Dies ist die perfekte Analogie für einen Weckruf. Gottes Liebe pirscht sich an uns heran, wenn wir uns in unseren Illusionen verlaufen haben. Letztendlich geht es um Liebe.

Die Liebe schenkt uns eine weitere Gelegenheit, Liebe zu empfangen. In Form von Träumen und Intuitionen flüstert sie zuerst sanft in unser Herz. Wenn wir sie missachten, spricht sie lauter in unseren Gedanken und Emotionen. Wenn sie noch lauter werden muss, nehmen wir den Ruf als körperliche Schmerzen und Beschwerden wahr. Wir meinen dann, das wäre anstrengend, aber die Liebe fordert nicht, sie gibt. Und sie hört nie auf, sich zu verschenken. Doch wir leisten Widerstand, weil wir uns fürchten. Wenn wir das Leben geringschätzig behandelt haben, neigen wir dazu, uns der Liebe gegenüber zu verhärten, weil unser Herz voller Schmerz, Enttäuschungen und Verluste ist. Es tut weh, zu träumen, wenn wir uns nicht vorstellen können, dass sich unsere Träume je erfüllen. Und es tut auch weh, wenn die Liebe an den Schorf rührt, um die Wunden zu heilen, die darunter liegen. Also verschließen wir unser Herz und lauschen auf das unermüdliche Klopfen der lebensspendenden Liebe. Doch egal wie oft wir uns abwenden: Die Liebe gibt niemals auf.

## Werden Sie zu Ihrem eigenen Weckruf

Sie brauchen nicht passiv auf den nächsten Weckruf zu warten. Seien Sie proaktiv – wachen Sie aus eigenem Antrieb auf. (Deswegen lesen Sie ja schließlich dieses Buch, oder?) Machen Sie sich das spirituelle Aufwachen zur Gewohnheit, zur Lebensart, zur langfristigen Priorität. Das bedeutet nicht, dass Sie nie wieder einen Weckruf erhalten werden. Aber Sie werden die Weckrufe früher erkennen und wissen, wie Sie sie erwidern können.

# 6

# Die intuitive Erfahrung Ihrer Bestimmung

Ihre Seelenbestimmung ist die Kraft und der Sinn, die Ihr Leben steuern. Sie können Sie weder in der Welt noch in Ihrem Denken finden, denn sie lebt im Geist. Solange Sie nicht mit ihrer Energie in Verbindung treten, erfahren Sie Ihre Seelenbestimmung nicht wirklich. Und wenn Sie nicht den Sinn entdecken, den Ihre Bestimmung Ihrem Leben verleiht, können Sie sich nicht Ihres wahren Wertes bewusst werden. Letztendlich stammt jedes Unglück und jeder Mangel an Erfüllung aus unserer Getrenntheit von dieser Bestimmung. Um Ihre Beziehung zu Ihrer Seelenbestimmung wiederzubeleben, brauchen Sie Antworten, und dafür müssen Sie wissen, *wo* Sie suchen, *wie* Sie suchen und *was* Sie suchen müssen.

### Wo suchen Sie?

Wie oft ist es Ihnen schon passiert, dass Sie an der falschen Stelle nach Antworten gesucht haben? Wenn Sie bezweifeln, dass Sie die Antwort bereits in sich tragen, erwarten Sie sie von woanders; dann wenden Sie sich an Experten und Autoritäten, schauen in die Zukunft, durchforschen die Vergangenheit und suchen überall – außer hier und jetzt in sich selbst.

Wir sind oft wie die alte Frau in der Sufi-Geschichte, die nachts auf allen vieren unter einer Laterne nach ihren Schlüsseln sucht. Auf die Frage der Nachbarn, wo sie die Schlüssel denn verloren habe, sagt sie: »Zu Hause.«

»Aber warum suchst du dann hier draußen?«

»Weil es hier viel heller ist«, erwidert die alte Frau. »Bei mir zu Hause ist es zu dunkel, um sie zu finden.«

»Aber das ist doch dumm!«, ereifern sich die Nachbarn. »Wenn du die Schlüssel zu Hause verloren hast, kannst du sie doch nur dort finden!«

Zu Überraschung aller lächelt die alte Frau. »Ihr seid so schlau, wenn es um die kleinen Dinge des Lebens geht«, meint sie, »aber genau das Gleiche wie ich tut jeder von euch: Ihr sucht im Außen das, was ihr in euch vergessen habt.«

Besonders wenn wir in Angst und Zweifeln sind, neigen wir dazu, lieber auf bekanntem Terrain zu bleiben, als uns auf das Dunkle, Unbekannte einzulassen. Man kann auch leicht denken: »Wenn ich die Antwort tatsächlich wüsste, wäre ich ja nicht in diesem Schlamassel.« Man könnte auch meinen, wenn man die Lösung wirklich in sich trüge, würde man sich nicht fürchten, sondern wissen, was zu tun ist. Dann wäre man doch nicht so verwirrt und würde sich nicht so hilflos fühlen, oder? Also ziehen wir den Schluss, dass die Antwort nicht in uns selbst sein kann. Wir meinen, wenn wir die Antwort wüssten, müssten wir uns doch zumindest ein bisschen mehr als Herr der Lage fühlen.

Das Gegenteil ist der Fall. Die Antwort in sich zu haben, verändert noch gar nichts. Wie bei allen guten Computerprogrammen scheint es, als wären sie überhaupt nicht vorhanden, solange man nicht den richtigen Code eingibt, der das Programm aktiviert. Man kann es auch mit Samen vergleichen: Man muss sie pflanzen und nähren, bevor man etwas ernten kann. Alle Ihre Antworten sind in Ihnen, aber Sie müssen sich für eine entscheiden, sie beim Wachsen unterstützen und dann lernen, sie in Ihrem Leben anzuwenden. Manchmal scheinen wir Glück zu haben und stolpern einfach über eine Antwort. Aber in den meisten Fällen bedarf es einiger Übung, danach zu fragen, damit wir lernen, sie zu empfangen, und wissen, was wir dann damit anfangen können.

Falls man Sie gelehrt hat, Sie sollten immer erst Ihre Mutter fragen, oder Ihr Papa wisse alles am besten, oder nur der Doktor könne heilen, oder es sei angeraten, in Büchern nachzuschlagen und auf den Lehrer oder den Pfarrer zu hören ..., dann mag es Ihnen zunächst schwer erscheinen, mit einiger Gewissheit zu sagen, was aus Ihrer Sicht für Sie richtig ist. Aber denken Sie einmal nach: Wo haben Sie denn letztendlich die Antworten gefunden, die je wirklich bedeutsam für Sie waren?

Haben Sie zum Beispiel schon mal ein Problem »überschlafen« oder ein paar Tage lang entspannt über eine Frage nachgesonnen? Es gleicht einem Wochenendausflug mit einer Freundin. Da bemerkt man Facetten dieser Person, die man niemals vermuten würde, solange man sich nur mal zum Kaffee trifft. Es tauchen Antworten auf, die vollständiger und lebensfähiger sind. Wo kommen die her? Natürlich haben wir uns die Fakten und Rezepte und Theorien aus Büchern und von Experten angeeignet, aber Antworten, die wirklich unser Leben verändern und uns wachsen helfen, stammen aus unserem Inneren. Selbst wenn uns jemand eine tief greifende Lehre vermittelt, muss sich deren Wahrheit doch in Ihnen selbst offenbaren.

Jesus lehrte uns, uns *nicht* um unser tägliches Leben zu sorgen, sondern uns an die Quelle der Schöpfung zu wenden, dann würden wir mit allem versorgt. Schließlich gehen wir zum Wasserhahn, wenn wir durstig sind, oder treten vor die Tür, wenn wir frische Luft brauchen. Wir wenden uns an die Quelle dessen, was wir brauchen. Ein Problem haben wir nur, wenn wir vergessen, wer uns mit dem versorgt, was wir brauchen. Viele von uns haben irgendwann fälschlicherweise einen Lehrer mit der Quelle der Wahrheit verwechselt, nur weil er die Worte gesprochen hat, die uns zu unserer inneren Erkenntnis der Wahrheit geführt haben.

Ein weiteres Beispiel ist der Ärger, der sich in uns rührt angesichts eines Bankauszugs, der einen niedrigen Kontostand anzeigt, als wäre das Geldinstitut die Ursache des Problems. Oder die Kraft der Liebe, die wir in uns spüren, wenn wir in jemanden verliebt sind und meinen, dieser Mensch sei die Quelle dieser Liebe. Wenn uns dieser Mensch dann irgendwie genommen wird, kommt es uns vor, als würde uns das Herz aus dem Leib gerissen und wir könnten nie wieder lieben. *Alle unsere Leiden beginnen, wenn wir unsere innere Göttlichkeit aus dem Blick verlieren.*

Manchmal hilft uns eine Krise, in der keinerlei bekannte Lösungen greifbar sind, unsere Aufmerksamkeit nach innen auf unseren spirituellen Geist und unsere Bestimmung zu lenken. So eine Krise wurde zu einem Wendepunkt in meinem Leben: Eines Abends fing eine Freundin plötzlich an, sich vor Schmerzen zu krümmen. Ich hatte eine Ausbildung als Krankenpfleger gemacht und wusste, ich konnte nicht ausschließen, dass es sich hier vielleicht um ein ernsthaftes Problem handelte. Daher wollte ich sie sofort in die Notaufnahme bringen. Doch die Patientin machte unzweifelhaft deutlich, dass sie auf keinen Fall in irgendein Krankenhaus wolle. Ich war ratlos. Stöhnend befahl sie mir, dass *ich* sie heilen solle.

Ich wusste, dass sie damit nicht auf meine Krankenpflegerausbildung anspielte. Ich hatte keine Ahnung, wie ihre Schmerzen gelindert werden konnten, also legte ich meine Hände auf sie, um sie irgendwie zu beruhigen. Und als wäre es das Natürlichste der Welt, schloss ich meine Augen. Ich erinnere mich, dass ich mich bewusst entschied, dass ich ihr auf diese Weise helfen wollte, sich zu heilen. In diesem Augenblick fingen meine Hände an zu vibrieren und heiß zu werden. Ich fühlte, wie Energie durch meine Hände in sie floss, und bemerkte, dass sie nach wenigen Minuten sehr viel ruhiger geworden war. Nach etwa zwanzig Minuten sprang sie auf und verkündete: »Ich habe mich seit Monaten nicht so gut gefühlt!«

Meiner Freundin war eine Heilung zuteil geworden, aber ich hatte entdeckt, dass das, was ich auf meinem Weg suchte, bereits in mir war. Ich musste nur lernen, wie ich zu diesem inneren Zustand besseren Zugang finden und meine Fähigkeiten als spiritueller Heiler entwickeln konnte, um meine Bestimmung bewusst zu erfüllen.

## Wie suchen Sie?

Zu der Zeit meiner Heilungserfahrung mit meiner Freundin wusste ich bereits, dass mir die Schulmedizin als Beruf nicht lag. Jene wundervolle Erfahrung zeigte mir, dass die Heilung, die ich den Menschen geben wollte, von innen her kam. Damals hatte ich in meinem Bewusstsein jedoch keine Ahnung, wie man spirituell und energetisch heilt. Wenn ich diesem Weg folgen wollte – so viel war mir klar –, musste ich lernen, das Vorgehen an diesem Abend *bewusst* zu wiederholen. Ich hatte also keinen Zweifel daran, *wo* ich nach meinen Antworten suchen musste – nämlich in mir –, aber ich wusste nicht so recht, *wie*.

Ich hatte in Erinnerung, dass ich mich einfach völlig entspannt hatte, da ich keine Ahnung hatte, woran ich mich sonst orientieren sollte. Ich hatte mich hingegeben, ich war damit im Frieden, dass ich nicht wusste, was zu tun war, und ich versuchte nicht, die Situation irgendwie zu steuern. Ich hatte auch weder Vorbehalte noch Erwartungen im Hinblick darauf, was passieren oder nicht passieren sollte. Ich wollte nur, dass es meiner Freundin besser gehen sollte. Ansonsten war ich einfach da. Ohne mir dessen bewusst zu sein, hatte ich meinen Verstand beiseite gestellt und versuchte nicht, den Dingen intellektuell auf die Spur zu kommen. Das ermöglichte eine Offenheit in mir, die sich des Göttlichen gewiss sein konnte. Ich fand intuitiv einen Zugang zu meinem Seelenbewusstsein und zu meiner Seelenenergie.

Ihre Intuition ermöglicht es Ihnen, die tiefen Wahrheiten Ihres Lebens zu erkennen sowie Inspirationen, Einsichten und Wunder zu erfahren. Wenn Sie sich Ihrer inneren Quelle gewiss sind, finden Sie intuitiv Ihre Wahrheit. Ihr Intellekt kann Ihnen helfen, das Tor zur Wahrheit zu finden, aber Ihre Intuition ist der Schlüssel, den Sie brauchen, um das Tor zu öffnen und die Wirklichkeit Ihrer Seelenbestimmung zu erfahren.

Ihr Intellekt arbeitet mit Formen: der äußeren Erscheinung von Dingen und Objekten. Er kann die Buchstaben des Gesetzes analysieren, aber er kann nicht den Geist des Gesetzes erfahren. Mittels Ihrer Intuition erfahren Sie jedoch die Energie des Geistes und *wissen,* dass er Wirklichkeit ist. Wenn Sie versuchen, Ihre Seelenbestimmung durch Ihren Intellekt zu ermitteln, wird es Sie verwirren und in Zweifel stürzen. Das liegt daran, dass der Intellekt darauf beschränkt ist, Strukturen zu begreifen, aber die Seelenbestimmung ist in ständigem Fluss, nicht statisch. Wenn Sie hinsichtlich Ihrer Seelenbestimmung zu einer intellektuellen Schlussfolgerung kommen, bedeutet es, dass Ihr Verstand sich nicht öffnen will, um Sie die wirkliche Antwort erfahren zu lassen. Es passiert uns oft, dass wir so sehr damit beschäftigt sind, intellektuell zu ergründen, warum wir diese oder jene Antwort erhalten haben, dass wir gar nicht richtig mitkriegen, was uns die Antwort eigentlich sagen will. Dies ist eine der Arten, wie unser Ego den Schmerz zu vermeiden sucht, dem wir uns nicht stellen wollen. Unsere Bestimmung führt zu bestimmten Formen, aber sie selbst hat keine Form. Sie brauchen Ihren Intellekt, um die richtigen Fragen zu stellen, aber Sie brauchen Ihre Intuition, um die Antwort zu erfahren.

Gewahrsein und Bewusstheit bilden unseren natürlichen Seinszustand. Wenn wir uns entscheiden, nach innen zu schauen, werden wir bewusster. Dieser Prozess des Erwachens birgt jedoch eine Schwierigkeit in sich: Je bewusster wir werden, desto mehr bemerken wir auch das Leiden und die Dunkelheit, die wir so sorgsam in unserer Psyche begraben haben. Je mehr das Licht unserer Aufmerksamkeit auf diese schmerzhaften Bereiche fällt, desto mehr fallen alle Konstruktionen, mit denen wir uns davor schützen wollten, in sich zusammen. Häufig wenden wir uns in dieser Phase furchtsam wieder ab. Es ist, als erwachten wir aus einem tiefen Schlaf und unsere Träume würden langsam in die Vergessenheit sinken. Manchmal müssen wir uns für eine scheinbar raue Wirklichkeit entscheiden und gegen einen netten, narkotischen Traum.

Jeder hat schon mal erlebt, dass sein Bein einschlief. Es wird taub, aber wenn der Kreislauf wieder in Gang kommt und das Bein »aufwacht« – aua, das ist sehr unangenehm, oder? Das spirituelle Erwachen kann ähnlich sein. Während Ihre Bewusstheit schläft, sind Sie wie betäubt; Sie spüren, hören und sehen kaum etwas. Und wenn Sie dann anfangen, aufzuwachen, kann es sich erst mal anfühlen wie tausend Nadelstiche. Lange unterdrückte Schmerzen, Emotionen und Gedanken tauchen im Bewusstsein auf.

Das Gute daran ist, dass Sie die Wahl haben. Sie können sich entscheiden, sich diesem psychischen Entgiftungsprozess zu widersetzen und mit etwas Anstrengung das Ganze weiterhin zu unterdrücken. Oder Sie entscheiden sich, sich diesem Abenteuer in den Tiefen Ihres Seins zu stellen – mit all seinen Prüfungen, aber auch Belohnungen. Meistens befürchtet man Schlimmeres, als man dabei tatsächlich entdeckt. Der Schatz, der auf dieser Reise zu gewinnen ist, liegt nicht an ihrem Ende, sondern in der Reise selbst. »Der Weise betrachtet das Wachsein als sein höchstes Gut«, lehrte der Buddha (Dhammapada 2,26).

Wenn Ihr Bein aus der Taubheit aufwacht, tut es zwar weh, aber Sie wissen, das dauert nicht lange. Je mehr Sie sich entspannen und dem Prozess seinen Lauf lassen, desto schneller ist es vorbei. Das Gleiche gilt für den Schmerz, der mit spirituellem Wachstum einhergeht. Sie müssen ihn vorbeigehen lassen. Widerstand ist nicht nur zwecklos, sondern gießt Öl ins Feuer. Aus dem gemütlichen Lagerfeuer kann dann Ihr Scheiterhaufen werden.

Den Schmerz loszulassen – sei es ein altes Herzeleid, ein körperliches Trauma oder irgendeine Angst – bedeutet nicht, zu versuchen, ihn loszuwerden. Etwas loszulassen bedeutet zunächst, es *zuzulassen*. Vielleicht mögen Sie das Problem nicht, aber Sie müssen akzeptieren, dass es da ist. Nur dann wird sich der Zustand allmählich ändern. Wenn Sie bereit sind, dem Problem Raum zu geben, statt zu versuchen, es zu entfernen, wird es seinen Entwicklungszyklus vollenden können. Alles strebt auf seine Weise nach Erfüllung und kämpft um sein Überleben.

Es erscheint uns schwer, ein Problem oder einen Schmerz einfach da sein zu lassen: Wir fürchten zumeist, es bleibe für immer so, wenn wir nichts dagegen unternehmen. Vielleicht haben Sie sogar das Gefühl, es keine einzige Minute länger aushalten zu können.

Aber wenn wir dem Problem so viel Macht einräumen, kontrolliert es unser Leben. Glücklicherweise ist das nicht nötig. Die Situation kann noch so schlimm sein: Wenn Sie bereit sind, sich nach innen zu wenden und sich allem zu stellen, was Ihnen dort begegnen wird, beginnt die Heilung.

**Was suchen Sie?**

Welche Antwort suchen wir denn, wenn wir nach innen schauen? Es gibt nur einen Weg, die richtige Antwort zu finden: Man muss die richtige Frage stellen, denn jede Antwort liegt in der Frage. Keine Frage – keine Antwort. Nicht getrennt zu erwerben. Um Antworten zu finden, die für Sie funktionieren, müssen Sie zuerst lernen, die richtigen Fragen zu formulieren. Sie können nicht erwarten, gute Antworten zu erhalten, wenn Sie angsterfüllt oder voller Frustration Fragen hinausschleudern.

Angesichts einer schmerzhaften Situation neigen wir dazu, Fragen aufzuwerfen, die uns von den hilfreichen Antworten wegführen. Wir fragen zum Beispiel: »Was ist bloß verkehrt an mir?« Aber eine Krise bedeutet nicht, dass Sie selbst auf irgendeine Weise nicht richtig sind. Mit dieser Frage gelangen Sie also nicht zu einer nützlichen Antwort.

Eine andere Frage, die oft gestellt wird: »Warum ich?« Aber es ist nicht sinnvoll, die Ereignisse Ihres Lebens allzu persönlich zu nehmen. Die Dinge geschehen einfach, und wie weit Sie damit zu tun haben, hängt davon ab, wie Sie damit umgehen. Vielleicht fragen Sie: »Was soll ich denn tun?« Aber damit gehen Sie davon aus, dass von Ihnen etwas Bestimmtes erwartet wird. Das legt die Kontrolle über Ihr Leben in fremde Hände. Wessen Erwartungen wollen Sie denn erfüllen? Die Frage »Wie konnte das nur passieren?«, versucht zu ergründen, welche Umstände zu dem Ereignis geführt haben. Auch das bringt Sie nicht weiter. Alle Geschehnisse sind in einem Gewebe von Milliarden von Fäden miteinander verknüpft. Welche Umstände sind jetzt für ein bestimmtes Ereignis verantwortlich? Möchten Sie sie gerne aufgelistet haben?

Eine weitere Frage lautet: »Wann hört das endlich auf?« Wann hört was auf? Woran würden Sie merken, dass es vorbei ist? Sind alle Ihre Prüfungen vorüber, wenn der Sensenmann an die Tür klopft? Ist es das, was Sie wissen wollen? Nun, bis dahin haben Sie auf jeden Fall noch mit dem zu tun, was hier los ist und wo Sie damit stehen.

»Wie viel muss ich denn noch ertragen?« Was ertragen Sie? Gehört diese Last überhaupt Ihnen? »Warum tut es so weh ...?«

Intellektuelle Fragen führen nur zu intellektuellen Antworten. Sie können ganze Kataloge mit Gründen für das Maß Ihres Schmerzes aufstellen, aber wird das Ihren Schmerz erleichtern? Natürlich nicht. Wenn wir uns davor fürchten, den Schmerz zu fühlen, stellen wir intellektuelle Fragen, um das Fühlen zu vermeiden. Doch wenn wir den Schmerz heilen wollen, müssen wir uns dem stellen, was wir bislang vermieden haben.

Bei einer der vielen Gelegenheiten, die ich hatte, diese Herausforderung anzunehmen, lag ich unter Qualen im Bett. Ich versuchte alles, um den Schmerz loszuwerden – ohne Erfolg. »Bitte, Gott, mach das weg! Ich kann es nicht mehr ertragen!« Irgendwo zwischen den schwarzen Donnerwolken, die durch mein Gemüt zogen, entdeckte ich plötzlich einen Lichtstrahl: Ich merkte, dass ich nicht die richtige Bitte formulierte. Aber es ist schwer, klar zu denken, während man sich vor Schmerzen krümmt. Ich fragte mich: »Worum genau muss ich bitten?« Die Antwort, die ich empfing, lautete: Ich muss mir zuerst darüber klar werden, was die Antwort für mich bewirken soll. Das stellt sicher, dass ich keine intellektuelle Antwort erhalte, sondern eine praktisch erfahrbare.

*»Was soll die Antwort letztendlich bewirken?«* Die Antwort kam unmittelbar: »Sie soll mir Erleichterung von diesen Schmerzen verschaffen. Sie soll bewirken, dass ich mich besser fühle. Was muss ich erbitten, damit das passieren kann?«

»Oh Gott, bitte hilf mir, mich wieder wohl zu fühlen, wieder heil zu werden«, bat ich. Mit diesen Worten ließ ich meinen Widerstand gegen den Schmerz los und gleichzeitig alle meine Bemühungen, ihn zu unterdrücken. Ich nahm die Situation an. Innerhalb von Sekunden spürte ich, wie ich in sanftes, liebevolles Mitgefühl gehüllt wurde. Es begann an meinem Kopf und bewegte sich bis zu meinen Beinen und Füßen, wo der größte Schmerz saß.

Während mich diese Heilkraft durchströmte, sah ich vor meinem inneren Auge, wie sich die klammernden Finger vieler leidender Menschen, die mich um Hilfe anflehten, von meinen Knöcheln lösten. Auch mein Ärger, meine Selbstanschuldigungen und meine Frustration darüber, dass ich nicht alle Menschen von ihrem Leid befreien konnte, lösten sich aus mir. Ich erkannte, dass ich an diesem Gefühl des Versagens noch von einem vergangenen Leben festhielt, in dem ich als Arzt zwar unzählige Leben gerettet hatte, aber am Ende das Leben meiner geliebten Frau und meines Kindes nicht retten konnte.

Innerhalb weniger Minuten wurden die Schmerzen erträglich. Am nächsten Morgen war ich schmerzfrei. Es ging mir gut. Die Antwort hatte ihre Aufgabe erfüllt.

Ein Geschäftsmann, den ich kannte, fragte sich: »Warum funktioniert mein Geschäft bloß nicht?« Je öfter er diese Frage stellte, desto mehr ging schief. Schließlich veränderte er seine Fragestellung: »Was soll die Antwort für mich bewirken?«

Er erkannte, dass er sich Wohlstand wünschte, nicht nur für sich selbst und seine Familie, sondern auch für seine Angestellten und Kunden. Also formulierte er seine Frage neu: »Was kann ich in meinem Geschäft tun, damit meine Familie, meine Angestellten, meine Kunden und ich selbst mehr Wohlstand erfahren?« Er stellte immer weiter diese neue Frage und empfing jedes Mal neue Erkenntnisse darüber, wie er sein Geschäft in dieser Hinsicht verbessern könnte. Er fühlte sich inspiriert und motiviert, weiterzufragen. Und sein Geschäft fing an, genau das hervorzubringen, worum er gebeten hatte.

Mein Lehrer war ein Meister im produktiven Fragenstellen. Seine Fragen führten immer unweigerlich zu spirituellem Wachstum, zu Heilung oder zur Verbesserung der Lebensqualität der jeweiligen Person. Statt eine schwierige Situation oder eine Feindseligkeit als Problem zu betrachten, fragte er zum Beispiel: »Was kann ich aus dieser Erfahrung lernen? Wie kann ich diese Situation nutzen, um meinen Schülern etwas zu zeigen, was ihre Entwicklung fördert? Wie kann ich aus diesem Konflikt etwas Positives entstehen lassen?«

Eigentlich waren es alles Varianten der Frage: »Wie kann ich diese Gelegenheit zum Wohl aller nutzen?«

*Die Liebe steht hinter allen Gelegenheiten unseres Lebens und zeigt uns, wie wir sie nutzen können.* Aber die Liebe ehrt den freien Willen. Wenn Sie sie nicht mit einladenden Fragen willkommen heißen, bleibt sie still, immer treu ergeben.

Die richtigen Fragen werden Sie zu den richtigen Antworten führen. Effektive Fragen bringen effektive Ergebnisse hervor. Mitfühlende Fragen werden Ihr Mitgefühl vertiefen. Schöne Fragen werden Sie schöner machen. Aufmunternde Fragen werden Sie selbst und andere inspirieren. Wie der Sufi-Mystiker sagt: »*Gott erschafft uns mithilfe unserer Gebete.*« Mit den Antworten auf unsere Fragen erfüllen wir unsere Bestimmung.

Denken Sie daran, sich zuerst zu fragen, was die Antwort für Sie bewirken soll.

Doch wenn Sie die Frage gestellt haben, wie kommen Sie dann an die Antwort?

### Intuition: Bitten und Empfangen

»Bittet, so wird euch gegeben; suchet, so werdet ihr finden; klopfet an, so wird euch aufgetan. Denn wer da bittet, der empfängt ...« (Matthäus 7,7–8)

*Jeder,* der bittet, empfängt. Diese Aussage gilt bedingungslos. Sie müssen dafür nichts leisten oder es verdienen. Sie müssen dafür niemanden beeindrucken. Dies mag all jenen bedrohlich erscheinen, die andere kontrollieren oder bestrafen möchten. Denn wie kann man jemanden unter Kontrolle halten, der sich einfach umdreht und um das bittet, was er braucht, und es tatsächlich erhält? Man kann nur dann von anderen unterdrückt werden, wenn man sich darauf einlässt, von deren selbst erschaffenen Regeln beschränkt zu werden! »Du hast das unterlassen oder schlecht gemacht, also erhältst du keinen Lohn.« Oder: »Ich mag nicht, wie du bist, also liebe ich dich nicht.« Oder: »Du hast nicht so viel erlitten wie ich, also verdienst du auch weniger Mitgefühl.«

*Das göttliche Gesetz des Bittens und Empfangens lässt alle Mittelsmänner außen vor. Wenn Sie wirklich sind, wer Sie sind, werden Sie entdecken, dass es nur eine Beziehung gibt: die zwischen Ihnen und Ihrem alles gebenden Schöpfer.*

Viele Meister haben Erleuchtung erlangt, indem sie sich immer wieder gefragt haben: »Wer bin ich?« Sie untersuchen jede Antwort, die in ihrem Bewusstsein aufsteigt, und lassen sie wieder los. Wenn jede Identität und jede Anhaftung an eine Überzeugung darüber, wer sie sind, und jede Fantasie darüber, wer sie sein könnten, erschöpft ist, erfahren sie die Wahrheit ihres Seins.

Wenn wir einem Computer eine mathematische Aufgabe eingeben, mühen wir uns nicht, die Aufgabe selbst zu rechnen. Stattdessen warten wir ab, bis es der Computer für uns erledigt hat, und verwenden dann das Ergebnis. Wenn wir unsere Probleme intellektualisieren, konkurrieren wir mit dem Computer. Es ist, als misstrauten wir seiner Rechenkunst und vertieften uns so sehr in unsere Rechnereien, dass wir gar nicht das Ergebnis bemerken, das auf dem Monitor blinkt.

Wenn Sie sich bemühen, die Antwort zu ergründen, lassen Sie keinen Raum dafür, dass die Antwort aus ihnen auftauchen kann. Mancher Wissenschaftler oder Erfinder schmeißt nach tagelangen Bemühungen das Handtuch und legt sich ins Bett, und wenn er am nächsten Morgen aufwacht, weiß er die Lösung. Dies widerfuhr zum Beispiel dem Wissenschaftler, der die Struktur der organischen Moleküle erforschte. Im Schlaf träumte er von einer Schlange, die sich in den Schwanz beißt. Als er erwachte, wurde ihm klar, dass die Atome in organischen Molekülen kreisförmig angeordnet sind.

*Wer meditiert, um nach Erleuchtung zu streben, findet sie nicht, indem er seinen mentalen Geist mit Wünschen und Gedanken über Erleuchtung anfüllt, sondern indem er ihn leert. Dann kann das ersehnte Licht den Raum füllen, der einladend vorbereitet wurde. Wenn wir eine Frage stellen, müssen wir zu einem bereitwilligen Gefäß werden, in dem das Geheimnis der Antwort reifen und sich entfalten kann.* Solange wir nicht den Plunder aus unserem Haus räumen, haben wir keinen Platz für Gäste.

Sobald eine Frage gestellt ist, wird die Antwort intuitiv erfasst. Intuition ist keine Fähigkeit, die nur wenigen vorbehalten ist. Sie wirkt immer und in jedem. Wenn Sie meinen, dass Sie sie nicht haben, wird es Ihnen schwerfallen, sich damit zu verbinden. Sooft Sie eine Frage denken, taucht irgendwo eine Antwort auf. Zugegebenermaßen sind nicht alle Antworten benutzerfreundlich aufbereitet. Wenn wir zum Beispiel fragen: »Warum kann ich das nicht?«, tauchen vielleicht unmittelbare Antworten auf wie »Weil du zu doof bist« oder »Weil du noch nie etwas getaugt hast und dir so was auch nie gelingen wird«. Das sind Gedanken anderer Leute, die sich irgendwann in Ihnen eingenistet haben. Wenn Sie eine intellektuelle Frage stellen, wird ihr Verstand durch alle Erinnerungskisten wühlen, um eine intellektuelle Antwort zu finden. Und auf dieser Ebene ist eine Antwort so gut wie eine x-beliebige andere!

Wenn Sie eine wohldurchdachte Frage formuliert haben, können Sie sich zurücklehnen und entspannen. Achten Sie nicht auf das Gedanken-Gequatsche, das zuerst da sein wird. Verweilen Sie still bei der Frage. Lassen Sie sie für sich arbeiten. Sie haben den Zugangscode in Ihren wundervollen Computer eingegeben, Sie können sich darauf verlassen, dass er die Aufgabe erfüllt, für die er erschaffen wurde. Lassen Sie sich überraschen. Seien Sie offen und vorbehaltlos wie ein Kind. Die Antwort darf sich auf jede erdenkliche Weise in Ihrem

Bewusstsein zeigen. Vielleicht wissen, hören, denken, fühlen oder sehen Sie sie. Wenn Sie die Antwort auf Ihre Frage intuitiv erfassen, versuchen Sie nicht, Sie zu steuern oder intellektuell zu ergründen. Es ist wie bei einem Toaster: Wenn die Frage fertig getoastet ist, springt die Antwort hervor!

Eine Frage zu stellen und eine Antwort zu empfangen ist nicht immer auf einen Schlag erledigt. Jedes Mal, wenn Sie eine bestimmte Frage stellen, müssen Sie die Antwort ergründen. Aber Sie müssen vielleicht mehrmals fragen, um die ganze Antwort zu erhalten oder eine Antwort, die Ihnen wirklich nützlich ist. Es ist, als ob Sie in einem Restaurant sitzen und einfach so in die Gegend sagen: »Ich hätte gerne etwas zu trinken.« Vielleicht sitzt neben Ihnen eine Freundin, die Ihnen einen Cognac anbietet. Ein Kind, das vorübergeht, ist bereit, Ihnen was von seiner Limonade abzugeben. Wenn Sie sich jede dieser Antworten ansehen, können Sie etwas davon lernen. Jede Antwort hilft Ihnen, einer nützlichen Antwort näherzukommen. Oft helfen die ersten Antworten, sich klarer darüber zu werden, worum man als Nächstes bitten sollte. Vielleicht wollen Sie weder Alkohol noch Kohlensäure. Und wenn der Kellner vorbeikommt und Sie fragt, was Sie trinken möchten, ist Ihnen klar, dass Sie einfach ein Glas Wasser brauchen.

Jede Antwort, die Sie durch Ihre Intuition erhalten, wird Ihnen helfen, auf dem Weg zu Ihrer Erfüllung weiterzukommen. Geben Sie nicht auf. Wenn Sie eine gute Frage haben, die klar durchdacht und sinnvoll ist, wird Ihre Ausdauer belohnt.

Ein wesentliches Element beim Empfangen der Antworten ist die Bereitschaft, die Antwort anzunehmen, die wir erhalten: sie vorbehaltlos zu prüfen, einzusetzen, dafür dankbar zu sein und sie loszulassen, wenn sie ihren Zweck erfüllt hat. Manche Antworten, die wir erhalten, scheinen negativ zu sein. »Du spinnst ja! Das ist unmöglich«, denken wir. Gehen Sie nicht in Widerstand, nur weil es nicht das Ergebnis ist, das Sie gerne hören möchten! Nehmen Sie es als eine Antwort an. Es anzunehmen bedeutet nicht, einverstanden zu sein oder aufzugeben. Die Antwort ist ein Hilfsmittel für Ihren nächsten Schritt. Erforschen Sie sie, indem Sie Fragen darüber stellen wie: »Was ist gut an dieser Antwort? Was kann ich aus ihr lernen, das mich im Hinblick auf mein Ziel weiterbringt? Wie kann ich diese Antwort nutzen, damit sie mir hilfreich ist? Wie kann ich mithilfe dieser Antwort meine nächste Frage formulieren?«

Wer bittet, wird empfangen – das ist gewiss. Viele Leute erkennen das jedoch nicht, weil sie nicht sehen oder nicht sehen wollen, was ihnen als Antwort auf ihre Bitte oder Frage angeboten wird. Wenn Sie eine Frage stellen, lenkt das Ihre Aufmerksamkeit auf die Elemente, aus denen die Frage besteht. Gleichzeitig holt es Ihre Aufmerksamkeit weg von dem, wonach Sie nicht fragen. Wenn Sie fragen: »Warum fühle ich mich so elend?«, lenkt das Ihre Aufmerksamkeit auf das Elend, das Sie fühlen, und schaltet Ihre Wahrnehmung des Schönen in Ihnen aus. *Das »Warum« in der Frage sucht nach Gründen für das Elend in Ihnen – was jedoch die unangenehmen Gefühle nur verstärkt, während es Ihre Aufmerksamkeit für all das verstellt, was Sie stattdessen fühlen könnten.*

Wenn Sie eine Frage stellen, in der es darum geht, etwas haben zu wollen – etwa: »Warum kriege ich ihn nicht dazu, mich zu lieben?« –, beschränken Sie Ihre Aufmerksamkeit auf ein einziges Objekt, das Sie haben wollen, und auf all die Gründe, weshalb Sie es nicht haben können. Wenn Sie eine Frage stellen, in der es darum geht, etwas zu geben – wie zum Beispiel: »Was kann ich tun, um meine Bestimmung zu erfüllen?«, oder: »Wie kann ich am besten die Gemeinschaft unterstützen, in der ich lebe?« –, dann öffnen Sie Ihr Gewahrsein für mehr Möglichkeiten, Chancen, Kreativität und Energie.

Manchmal sind Sie vielleicht so überfordert mit dem, womit Sie es bereits zu tun haben, dass Sie sich fürchten, eine Antwort zu erhalten. Sie wollen nicht für noch mehr verantwortlich sein. Sorgen Sie sich nicht! Eine Antwort zu erhalten bedeutet nicht, dass alles andere in Ihrem Leben anhalten muss. Das Leben geht weiter. Sie arbeiten, zahlen Ihre Rechnungen, machen die Wohnung sauber und gehen mit den Kindern in den Park. Währenddessen brüten Sie die Antwort aus. Lassen Sie sie etwas reifen. Eine gute Antwort braucht eine

Weile – wie ein guter Wein –, um ihr volles Aroma und Bouquet zu entfalten.

Woran können Sie merken, dass es Zeit ist, eine Antwort umzusetzen? Nun, sobald Sie sie erhalten haben, wirkt die Kraft dieser Antwort hinter den Kulissen. Entwerten Sie diese Kraft nicht durch Ihre Sorgen und negativen Gedanken. Wenn Sie möchten, dass sie wirkt, wird sie wirken. Wie bei einem Keim, der noch nicht an die Erdoberfläche reicht, sehen Sie vielleicht nichts weiter, aber das bedeutet nicht, dass er nicht wächst. Haben Sie Vertrauen. Gießen Sie ihn. Wenn Sie nicht in der Lage sind, loszuspringen und alles zu tun, was die Antwort erfordert, bebrüten Sie sie weiter. *Nähren Sie die Antwort mit Liebe und sie wird zu einer vollständigeren, kraftvolleren heranwachsen. Ernten Sie Ihre Antwort, wenn sie reif genug ist, um das zu erfüllen, worum sie gebeten haben.*

Wenn Sie ständig versuchen, die Antwort zu perfektionieren, ertränken Sie sie vielleicht, sodass sie nutzlos wird. Das wäre gerade so, als wollten Sie eine wichtige Erkenntnis aufschreiben: Jeder Papierfetzen ist dazu geeignet, aber Sie wollen unbedingt warten, bis Sie ein wundervolles, handgebundenes Tagebuch erstanden haben. Bis Sie das finden, haben Sie wahrscheinlich vergessen, was Sie notieren wollten.

Wenn Sie hungrig sind und einfach etwas brauchen, um über die Runden zu kommen, suchen Sie nicht stundenlang in der Stadt nach einem Fünf-Sterne-Restaurant mit Aussicht. Das entspricht nicht dem, was Sie brauchen. Wenn Sie dagegen das romantischste Abendessen Ihres Lebens gestalten wollen, um Ihrer Liebsten einen Heiratsantrag zu machen, legen Sie sich ins Zeug, um eine Weile nach dem idealen Ort zu suchen. Ob eine Antwort reif ist, erkennen Sie daran, wie gut sie den Zweck erfüllt, um den es Ihnen in Ihrer Frage oder Bitte ging. Schließlich ist das Verständnis des Begriffs »Genauigkeit« bei einem Kranführer ganz anders als bei einem Neurochirurgen.

In den größeren Zusammenhängen des Lebens stellt die Bestimmung die Frage oder die Bitte dar. Die Antwort sind Sie! Sie antworten dem Ruf Ihrer Bestimmung nicht durch das, was Sie tun, sondern durch das, wie Sie werden. Sie antworten, indem Sie die Antwort sind.

Wenn Sie nun wie die alten Weisen fragen: »Wer bin ich?«, zu welcher Antwort sind Sie dann bis hierher geworden? Die Antwort, die Sie jetzt sind, ist die Summe all dessen, wie Sie die Antworten auf bereits gestellte Fragen angewendet haben. Wenn Sie jenes suchen, »das alles gibt«, wenden Sie sich nach innen. Und das Licht Ihrer Gebete wird zum Glanz dessen, wer Sie sind.

# 7

# Die Anerkennung des göttlichen Geistes

**Den göttlichen Geist begrüßen**

In Amerika begrüßen wir uns gegenseitig mit »Hello, how are you?« So anerkennen wir einander und wertschätzen uns: Hallo, ich bin da und bestätige deine Existenz. Überall auf der Welt begegnet man sich auf ähnliche Weise. In Japan begrüßt man sich mit »Konichi-wa. Ikaga desu-ka?«; in Deutschland sagt man: »Guten Tag, wie geht es Ihnen?«

Wir vergessen oft, dass ein einfacher Gruß eines anderen Menschen eine spirituelle Heilung sein kann, wenn sie uns das Gefühl vermittelt, dass unsere innere Existenz anerkannt und wir so, wie wir sind, angenommen werden. Einige heute noch gebräuchliche alte Grußformeln dienen dazu, uns an unsere Spiritualität zu erinnern. Das in Indien übliche »Namasté« zum Beispiel bedeutet übersetzt: »Das Göttliche in mir ehrt das Göttliche in dir.« Heutzutage mag vielen die wahre Bedeutung dieser Worte unklar sein, aber zumindest jenen, die darum wissen, dient er als tägliche Erinnerung an unsere heilige Herkunft. Ein weiteres Beispiel ist der Maya-Gruß »In Lak 'ech«, übersetzt: »Ich bin ein anderes Du.« So wird die Seelenbestimmung gestärkt, um deretwillen wir inkarniert sind: die Entdeckung und Erkenntnis der göttlichen Einheit unseres wahren Selbst. Auf Hawaii kommen und gehen wir immer mit »Aloha«, das bedeutet: »Freudig teilen wir die Lebensenergie dieses Augenblickes.«

Wenn wir hier sind, um unsere Bestimmung zu erfüllen, müssen wir daran denken, dass wir zugleich die Existenz, das Bewusstsein und die Energie des Göttlichen bestätigen – in welcher Sprache auch immer.

Ohne diese Bestätigung verschlechtern sich selbst die alltäglichsten Situationen. Ein allgemein bekanntes Beispiel dafür ist die Situation in einem vollen Aufzug. Wenn Sie nur dastehen, auf den Boden starren und die Sekunden zählen, bis es vorbei ist, können Sie spüren, wie die Spannung zwischen den Anwesenden zunimmt. Das Unwohlsein, weil alle so dicht nebeneinander stehen müssen, wird immer deutlicher und alle verlassen den Aufzug angespannter, als sie ihn betreten haben. Probieren Sie nächstes Mal im Lift, den anderen Menschen in die Augen zu schauen, sie anzulächeln und sie mit einem warmherzigen, aufrichtigen »Guten Tag« oder »Hallo« zu begrüßen. Sie werden bemerken, wie sich alle besser fühlen. Die Anspannung lässt nach und die abgestandene Energie verwandelt sich. Jede Bestätigung verbessert unseren Seinszustand.

Ich fuhr einmal in einem vollgestopften Fahrstuhl, in dem jemand immer wieder pupste. Keiner konnte dem unangenehmen Geruch oder dem sich ausbreitenden Gefühl der Peinlichkeit entkommen. Die Spannung wuchs immer mehr, bis eine kleine alte Dame herausplatzte: »Schieben Sie bloß nicht die Schuld auf mich, also ich war's nicht!« Mit diesen Worten blickte sie herausfordernd in die Runde, aber in ihren Augen blitzte so der Schalk, dass alle anfingen, zu lachen und miteinander zu scherzen. Die Katze war aus dem Sack und der ganze Druck war weg. Die Leute, die in ihren Stockwerken ausstiegen, grinsten und wünschten uns noch einen guten Tag. Die alte Dame hatte uns an die Wahrheit erinnert: Es war eigentlich egal, wer schuld war. Wir alle wollten uns nur wohler miteinander fühlen.

Selbst eine kleine Bestätigung kann viel bewirken. Als ich einmal mit meiner Frau auf einem mexikanischen Flughafen in der Schlange vor dem Einreiseschalter stand, beobachtete ich, wie sich an dem Schalter vor uns ein müder Reisender nach dem anderen von dem grimmigen, unnachgiebigen Beamten abfertigen ließ. Er starrte die Leute finster an und hämmerte die Stempel in die Ausweise, ohne ein Wort zu sagen. Meine Frau flüsterte mir lächelnd ins Ohr: »Ich glaube, dem geht's nicht so gut.«

»Ich würde sagen, das ist eine ziemlich zutreffende Beobachtung, mein Schatz«, antwortete ich. »Ich glaube, er braucht ein bisschen Anerkennung.«

In diesem Augenblick herrschte er uns schon an, näherzutreten.

Wir gingen zusammen zu ihm und zeigten unsere Ausweise. Lächelnd schauten wir ihm direkt in seine dunklen, harten Augen. »Wir haben nichts gegen dich, Amigo«, dachte ich, »sicher bist du erschöpft und gelangweilt. Wir wünschen dir, dass es dir ein wenig leichter wird. Uns geht es gut hier, dir kann es auch gut gehen.«

»Buenos dias, señor«, sagte ich.

Beinahe erschreckt über die Ansprache riss er den Kopf hoch. Nach einem Augenblick murmelte er ein »Buenos dias« zurück. Kaum hatte er den Pass meiner Frau geöffnet, strahlte er plötzlich wie ein Kind. »Ra-pha-elle!« Er betonte jede einzelne Silbe. »Wie ein Erzengel!«, fügte er hinzu.

»Ja«, erwiderte sie. »Und mein Mann ist Michael, auch wie der Erzengel.«

Er schaute mich an und auf seinem Gesicht leuchtete ein breites Lächeln. »Mein Name ist Gabriel«, erklärte er stolz und zeigte auf sein Namensschild. »Wie der Erzengel.«

»Wir könnten eine kleine Erzengel-Versammlung abhalten«, scherzte ich.

»Si!« Er lachte und stempelte sorgsam unsere Ausweise ab. »Gracias«, sagte er und gab sie uns zurück. »Willkommen in unserem Land. Haben Sie einen schönen Aufenthalt hier.« Er nickte uns zu und lächelte bekräftigend.

Das kleine Steinchen der Bestätigung, das wir in den Teich geworfen hatten, schlug Wellen und entwickelte seinen eigenen Zauber. Eigentlich hatten wir nichts anderes getan, als einen grimmigen, gelangweilten, frustrierten Beamten freundlich zu grüßen, und am

Ende wurden wir mit einem Lächeln von einem Erzengel-Namensvetter in diesem Land willkommen geheißen. Wir werden niemals erfahren, ob die Wellen auch zu den Leuten gereicht haben, die hinter uns standen, oder zu der Familie des Mannes, als er abends nach Hause kam.

Erfrischt und guter Dinge verließen wir das Flughafengebäude. Die Qualität dieser Energie blieb uns den ganzen Tag lang erhalten. Auf unserem Gepäckwagen stand »Angel«, unser Taxifahrer hieß Jesus, im Hotel erwartete uns ein Geschäftsführer namens Rafael und im Restaurant bediente uns ein Arcangel. Die ganze Reise über fühlten wir uns von den Engeln voll unterstützt.

*Die Bestätigung beginnt, wenn wir das Göttliche begrüßen.* Dies wird dann zu unserem spirituellen Passwort, das uns erlaubt, neues Territorium zu betreten. Anerkennung verbessert immer die Situation. Ein Mangel an Bestätigung oder eine Herabsetzung dagegen verschlechtern sie. Im Universum bleibt nichts, wie es ist. Die Existenz verändert sich immer, entweder zu mehr Ganzheit oder zu mehr Zerstörung. So ist das Leben. Bestätigung ist der geheime Schlüssel zu allem Lernen und zu aller Heilung: Ohne ihn ist kein spirituelles Wachstum möglich und keine Erfüllung Ihrer Bestimmung.

## Wenn es nicht weitergeht ...

*Wenn Sie das Gefühl haben, festzustecken, und wenn sie sich machtlos und einsam fühlen, sind Sie von der Quelle Ihrer Wahrheit, Liebe, Kraft und Bestimmung getrennt.* Der Auslöser dafür kann ein großer Verlust gewesen sein: der Tod oder der Abschied von einem lieben Menschen, ein Fehlschlag beim Erreichen eines großen Ziels oder eine harte Kritik von anderen. *Die eigentliche Herabsetzung Ihres Seins entsteht jedoch, wenn Sie vergessen oder leugnen, dass Sie in Wahrheit ein machtvolles, liebevolles, unsterbliches Wesen sind.*

Warum machen wir uns selbst nieder, wenn die Dinge in unserem Leben schiefgehen? Letztendlich läuft es darauf hinaus, dass wir meinen, in den Augen der anderen versagt zu haben. Wir haben ihre Erwartungen nicht erfüllt. Wir schämen uns dafür, wir schämen uns für den Schmerz, den dieser Umstand in uns verursacht, und wir schämen uns vor der Person, in deren Augen wir meinen, versagt zu haben – sei es Gott, jemand anderes oder auch wir selbst. Wir waren nicht »perfekt«; nicht so, wie wir sein »sollten«. Je größer die Diskrepanz zwischen dem, wie wir sein sollten, und dem, wie wir sind, desto unwerter fühlen wir uns und desto größer ist der Druck, unter den wir uns setzen.

Meistens bewegen wir uns irgendwo zwischen völliger Geringschätzung unserer selbst und voller Bestätigung. Was können wir tun, und wie können wir sein, um mehr Bestätigung in unser Leben zu bringen und aus der Herabsetzung unserer selbst herauszukommen? Um diese Frage zu beantworten, wollen wir zuerst definieren, was wir mit »Bestätigung« meinen.

### Was bedeutet Bestätigung?

Bestätigen bedeutet: »die Wahrheit oder Authentizität von etwas feststellen«. Die Wortwurzel des entsprechenden englischen Verbs »validate« lässt sich ins Lateinische, Altenglische, Deutsche und Slawische zurückverfolgen und bedeutet immer »etwas bekräftigen, bestärken, beherrschen«[3]. Wenn wir uns weiter mit dem Sinn dieses Begriffes befassen, kommen wir zu »sich vergewissern«, also etwas mit Sicherheit feststellen, oder »beweisen«, das heißt: die Wahrheit von etwas bestätigen. Wenn wir jemanden bestätigen, gilt es also, das wahre Sein dieses Menschen mit Gewissheit festzustellen – oder anders gesagt: ihn als spirituelles Wesen zu erkennen, wertzuschätzen, anzusprechen und zu behandeln.

Ich beobachte oft, wie Frauen aufeinander zugehen und sich am neuen Kleid, an der neuen Frisur oder was auch immer erfreuen. »Das Kleid steht dir wunderbar!«, sagen sie zum Beispiel. »Es passt

---

[3] Das deutsche Verb »bestätigen« leitet sich vom mittelhochdeutschen »staetec« = »fest, beständig« ab. (Anm. d. Übers.)

so gut zu deiner Augenfarbe. Und hast du in letzter Zeit mehr Sport gemacht? Du siehst so fit und gesund aus!«

Die Bestätigung liegt nicht darin, dass das Kleid hübsch ist, oder in anderen Dingen, die gesagt werden. Der eigentliche Wert der Bestätigung besteht darin, dass die Freundin die Kreativität, die Sorgfalt und die Aufmerksamkeit bemerkt, die in das Aussehen des Gegenübers eingeflossen sind. Die Freundin bestätigt die spirituellen Qualitäten, Fähigkeiten und Leistungen, die sich in der Kleidung und dem guten Aussehen widerspiegeln. Nach diesem Austausch fühlen sich beide Frauen belebt, inspiriert und motiviert. Diejenige, die bestätigt, ist inspiriert, sich um ihr eigenes Wohlbefinden zu kümmern und sich vielleicht in einer anderen Art zu kleiden, um ihr Leben durch eine neue Facette zu bereichern.

Männer neigen eher dazu, sich in ihrer gegenseitigen Bestätigung auf Leistungen zu beziehen. »Hey, Jack, herzlichen Glückwunsch zu deiner Doktorarbeit (deinem neuen Vertrag, deiner sportlichen Leistung etc.).« Doch auch hier geht es weniger um das, was erreicht wurde, als darum, dass jemand uns wahrnimmt, sich für uns freut oder die Mühe anerkennt, die wir aufgewendet haben. Es mag zwar Unterschiede geben in dem, worin Männer und Frauen einander bestätigen, aber die Wirkung, welche die Anerkennung auf uns hat, ist im Wesentlichen die gleiche. Bestätigung vergewissert uns unserer Existenz und hebt unsere Stimmung.

Um unser spirituelles Sein zu bestätigen, müssen wir:
1. uns bewusst sein, dass wir göttlicher Geist sind;
2. uns der Eigenschaften, Fähigkeiten und Energie dieses Geistes bewusst sein und sie schätzen;
3. diese Qualitäten stärken, indem wir uns ihrer gewiss sind;
4. diese Qualitäten in unserem Umgang mit anderen zum Ausdruck bringen.

Wann immer Sie einen Aspekt des Geistigen bestätigen, bestätigen Sie das Geistige als solches. Wenn Sie sich zum Beispiel der Wahrheit bewusst sind, Mitgefühl haben, freigiebig sind und begeisterungsfähig oder bereit, zu vergeben, zu lieben oder zu lachen, dann bestätigen Sie das Geistige. Sooft Sie den göttlichen Geist in sich selbst oder in anderen bestätigen, findet Heilung statt.

Gemeinsam mit meiner Freundin Sherrill, die auch eine spirituelle Heilerin ist, besuchte ich einmal eine junge Frau im Krankenhaus: Seit über acht Wochen lag sie im Koma. Die Ärzte hatten gesagt, dass sie während der ganzen Zeit keine Reaktion gezeigt habe, doch Sherrill entschied sich, direkt mit ihr zu sprechen. »Cindy«, sagte sie, »ich weiß, dass du Angst davor hast, in deinen Körper zurückzukehren, aber wenn du nicht sehr bald zurückkommst, wirst du ihn verlieren.«

Wenige Augenblicke später öffnete Cindy die Augen und schaute sich erstaunt um. »Wo bin ich?«, fragte sie. »Warum bin ich hier?«

Niemand hatte bis dahin wirklich zu Cindys spirituellem Geist gesprochen. Die Leute sprachen entweder gar nicht mit ihr, weil es ihnen sinnlos erschien, oder sie sprachen nur mit ihrem Körper – in dem verzweifelten Versuch, sie aus dem Koma zurückzuholen. Sherrill hingegen hatte Cindys Wesen angesprochen. Sie anerkannte und respektierte Cindys wahre spirituelle Existenz und bestärkte sie darin, sich zu entscheiden, zurückzukehren. Und das tat sie dann auch.

### Die Heilung von Herabsetzung

Je mehr Sie Bestätigung erfahren, desto mehr werden allmählich alte Herabsetzungen, die Sie in sich tragen, in Ihr Bewusstsein treten. Viele Menschen wehren sich gegen Bestätigung, weil sie dann den Schmerz der Herabsetzungen spüren, die sie erlebt haben. Es ist wichtig, sich daran zu erinnern: Die zutage tretenden Gedanken und Gefühle der Demütigung – zum Beispiel durch Versagen, Hoffnungslosigkeit, Niedergeschlagenheit, Isolation oder Einsamkeit – gehören zur Heilung vergangener Herabsetzungen! Sie sind nicht das Ergebnis der aktuellen Bestätigung. Bestätigung löst nicht solche Gefühle aus, sondern sie heilt die Energien der Herabsetzung in Ihnen. Daher ist es sinnvoll, sich darin zu üben, aus diesen alten Energien herauszutreten, damit sie heilen können.

Um das zu erreichen, sollten Sie zunächst keine weitere Energie in sie investieren. Lassen Sie die Gefühle und Gedanken der Herabsetzung einfach da sein. Versuchen Sie nicht, sie zu verdrängen oder zu verstärken. Angenommen, Ihr Chef kritisiert Ihre Leistungen, demütigt Sie vor Ihren Kollegen und lässt Sie dann einfach so stehen, ohne Ihnen die Chance zu geben, etwas zu erwidern. Sie fühlen sich verletzt, beschämt, verärgert und vor allem als Versager. Sie möchten ihm am liebsten den Job vor die Füße knallen, sich selbst bemitleiden und sich ordentlich ausheulen. In Ihren Gedanken tauchen alle möglichen Rechtfertigungen, Entschuldigungen und Verteidigungen auf. Stattdessen könnten Sie jedoch auch heilsamere Schritte unternehmen, zum Beispiel:

- Lösen Sie zuerst alle ihre Energie von dem Ereignis. Entscheiden Sie sich für Ihre Unabhängigkeit. Treten Sie mit Ihrer Energie und Ihrer Aufmerksamkeit einen Schritt zurück.
- Gießen Sie kein Öl ins Feuer. Lassen Sie Ihre Reaktionen so sein, wie sie sind, ohne mehr hinzuzufügen.
- Erinnern Sie sich daran, dass Sie ein spirituelles Wesen sind. Werden Sie sich Ihrer Energie als Geist bewusst.
- Erkennen Sie, dass der spirituelle Geist, der Sie sind, unendlich viel weiter, intelligenter und kraftvoller ist als die individuellen Gedanken und Gefühle, die Sie haben. Entwickeln Sie Hochschätzung dafür.
- Genießen Sie es, spiritueller Geist zu sein. Genießen Sie sogar die Tatsache, dass Sie Ihren gegenwärtigen Zustand nicht genießen.
- Seien Sie dankbar dafür, dass Sie spiritueller Geist sind und dass Sie gerade eine Chance haben, sich von den Einflüssen der interagierenden Energien dieser Welt zu befreien.
- Erkennen Sie das Komische an der Sache: Angeblich fehlt

es Ihnen an etwas – nämlich an Wert –, und das, obwohl er Ihnen doch in alle Ewigkeiten zu eigen ist!
- Entscheiden Sie sich, Mitgefühl für sich selbst und für Ihren Chef zu haben. Bringen Sie ein paar der Qualitäten und Energien des Geistes zum Ausdruck. Lächeln Sie, lachen Sie, seien Sie gütig und vergeben Sie.
- Entscheiden Sie sich, Ihren Widerstand aufzugeben und nicht mehr an den Gedanken, Gefühlen und Energien des Verurteilens und der Herabsetzung festzuhalten. Stellen Sie sich vor, sie schweben wie bunte Heliumballons von Ihnen fort und zerplatzen dann.

Herabsetzungen wollen Ihnen vormachen, dass Sie etwas nicht haben oder nicht haben können, was Ihnen ohnehin spirituell innewohnt. Die Heilung der verschiedenen Herabsetzungen Ihres Lebens erfordert daher, eine bewusste Beziehung zu Ihrem spirituellen Selbst zu entwickeln.

## Üben Sie, das Göttliche in Ihrem täglichen Leben zu bestätigen

Um die praktische Anerkennung und Bestätigung des spirituellen Geistes bzw. des Göttlichen in Ihr tägliches Leben zu integrieren, müssen Sie da anfangen, wo Sie jetzt stehen. Wo könnten Sie auch sonst anfangen? Sie müssen nicht besser oder anders sein, als Sie jetzt sind. Sie müssen dafür auch nichts Besonderes tun. Sie brauchen sich keine zusätzlichen Verpflichtungen aufzuladen; kein kosmischer Vertreter wird deswegen an Ihrer Tür klingeln. Doch wir vermeiden oft den nächsten Schritt in unserem spirituellen Wachstum, weil wir so beschäftigt sind: »Wie könnte ich noch eine Aufgabe in meinem Tag unterbringen? Ich schaffe ohnehin nicht alles. Ich bekomme kaum genug Schlaf, wie soll ich da noch die Zeit finden, zu meditieren oder spirituelle Übungen zu machen?«

Machen Sie sich keine Sorgen und keinen Stress. Es zu lernen, das Göttliche zu bestätigen, wird von allein zu einer tiefen Meditation und Gebetsübung. Aber es sollte keine eigene Aktivität sein, die Sie Ihrem bisherigen Leben hinzufügen. Es braucht nicht mehr Zeit oder Mühe. Erforderlich sind nur die Bereitschaft und die innere Verpflichtung, in Ihrem alltäglichen Leben aufmerksam zu sein.

Wenn Sie Tag für Tag in dem Entschluss leben, sich die Wahrheit Ihrer Erfahrungen bewusst zu machen, werden Sie merken, dass vieles von dem, was Sie in Ihrem Leben für unerlässlich gehalten haben, es eigentlich nicht ist. Sie werden anfangen, mehr Zeit und Energie zu haben, als Sie für möglich hielten. Je mehr Sie auf solche Qualitäten des Göttlichen wie Zeitlosigkeit, Kraft, Intelligenz, Mitgefühl, Geduld und dergleichen achten, desto mehr werden sie in Ihrem Leben auftauchen.

Wenn ich erwarte, dass ein bestimmter Tag anstrengender wird als sonst, kümmere ich mich ganz besonders um mein spirituelles Selbst. Je mehr ich die verschiedenen Aspekte des Göttlichen in mir selbst anerkennen und bestätigen kann, desto leichter und effektiver gehen mir die Dinge von der Hand, die ich zu erledigen habe. Wenn ich mich dagegen an einem besonders geschäftigen Tag entscheide, mich deswegen weniger um mein spirituelles Selbst zu kümmern, merke ich danach, dass ich viel unnötige Mühe aufgewendet habe. »Was nützte es dem Menschen, wenn er die ganze Welt gewönne und nähme doch Schaden an seiner Seele?«, hat Jesus gefragt (Matthäus 16,26). Wenn Sie in Ihren alltäglichen Aktivitäten mehr auf Ihr spirituelles Selbst achten, werden Sie ganz natürlich mehr Zeit für Meditation, Gebete und andere spirituelle Übungen haben.

### Einverständnis als Bestätigung

»Am Anfang war das Wort und das Wort war bei Gott und Gott war das Wort.« (Johannes 1,1)

Ich gebe Ihnen mein Wort. Dieses Wort ist »Einverständnis«. *Alles in der Welt beginnt mit Einverständnis,* und nichts geschieht ohne es. In Beziehungen gibt es Einverständnis: Es ist die Einheit zwischen den zweien. Ihre erste Beziehung ist jene mit Ihnen selbst, und in Ihnen ist das Wort, und das Wort ist bei Gott und Gott ist das Wort. *Einverständnis erzeugt Ganzheit – es heilt Getrenntheit.* Es erzeugt all das, was zur Einheit des Geistes gehört. Wenn Sie von jemandem als dumm bezeichnet werden, können Sie damit einverstanden sein, dass er das gesagt hat, ohne damit einig zu sein, dass es die Wahrheit ist. Wenn Sie einverstanden, also einig sind, können Sie nicht getrennt sein. Ein Mensch beleidigt oder kritisiert Sie, um Sie von sich selbst zu trennen, um Ihr Einssein und die Kraft Ihres Geistes herabzusetzen. Wenn Sie in Widerstand dazu gehen, fängt ein Teil von Ihnen an, darüber nachzudenken, ob Sie vielleicht wirklich dumm sind, und ein anderer Teil verteidigt vehement, dass Sie es nicht sind.

Jeder Zustand im Leben beruht auf Einverständnis. Wenn Sie in Ihrem Körper das Gefühl von Traurigkeit spüren, würden Sie vielleicht zustimmen, dass Sie traurig sind. Mit diesem Einverständnis werden Sie zur Traurigkeit. Wenn Sie stattdessen zustimmen, dass Sie die Traurigkeit nur *fühlen,* dann *sind* Sie nicht traurig, sondern fühlen sich nur traurig. Wenn Sie auch zustimmen, dass es Ihnen freisteht, sich des Göttlichen bewusst zu sein, können Sie mehr von der Energie des Göttlichen erfahren. Dann können Sie glücklich sein, auch während Sie sich traurig fühlen. Es ist die gleiche Traurigkeit, aber Sie können sich entscheiden, sich anders auf sie zu beziehen. *Ihr ganzer Zustand hängt davon ab, womit Sie einverstanden und einig sind.*

Wenn Ihre Freundin in der Wut sagt: »Ich hasse dich«, können Sie einverstanden sein, in Widerspruch gehen oder es ignorieren. Einverständnis erzeugt Bestätigung und Einheit zwischen den Beteiligten, während Widerspruch oder Ignoranz zu Herabsetzung und Getrenntheit führen. Wenn Sie mit Ihrer Freundin einverstanden sind, heißt das nicht, dass Sie von ihr gehasst werden wollen oder dass es in Ordnung ist, wenn sie Sie hasst. Sie sind nur einverstanden damit, dass sie das jetzt gesagt hat und dass sie das jetzt fühlt. Wenn Sie sie für ihre Worte verurteilen (»Wie kannst du so etwas nur sagen!« oder »So etwas darfst du nicht sagen!«), dann sind Sie voneinander getrennt. Sie werden feststellen, dass sich eine destruktive Energie enorm auflöst, wenn es ein gewisses Einverständnis gibt. Wenn Sie sagen: »Ich merke, dass du so fühlst«, stimmen Sie ihrem gegenwärtigen Zustand zu, nicht der Güte oder Wahrheit ihrer Aussage.

Das Wesentliche beim Einverständnis ist, womit man einverstanden ist. Sie können mit der Wahrheit der Situation einverstanden sein und gleichzeitig nicht einverstanden sein mit dem, wie sich jemand in dieser Situation verhält. Sie können einverstanden sein damit, dass sich jemand wütend, verletzt oder ängstlich fühlt. Er ist spiritueller Geist, der diese emotionalen Zustände erfährt. Sie können auch damit einverstanden sein, dass diese Person tut, was sie eben tut. Seien Sie immer mit der Wahrheit einverstanden. Setzen Sie sich nicht mit den Lügen auseinander.

Meine besten Lehrer darin sind Staatsanwälte gewesen. Wann immer ich in irgendein Verfahren eingebunden war, sei es als Angeklagter oder als Zeuge oder als Vertreter einer Organisation, versuchte der gegnerische Anwalt, mir Lügen als Tatsachen unterzujubeln. »Stimmt es nicht, dass Sie ...?«, oder: »Haben Sie nicht irgendwann gesagt ...?«

Ich habe gelernt, mit der Wahrheit zu antworten und mich nicht auf die Lügen einzulassen – im Sinne von »Ich sagte ...« statt »Ich habe nicht gesagt, dass ...«. *Mein Einverständnis mit der Wahrheit hat immer die Kraft der Wahrheit zum Vorschein gebracht. Wenn ich mich dagegen darauf einließ, den Lügen zu widersprechen, ging die Kraft darin verloren* und spuckte mir ins Gesicht. Dann wurde ich zersplittert. Als Jesus wegen Freveltaten angeklagt wurde, die er nicht begangen hatte, erwiderte er: »So sagt ihr.« Er bestätigte die Wahrheit und sein eigenes Sein und ließ sich nie auf die Herabsetzungen ein.

Vor ein paar Jahren stieß eine meiner Schülerinnen frontal mit einem Auto zusammen, dessen Fahrer in einer unübersichtlichen Kurve einen Lastwagen überholte. Sie trug keinen Sicherheitsgurt.

Später erzählte mir Judith: »Michael, als ich mit dem Kopf voraus durch die Windschutzscheibe flog, rief ich dich um Hilfe. Ich wusste, dass du mich heilen und für mich sorgen würdest. Dann ließ ich los und du bist mir als ein strahlendes Lichtwesen erschienen und hast mich getragen, bis ich auf der Erde aufkam. Ich wusste, alles würde gut gehen. Dann bin ich ohnmächtig geworden.«

Sie hatte unzählige Verletzungen, unter anderem waren die Nerven ihrer Gesichtsmuskeln durchtrennt worden. Die ganze rechte Seite ihres Gesichts hing einfach herunter. Sie hatte auch mehrere Knochen gebrochen, doch schon wenige Tage nach der Operation konnte sie wieder aufstehen! Als ich sie eine Woche später in unserem Kurs sah, konnte man ihr kaum ansehen, was sie durchgemacht hatte.

Wie oft hat Jesus gesagt: »Dein Glaube hat dich geheilt!« Nicht ich habe Judith geheilt. Sie wurde geheilt. Ich habe nur das Einverständnis, die Bestätigung und den spirituellen Kontakt beigesteuert, den sie brauchte, um die ersehnte Heilung annehmen zu können. Ich musste mir nicht einmal ihres genauen Zustandes bewusst sein. Als ich an jenem Abend ihren spirituellen Hilferuf »spürte«, legte ich mich hin und ging im Geiste zu ihr. Unser Einverständnis mit dem Göttlichen öffnete die Tore der Heilung. »Wo zwei oder drei versammelt sind in meinem Namen, da bin ich mitten unter ihnen« (Matthäus 18,20). Wo es Bestätigung und Einverständnis gibt, haben die Wahrheit, die Liebe und die Kraft des Geistes Raum, um in unser Leben zu fließen.

### Die Bestätigung des Göttlichen durch unsere Vorstellungskraft

Ihre Vorstellungskraft oder Imagination dient Ihnen mächtig bei der Entwicklung Ihrer Fähigkeit, das Göttliche zu bestätigen. Imagination bringt das Einverständnis in die Wirklichkeit. Sobald Sie zustimmen, dass Sie ein neues Zuhause haben können, stellen Sie sich vor, wie das wäre. Wenn Sie eine klare Vorstellung von Ihrem neuen

Zuhause haben, können Sie es so beschreiben, dass es ein Makler finden oder ein Architekt bauen kann. Sobald Sie einverstanden sind, dass Sie Geist sind, können Sie sich die Eigenschaften Ihres spirituellen Selbst immer klarer vorstellen und dementsprechend immer mehr manifestieren.

Der Schlüssel zum Einsatz Ihrer Imagination liegt in der Gegenwärtigkeit, im Hier und Jetzt. Bei den meisten von uns wurde die Vorstellungskraft durch Sätze wie »Ach, das ist doch nur Fantasie. Das ist nicht echt« stark abgewertet. Doch nicht alle Produkte unserer Imagination sind Fantasien. Wenn Imagination in der Gegenwart eingesetzt wird, erzeugt sie die Bausteine unserer Realität. Wenn Sie Ihre Vorstellungskraft auf die Vergangenheit oder Zukunft anwenden, erzeugt sie nichts Wirkliches. Ein bekanntes Beispiel ist der Satz »Das hätte auch schiefgehen können!«, wenn wir gerade einem Unfall entkommen sind. Da wenden wir unsere Vorstellungskraft auf die Vergangenheit an. Oder wenn wir befürchten, das Geld für die Miete nicht rechtzeitig zusammenzukriegen, und sagen: »Ich bekomme bestimmt die Kündigung, wenn ich nicht rechtzeitig zahle.« In diesem Fall bezieht sich unsere Vorstellungskraft auf die Zukunft. Beides sind Fantasien, die nichts mit der Wirklichkeit zu tun haben.

In der Gegenwart hingegen können wir unsere Imagination verwenden, um unsere spirituellen Wahrheiten zu verwirklichen. Viele Spitzensportler erreichen ihre Leistungen sowohl mithilfe ihrer Vorstellungskraft als auch ihrer Körper. Immer wieder habe ich gehört, wie Sportler darüber reden, dass sie »sehen«, wie der Ball sein Ziel erreicht, noch bevor sie ihn geworfen haben. Hochleistungsschwimmer oder -läufer gehen innerlich immer wieder jede Bewegung durch, die sie zu ihrem Ziel trägt – manchmal jahrelang. Eine neue Rekordmarke wird immer zuerst im Geist gesetzt und dann im Fleisch verwirklicht.

Wie sich ein Sportler vorstellen kann, dass es so und so aussieht und sich auf eine bestimmte Weise anfühlt, ein Rennen zu gewinnen, können Sie sich vorstellen, wie es aussieht, wie es sich anfühlt und wie Sie sich verhalten, wenn Sie die Energie des Geistes verkörpern. *Unsere Kommunikation mit dem Geistigen und unsere Erfahrung des Göttlichen beginnen in unserer Imagination.* Die Sufis lehren, dass Gott uns durch unsere Gebete erschafft. Buddha lehrte uns, dass wir durch unsere Gedanken die Welt gestalten. Ohne die Gussformen, die wir in unserer Imagination erzeugen, kann sich der göttliche Geist nicht in der Welt manifestieren. Innerhalb der Grenzen unserer Vorstellungskraft kann sich Gott auf der Erde verwirklichen. Sie können die Allgegenwart, Allwissenheit und Allmacht Gottes in dem Maße bestätigen, wie Sie sie sich hier und jetzt, in Neutralität und Wahrhaftigkeit vorstellen können.

Trauen Sie sich, intuitive Fragen zu stellen, die zu einer direkten Erfahrung spiritueller Qualitäten führen, und bitten Sie dann um die Erfahrung. Fragen Sie zum Beispiel: »Wie fühlt sich meine spirituelle Energie an? Ich möchte sie gerne jetzt spüren.« Seien Sie dann still und lassen Sie die Wahrnehmung in sich aufsteigen. Fühlt sie sich weit an? Grenzenlos? Hell? Achten Sie auf Ihre inneren Erfahrungen. Stellen Sie sich vor, Sie könnten innerlich spirituelle Energie sehen. Stellen Sie sich vor, wie Ihre Energie jetzt aussieht. Und dann entspannen Sie sich, schließen Sie die Augen und lassen Sie sich von Ihrer Imagination »zeigen«, wie Ihre Energie jetzt aussieht. Sehen, spüren oder fühlen Sie, was innerlich auftaucht.

In der Gegenwart angewandte Imagination ebnet den Weg für spirituelle Erfahrungen wie Intuition, Telepathie, Hellsehen, Hellhören etc. Vielleicht erinnern Sie sich an die Worte, die Bernhard Shaw der heiligen Johanna von Orleans in den Mund gelegt hat. Als ein Skeptiker über ihre Visionen und Stimmen meint, sie entsprängen nur ihrer Einbildung, erwidert Johanna: »Natürlich tun sie das. So schickt uns Gott Botschaften.«

Um mit Gott zu reden, muss man bereit sein, sich auf die Bedingungen des Göttlichen einzulassen.

### Gewissheit erlangen

Wenn Sie einen Aspekt vom Wesen des Geistigen entdecken, müssen Sie bereit sein, sich auf Ihre eigene Erfahrung zu verlassen. Das bedeutet, dass Sie sich sicher sind, genau das gerade jetzt zu fühlen, was Sie in diesem Moment fühlen; dass Sie das, was Sie gerade wissen, jetzt gerade wissen. Morgen kann es etwas anderes sein, aber Sie können sich gewiss sein, dass das, was Sie in diesem Augenblick erfahren, genau das ist, was Sie jetzt gerade erfahren.

Gewissheit hat nichts mit Wunschdenken, Sturheit oder mit dem Festhalten an einer Überzeugung zu tun, auch nichts mit Rechthaberei. Es geht darum, sich selbst gegenüber ehrlich, vertrauensvoll und respektvoll zu sein. Gewissheit bedeutet, dass Sie von niemand anderem eine Bestätigung für das brauchen, was Sie innerlich wissen. Vielleicht sind Sie sich gewiss, auf eine Frage heute eine bestimmte Antwort erhalten zu haben, und morgen können Sie sich in Bezug auf dieselbe Frage einer anderen Antwort gewiss sein. Die Wahrheit ist nur im Geist absolut; im Physischen bringt sie sich relativ zum Ausdruck. Die gleiche Wahrheit kann je nach Situation auf unzählige unterschiedliche Weisen erfahren werden.

Viele Menschen haben einen inneren Antrieb verspürt, der sie dazu führte, sich gegen alle Umstände durchzusetzen und letztendlich ihr Ziel zu erreichen. Ihre Gewissheit des Göttlichen erzeugt inneres Wissen. Wenn Sie sich gewiss sind, können Sie sich den Zweifeln stellen, die sich in Ihre Gedanken einschleichen, und sie auflösen, statt sich von ihnen herabsetzen zu lassen.

Einmal geriet ich mitten in der Nacht auf einer schmalen Bergstraße mit knapp hundert Stundenkilometern auf Glatteis. Mein Wagen geriet außer Kontrolle und drehte sich wie wild. Trotz des nackten Felsens auf der einen Seite und des Abgrunds auf der anderen spürte ich in mir eine tiefe Gewissheit, dass alles in Ordnung sein würde, unabhängig davon, ob ich das überlebte oder nicht. Das linke Vorderrad geriet auf der Seite des Abgrunds neben der Straße auf Geröll, der Wagen sprang zurück auf die Straße und rutschte auf die Felswand zu. Etwa zehn Zentimeter vor dem Fels kam ich zum Stillstand. Gewissheit hängt nicht davon ab, ob etwas auf eine bestimmte Weise ausgeht oder nicht. Gewissheit bedeutet, dass Sie mit allem umgehen können, was auf Sie zukommt, und dass es eben so ist, welche Konsequenzen es auch immer haben mag. *Gewissheit bedeutet, dass Sie darauf vertrauen, in guten Händen zu sein. Wenn Sie sich dessen gewiss sind, können Sie sich von Ihrer Intuition leiten lassen.*

Mystische Erfahrungen und Offenbarungen bestärken unsere Gewissheit des Göttlichen. Doch das sind besondere Köstlichkeiten für die Seele. Die Grundnahrung, die wir für unser spirituelles Wachstum brauchen, besteht aus den täglichen Bestätigungen. Eines der Merkmale einer erleuchteten Seele ist, dass sie das Göttliche anerkennt und bestätigt, was auch immer passiert. Das Maß unseres spirituellen Erwachens liegt nicht in dem, *was* in unserem Leben passiert, sondern *wie* wir damit umgehen. Wenn wir wach bleiben wollen, müssen wir das Göttliche in uns selbst und in anderen bestätigen. Sonst schlafen wir wieder ein, weil unsere Seele zu wenig Nahrung bekommt.

### Alles ist Geist

Wenn Sie die Qualitäten des Göttlichen in Ihrem Leben zum Ausdruck bringen, verstärken Sie diese Qualitäten in sich selbst. Ich weiß nicht, wie vielen Müttern ich schon begegnet bin, die so gerne spiritueller sein und sich mehr ihrem spirituellen Wachstum widmen wollten, aber das Gefühl hatten, dass sie neben all den Aufgaben in ihren Familien keine Zeit für Meditation oder spirituelle Übungen erübrigen könnten. Wenn man sie fragt, womit sie denn ihren Lebensunterhalt verdienen, sagen die meisten: »Ach, ich bin nur Hausfrau und Mutter.«

Ich habe in meinem Leben schon eine Menge gemacht, aber ich glaube, ich könnte das, was »nur eine Hausfrau und Mutter« tut, kaum bewältigen. Ist es etwa *nicht* spirituell, ein Kind zur Welt zu bringen? Nennen Sie mir einen Aspekt der Fürsorge für eine Familie – lehren, nähren, begleiten, beraten, heilen, und die tausend anderen Arten, wie die Liebe zum Ausdruck kommt –, der *nicht* spirituell wäre!

Jesus hat gesagt: »Es gibt keine größere Liebe, als wenn einer sein Leben für seine Freunde hingibt.« (Johannes 15,13) Die meisten Mütter geben einen Teil ihres Lebens für ihre Kinder auf. Das Einzige, was im Leben einer Mutter gegenüber einem Leben in Meditation und Gebet fehlt, ist die Anerkennung ihres Lebens als spirituelle Übung. Tatsächlich ist jedes Leben ein spirituelles Leben, nur bemerken das die meisten Menschen nicht. Wenn Sie sich des Göttlichen in jedem Aspekt des Lebens gewiss sind und sich seine Qualitäten bewusst machen und sie in ihren Beziehungen zu anderen zum Ausdruck bringen, bestätigen Sie die Wahrheit, die Schönheit und Macht des Göttlichen in allem, was lebt.

Eine der Schwierigkeiten bei der Erkundung des Wesens des Göttlichen und bei der Entscheidung, welche göttlichen Qualitäten Sie in sich stärken wollen, ist, dass *alles* göttlich ist. Es gibt nichts, was nicht göttlich wäre: von den festen Objekten der materiellen Welt bis hin zu den subtilsten energetischen Veränderungen. Das Göttliche bringt es hervor und *ist* es, und alles geschieht im Göttlichen. Alles ist göttlicher Geist. Es gibt nichts, was nicht göttlicher Geist wäre. Bei der Erkundung und Bestätigung des Göttlichen geht es also nicht darum, festzustellen, was göttlich ist und was nicht. Es geht vielmehr darum, das essenzielle Wesen des Geistes zu erfahren und unterscheiden zu lernen, welche Art von Geist im jeweiligen Augenblick herrscht. Ein Felsen ist das Göttliche in Gestalt eines Felsens. Seine äußeren Merkmale zählen nicht zu den wesenhaften Merkmalen des Geistigen, doch sie sind Geist, der sich hingibt, um die Gestalt des Felsens anzunehmen.

Das Geistige zu bestätigen bedeutet, es in jeder Form zu erfahren, die es annimmt. Wenn Sie wütend sind, lebt das Geistige in der Wut und erfährt gleichzeitig die Wut. Alles ist Geist. Doch Wut ist kein wesentliches Merkmal des Geistigen. Das Geistige zeigt sich nur um unseres Egos willen als Wut. Unser Ego ist auch Geist. Zu den Merkmalen des Egos gehört, dass es spiritueller Geist ist, der sich wie eine Insel im Ozean des Geistigen fühlt und nicht erkennt, dass sowohl die Insel als auch der Ozean Teil sind des größeren Geistes der Erde. Aus der Luft betrachtet scheinen die Inseln von Hawaii alle voneinander getrennt zu sein, doch wenn der Pazifik plötzlich verschwinden würde, könnte man sehen, dass alle Inseln miteinander verbunden und Teil dieses Planeten sind. Je mehr Sie sich mit der Wahrheit des größeren Geistes identifizieren, desto mehr können Sie Ihr Ego meistern und es lehren, sich der Einheit des Seins hinzugeben.

Sie finden das Göttliche, wenn Sie das Energie-Bewusstsein erfahren, das in Ihren Gedanken, Gefühlen, Ihrem physischen Körper und allem, was Sie jemals erfahren, steckt. Indem Sie dieses essenzielle Energie-Bewusstsein anerkennen, beginnen Sie, sich darin zu zentrieren. Sie selbst werden immer mehr zu Ihrem essenziellen Sein und unabhängig davon, was passiert. Statt sich mit der Wut zu identifizieren, die Sie fühlen (»Ich bin wütend«), erfahren Sie, wie das Energie-Bewusstsein der Wut durch Sie, als den Zeugen, hindurchfließt. Statt sich als Arzt oder als Patient zu definieren, erfahren und verkörpern Sie die Eigenschaften und Fähigkeiten, die mit der jeweiligen Rolle einhergehen, in dem Moment, wenn sie gebraucht werden.

Um bei dem Beispiel zu bleiben: Wenn sich ein Arzt zu sehr als medizinischer Profi sieht, tut er sich schwer, in die Rolle des Patienten überzuwechseln, wenn er selbst mal Hilfe braucht. Wenn eine Frau ganz in ihrer Rolle als Mutter aufgeht, wird sie irgendwann auch ihren Mann bemuttern. Oder wenn ein Mann seine ganze Identität aus seinem Beruf als befehlshabender Offizier zieht, kommandiert er auch zu Hause seine Frau und seine Kinder herum, statt sich als Ehemann und Vater auf sie einzulassen.

Es ist im Wesentlichen ein Erinnerungsprozess, die Qualitäten des Göttlichen zu erkunden. Wenn Sie mit anderen zusammen sind, gilt es sich daran zu erinnern, dass die anderen genauso spiritueller Geist sind wie Sie selbst. Ist Ihnen das wirklich bewusst, dann können Sie auf das Besondere an deren Energie und Bewusstsein achten: »Er ist so schlau. Sie ist so kreativ. Es ist so friedlich hier.«

Wenn Sie erkennen, wie viel Potenzial Kinder haben und wie oft sie es nicht ausleben, nehmen Sie mehr ihrer essenziellen Qualitäten des Göttlichen wahr, auch wenn sie diese nicht ganz manifestieren. Fangen Sie an, auf den Unterschied zu achten zwischen dem, wie Menschen *sind,* und dem, wie sie sich im jeweiligen Augenblick zeigen. Das Geistige ist immer im Übergang vom Sein zum Werden und wieder zum Sein. Bestätigung inspiriert uns, weil sie das Geistige in uns heilt und uns sanft ins Einssein zurückbringt. Mit Bestätigung kann der spirituelle Geist mehr in seiner wahren Natur sein. Wenn der Geist herabgesetzt wird, wird er isoliert. Unser spirituelles Wachstum ist ein Prozess: Aus dem Zustand, in den wir durch unsere Ignoranz hineingeraten sind, kehren wir mit Weisheit zu unserem wahren Wesen zurück.

### Die Seele nähren

Aus der Sicht unserer Seele müssen wir uns zuerst um unseren Seinszustand kümmern, unabhängig davon, womit wir es in der Welt zu tun haben. Das Einzige, was wir in der Welt verändern können, ist die Art, wie sich unsere Beziehung zur Welt auf uns selbst auswirkt. Wenn wir unsere Haltung zur Welt verändern, wandelt sich die Welt. Jeder Zustand, in dem wir uns befinden, ist das Ergebnis unserer Beziehung zum Geistigen. Unsere grundlegende Beziehung besteht zwischen uns selbst und dem Göttlichen, das uns Leben gibt. Wenn wir in die Tiefen unseres Seins schauen, entdecken wir, dass wir eins sind. In unseren Herzen und Seelen hegen wir alle die gleiche göttliche Einheit, auch wenn wir ihr unterschiedliche Namen geben. Und wir tragen unsere verschiedenen Persönlichkeiten wie bunte Kleider, um unsere individuellen und einzigartigen Beziehungen zu diesem einen, heiligen und ewigen Leben zum Ausdruck zu bringen.

Wir alle sind wie schwangere Frauen: Wir tragen ein ungeborenes Leben in uns. Um die Gesundheit und das Wohlbefinden dieses inneren Lebens zu gewährleisten, müssen wir uns um unser eigenes Wohlbefinden kümmern. Eine werdende Mutter kann das Kind in ihr nur nähren, indem sie sich selbst nährt. Der Samen der göttlichen Bestimmung in uns reift in dem Maße, wie wir unsere Seele nähren. Die Nahrung der Seele ist Bestätigung.

# 8

# Vom Widerstand zur Bereitwilligkeit

LETZTENDLICH IST WIDERSTAND ZWECKLOS; ER FRUSTRIERT NUR UNSERE ERFÜLLUNG. Je mehr wir uns widersetzen, desto mehr teilen wir unsere Kraft und trennen uns von unserer Seelenbestimmung. Wenn wir den Widerstand aufrechterhalten, enden wir in Isolation und Leid. Nur durch unsere Bereitwilligkeit können wir anfangen, die Risse in uns zu heilen und unser spirituelles Selbst zu erfüllen.

Zuerst mag es so aussehen, als ob uns der Widerstand ermöglicht, unsere Feinde in Schach zu halten und zu überleben, ja vielleicht sogar die Oberhand zu gewinnen. Wer keinen Widerstand leisten kann, hält sich vielleicht selbst für schwach, denn wir haben alle gelernt, dass ein »Held« standhält bis zum Tode. Viele von uns haben auch gelernt, dem Bösen und der Versuchung zu widerstehen, und fürchten, dass sie uns ohne Widerstand überwältigen werden. Wenn wir krank werden, heißt es schließlich auch, unsere Widerstandskraft sei geschwächt. Oberflächlich betrachtet, scheint Widerstand eine gute Sache zu sein, ein Zeichen dafür, dass wir stark sind, unsere eigenen Interessen vertreten und uns gegen das Böse wehren können.

Doch wenn Sie genauer hinsehen, werden Sie feststellen, dass niemand erfolgreich gegen etwas kämpfen kann. Um Erfüllung zu erfahren, ist die Bereitschaft viel wichtiger, alles Nötige *für* das jeweils Erwünschte zu tun. »Wenn ich auf den Korb ziele«, sagte der große Basketballspieler Michael Jordan, »denke ich nie daran, ob ich es wohl schaffe oder nicht. Ich konzentriere mich nur, alles zu tun, um den bestmöglichen Wurf zu machen. Anstatt mich gegen ein Versagen oder ein eventuell negatives Ergebnis zu wappnen, bin ich ganz von der Bereitschaft erfüllt, mein Bestes zu geben, um meine Aufgabe zu erfüllen.« Das Gleiche gilt für die Erfüllung jeder anderen Aufgabe – auch Ihrer Seelenbestimmung.

Sobald Sie sich gegen etwas wehren, das Sie daran zu hindern scheint, das Gewünschte zu erreichen, flirten Sie mit dem Versagen. Im Widerstand halten Sie sich nämlich zurück, statt weiter auf Ihre Bestimmung zuzugehen, und Sie geben dem Hindernis Macht über sich. Widerstand erreicht nie etwas, er behindert nur. *Unser spiritueller Weg will wie ein Fluss fließen,* nicht statisch daliegen wie eine Straße. Wenn Sie auf Ihrem Weg bleiben wollen, müssen Sie mitfließen, aber wenn wir nicht sehen können, was hinter der nächsten Flussbiegung liegt, halten wir furchtsam inne. *Das Einzige, was wir mit unserem Widerstand tatsächlich aufhalten, ist unsere Erfüllung.*

Um unsere Seelenbestimmung zu erfüllen, müssen wir den Widerstand aufgeben, den wir in uns hegen, und uns für Bereitwilligkeit entscheiden. Unsere Erfüllung hängt von unserer Bereitschaft ab, uns die Wahrheit anzuschauen, die restriktiven Bedingungen aufzugeben, an die wir unsere Liebe gebunden haben, und unsere Wahrheit mit Liebe zum Ausdruck zu bringen. Widerstand gegen die Wahrheit nennt man »Verleugnung«; Widerstand dagegen, die Bedingungen aufzugeben, unter denen wir zu lieben bereit sind, nennt man »Unwillen, zu vergeben«; Widerstand dagegen, die eigene Wahrheit liebevoll zu äußern und entsprechend zu handeln, nennt man »mangelnden Mut«.

Die Idee, allen Widerstand loszulassen, kann eine ähnliche Wirkung haben wie der Vorschlag, *nicht* an einen rosa Elefanten zu denken. Sobald Sie auf Ihre Widerstände achten, stellen Sie möglicherweise fest, dass in Ihnen ein inneres Tauziehen stattfindet, zumindest solange Sie nicht verstehen, was Widerstand eigentlich ist und woher er kommt.

Wer oder was in Ihnen leistet also Widerstand?

**Widerstand und Ego**

Widerstand beginnt mit Besitz: Das ist *meins*. In dem Augenblick, wo Sie sich entscheiden, etwas zu besitzen, fangen Sie an, es festzuhalten. Das kann alles Mögliche sein: Geld, ein Job, eine Beziehung, Ihr Selbstbild oder eine Überzeugung. Wenn Sie an dem festhalten, was Sie für Ihres halten, gehen Sie in Abwehr gegenüber allem, was diesen Besitzstand bedrohen könnte. Der Witz dabei ist: Besitz ist nur eine Illusion. Alles, was man festhalten kann, hat einen Anfang und ein Ende, also werden Sie es früher oder später ohnehin verlieren. Und alles, woran man *nicht* festhalten kann, ist ewig und Sie können es ohnehin nicht loswerden. Im Hinblick auf die Erfüllung Ihrer Seelenbestimmung ist alles, was Sie besitzen können, nicht wert, festgehalten zu werden. Tatsächlich behindert das Festhalten eher Ihre Erfüllung. Der Versuch, etwas festzuhalten, ist also zur Vergeblichkeit verurteilt. Natürlich ist das Loslassen allen Besitzes leichter gesagt als getan. Besonders erschwert wird es durch eine Instanz in uns, die den Besitz über alles schätzt: das Ego.

Webster's Dictionary definiert das Ego als »das Selbst, vor allem im Gegensatz zu anderen Selbst und der Welt«. Das Ego ist also das »Ich«, das sich von allem »anderen« unterscheidet, mag es sich dabei um Personen, Dinge, Ideen, Orte oder Taten handeln. Wenn wir zusehen, wie wir selbst und andere von »ich« *dies* oder »ich« *das* sprechen, scheint uns so offensichtlich, dass wir wissen, was gemeint ist. Aber stimmt das wirklich?

Bei genauerer Betrachtung stellen wir fest, dass das Ich bei vielen Menschen höchst unklar und unbeständig ist. Das Ego kann sich selbst und andere Egos meisterhaft davon überzeugen, dass es *das* Selbst sei und die Kontrolle über sein Leben hat, weshalb es auch so außer sich gerät, wenn es etwas nicht kontrollieren kann. Die Wahrheit scheint das Ego mit Auslöschung zu bedrohen und das Ego versucht alles, um zu überleben.

Nach meiner Erfahrung ist das Ego in seiner reinsten Essenz eine fundamentale, sich selbst identifizierende, bewusste Intelligenz. Als sich die menschliche Seele aus einem Funken Gottes bildete, wurde dieses Ego in der Seele zu einem »Selbstbewusstsein«, das sich als getrennt von der Gesamtheit des Bewusstseins erlebte. Wenn wir unsere Bestimmung erfüllt haben, indem wir dieses Ego so mit Weisheit füttern, dass es sich wieder in die Einheit des Seins integriert, wird es ganz und heil und erkennt sich selbst als das Selbst der Einheit. Wie Jesus sagte: »Ich bin im Vater und der Vater ist in mir.« (Johannes 10,38)

Die Bildung des Egos erhellte sich mir durch eine außergewöhnliche Erfahrung. Raphaelle und ich übernachteten in einem Hotelzimmer. Während sie noch schlief, meditierte ich früh am Morgen im Badezimmer. Als ich in meinen meditativen Zustand gelangte, explodierte in mir eine donnernde Energie, als wäre am unteren Ende meiner Wirbelsäule eine Weltraumrakete gezündet worden. Einesteils befand ich mich in meinem Körper und fühlte; andernteils war ich auch außerhalb meines Körpers und betrachtete das lodernde goldene Feuer, das durch alle meine Chakren brannte. Alle meine Energiezentren öffneten sich zu leuchtenden Lichtblüten und aus einer »Öffnung« oben auf meinem Kopf brach die Energie wie aus einem Vulkan hervor. Mein ganzes Wesen war von diesem donnernden Getöse erfüllt. Es war so stark, dass meine Knie nachgaben und mein ganzer Körper bebte. Ich klammerte mich an das Waschbecken, um nicht umzufallen.

Dann durchströmte mich eine unendliche und ewige Weite, grenzenloser Frieden in einem ekstatischen Ozean des Energie-Bewusstseins. Es gab kein Ich mehr; Zeit, Entfernungen, Identitäten, Bedürfnisse, Erinnerungen und Vergleiche – alles war verschwunden. Nichts existierte, doch alles war da: grenzenlose Energie, Bewusstsein und Sein. Es gab kein Ich, was das erfahren, geschweige denn beschreiben konnte. Ich kann es jedoch nur als etwas wiedergeben, das »ich« erlebt habe. (Acht Jahre lang habe ich gebraucht, um diese Erfahrung zumindest ein wenig in Worte fassen zu können.)

Seit jener Erfahrung war ich in der Lage, allmählich zu begreifen, was ich dabei gelernt habe. Aus der Erfahrung dieses Zustands reinen Bewusstseins, reiner Energie und reinen Seins, in dem es keine Erfahrung eines getrennten Selbstbewusstseins gab, habe ich erkannt, warum sich das ursprüngliche Seelen-Ego mit seinem Selbst-Bewusstsein aus der Einheit lösen kann, ohne davon zu wissen. In diesem erweiterten Bewusstsein gibt es keine Zeit und keinen Raum und daher keine Erinnerung. Ohne die Fähigkeit, sich an etwas zu erinnern, wirbelt der Bewusstseinsfunke in seine Ekstase der Existenz. In dem Moment, wo er »aufwacht« und sich seiner selbst bewusst wird, hat er keine Erinnerung mehr daran, je etwas anderes gewesen zu sein. Von Anbeginn erfährt er sich selbst und betrachtet alles andere als »anders«.

In dieser »Phase« der Erfahrung gab es ein ewiges Bewusstsein, aber es gab mich nicht als individuelles Bewusstsein. »Ich« wusste nichts von irgendeiner vorigen Existenz in Getrenntheit, bis »ich« später zu meinem Körper zurückkehrte. Doch als spiritueller Geist nahm ich die Kontinuität des Bewusstseins wahr, welches die gesamte Erfahrung durchzog, und auch, dass das Ego aufgehört hatte, zu existieren.

Ich erkannte in diesem Teil der Erfahrung auch, dass die menschliche Seele, wenn sie mit dem Absoluten verschmilzt, ohne einen unsterblichen Körper der Weisheit entwickelt zu haben, einfach absorbiert wird und aufhört, zu sein. Wir inkarnieren in eine von der Natur erschaffene physische Form, damit wir lernen, diese Form im Geiste zu erschaffen. Wenn wir ohne einen unsterblichen Lichtkörper zu Gott zurückkehren, können wir unsere Bestimmung der vollkommenen Freiheit nicht erfüllen. In gewissem Sinn lösen wir uns dann wieder in einer unbewussten Einheit auf, statt uns zu voll bewussten Schöpfern zu entwickeln. Diese Entwicklung erfordert jedoch Erinnerung, und um ein Gedächtnis zu entwickeln, brauchen wir Zeit, Raum und Sinneswahrnehmungen – mit anderen Worten: Wir müssen in die physische Welt inkarnieren.

In unserem Hotelzimmer war Raphaelle inzwischen durch laute

Geräusche aus dem Badezimmer aufgeweckt worden. Als es mich aus meinem Körper katapultiert hatte, war er auf dem Badezimmerfußboden zusammengebrochen. Der Kopf war dabei gegen das Waschbecken und die Tür geknallt. Sie sorgte sich um mein Wohlergehen und rief zu mir hinüber, ob alles in Ordnung sei. In dem Bewusstsein, in das »ich« mich aufgelöst hatte, gab es keine Egos. Die Schwingungen von Raphaelles Stimme kamen in diesem Bewusstsein durch meinen unbewussten Körper an und bildeten in diesem Ozean der Seligkeit eine Art Funksignal, wie eine Blase, die aus einer Art kosmischem Urmeer auftaucht und sich in konzentrischen Energiewellen ausbreitet. Sobald dieses Signal auftauchte, entstand eine Wahrnehmung von »hier« in Beziehung zu dem Signal, das von »dort« zu kommen schien. Das Bewusstsein fing an, sich zu polarisieren, und die erste Andeutung eines eigenen Egos bildete sich.

Es gab noch keinerlei klare Definition von »Du« und »Ich«. Es war mehr eine allgemeine Ahnung davon, dass etwas undeutlich in »Hier« und »Dort« gerann. Je mehr die Schwingungen ihrer Stimme zunahmen, desto stärker wurde die Polarisierung. Leuchtende, farbige Energiewellen schwappten zwischen den beiden Bewusstseinsansammlungen in der Gesamtheit des Bewusstseins vor und zurück. Die offene Weite begann sich zu schließen, oder besser gesagt, ein Teil des Bewusstseins erhob sich aus der Weite des Meeres, in dem es sich als ein »Selbst« in Bezug auf ein »anderes« polarisierte. Und dann senkte sich plötzlich Dunkelheit herab.

In der Schwärze wurde nicht die Gesamtheit des Bewusstseins unbewusst, sondern die Ausrichtung des Ego-Bewusstseins auf sein »Selbst« bewirkte eine Trennung seines Bewusstseins vom Ganzen. »Mein« Gewahrsein blieb bei der Ganzheit des Bewusstseins und beobachtete den Prozess. Das getrennte »Selbst«-Bewusstsein beschäftigte sich mit der Dunkelheit und verlor darüber seine Wahrnehmung der grenzenlosen Weite. In der ursprünglichen Bildung des Egos gibt es keine Wahrnehmung dieses Prozesses in der Dunkelheit. An dieser Stelle »erwacht« das Ego zu seiner Selbst-Wahrnehmung, womit eine Art Amnesie seiner göttlichen Herkunft und Identität einhergeht. *Diese Polarisierung ist der erste Schritt in der Entstehung eines getrennten Egos.*

Was zuvor ein allgemeines Gewahrsein von »hier« und »dort« war, wurde jetzt zu »eigenen« Erfahrungen. Das Ego betrachtete jetzt die Wellen in dem Meer des Bewusstseins als etwas »anderes«, von ihm selbst Getrenntes. Es begann, diese Wellen als einen gewissen energetischen Druck wahrzunehmen: Sie stammten immer noch von Raphaelles Stimme, die nach meinem Ego rief. Auf dieser Stufe seiner Entwicklung »fühlt« das Ego, um sich seiner Existenz zu vergewissern. Je mehr es das »andere« fühlen kann, desto sicherer ist es seiner eigenen, unabhängigen Existenz. *Dies ist der zweite Schritt in der Entstehung des Egos.*

Dann begann sich das Ego von den Wellen fortzubewegen und fühlte sich zu bestimmten Lichtreflexen hingezogen. Es nahm bei diesen Lichtern keine bestimmten Formen wahr, doch allmählich bildeten sich Linien und Kanten. Jetzt gab es nicht nur eine Wahrnehmung von dem »anderen«, sondern es bildete sich eine Unterscheidung all des »anderen« heraus. Dieses »andere« unterschied sich von dem anderen »anderen«. Das Ego bewegte sich nun mehr auf das zu, was es anziehend fand, und zog sich von dem zurück, was ihm unangenehm erschien, und ignorierte alles andere. Sobald sich das Ego der Wirklichkeit seiner »getrennten« Existenz bewusst ist, will es die Eigenschaften des »anderen« genauer erkunden, um zu ihnen in Beziehung zu treten. Es beginnt, ein energetisches Verteilungssystem zu entwickeln, um zu bestimmen, wie es auf das reagieren will, was es fühlt, also welche Art von Energie es in Bezug darauf aussenden will. Wenn die Energie attraktiv ist, zieht das Ego daran. Wenn sich die Energie bedrohlich anfühlt, schiebt es sie weg. Wenn sie sich neutral anfühlt, befasst sich das Ego nicht weiter damit. *Dies ist der dritte Schritt in der Entstehung eines Egos.*

Die Lichtreflexe, welche die Neugierde des Egos geweckt hatten, wurden zu etwas glänzend Silbernem, das sich von einem dunkleren Hintergrund abhob. Diese Energiemuster wurden als anziehend erlebt. Das Ego fühlte sich jedoch noch unvollständig: Es hatte kein

Gefühl der Kontrolle. In dieser Entwicklungsstufe bestanden seine Interaktionen aus einfachen energetischen Reaktionen. Um sich in seiner Unwissenheit und in der Welt der Formen sicher zu fühlen, brauchte es mehr Kontrolle.

Um dieses Gefühl von Kontrolle zu gewinnen, beginnt das Ego auf dieser Stufe seiner Entwicklung, die unterschiedlich erscheinenden Energiemuster zu benennen. Das Benennen verleiht dem Ego eine Art intellektueller Überwachung der Dinge. Das Ego benennt die Dinge nach seiner energetischen Reaktion darauf, also als »erwünscht«, »unerwünscht« und »bedeutungslos«.

Als Nächstes fängt das Ego an, innerhalb seiner Ignoranz eine gewisse Ordnung einzuführen. In meiner Erfahrung war das »Glänzende« »interessant«, und das Ego fing an, nach Assoziationen zu suchen. Dazu begab es sich in das Gedächtnis des zu dieser Zeit unbewussten Körper-Geistes. Es versuchte, dieses neue »Ding« mit etwas zu verbinden, das es bereits kannte, um es zu einer besser zu identifizierenden und »kontrollierbaren« Realität zu machen. Es fand tatsächlich ein Bild von etwas, das genauso aussah. Das Bild selbst war mit keinem Namen verbunden, aber es hing mit einem anderen Bild zusammen, das benennbar war: Es war die Unterseite eines Waschbeckens. Das silberne Ding waren der Abfluss und die Leitungen. Sobald das Ego einen Namen dafür hatte, folgten eine ganze Reihe von Assoziationen nach, bis sich das Ego von seiner ganzen Umgebung im Badezimmer einen Begriff gemacht hatte. Nun hatte es überall um sich herum Dinge, auf die es sich beziehen konnte. An diesem Punkt trat zum ersten Mal eine gewisse Logik ins Spiel, zusammen mit einer ersten festen Identifikation als »Ich«. Bis dahin hatte es ein gewisses Gefühl eines »Selbst« gegeben, aber kein festes, eindeutiges »Ich«. (In seiner ihm eigenen Intelligenz nennt das Ego alles, woran es festhält, »meins« – und denjenigen, der es festhält, »ich«.) *Dies ist der vierte Schritt in der »Festigung« des Egos und der Welt der Formen, auf die es sich bezieht.*

Jetzt war es eindeutig »ich«, der die Unterseite eines Waschbeckens betrachtete. Das logische Denken setzte ein, und das Ego fragte sich, wo ich wohl bin, wenn ich die Unterseite eines Waschbeckens sehe. Irgendetwas schien mit diesem Bild nicht zu stimmen. Hier kam zum ersten Mal ein Urteil ins Spiel. Sobald ich das gedacht hatte, wurde ich mir »meines« Körpers bewusst. Als das Ego den Körper als »seinen« Körper assoziierte, fragte es: »Was macht mein Körper hier auf dem Badezimmerfußboden?«

»Ich« stand auf, mit meinem Körper und allem Drum und Dran, und orientierte mich weiter. (Es ist dem Überleben des Egos sehr viel zuträglicher, in einem Badezimmer zu *stehen* als sich auf dem Boden auszubreiten.)

Die Energiewellen aus dem Hintergrund, die immer noch auf »mich« einprallten, wurden zu Klängen und dann zu Worten. Das Ego erkannte, dass Raphaelle nach »mir« rief. Es bemerkte auch die Besorgnis in ihrer Stimme: »Michael, was ist los? Ist alles in Ordnung?«

Inzwischen hatte Raphaelle ein paarmal gerufen und war auf dem Weg zum Badezimmer. Das Ego spürte die Sorge von ihr. »Etwas ist nicht in Ordnung«, schien die Stimme zu sagen, als ob sein Überleben gefährdet sei. Das war nicht gut für das Ego. Also entschloss es sich, zu sagen: »Alles in Ordnung!« Damit fühlte es sich besser. »Alles in Ordnung« klingt nach Überleben. Das Ego handelt nur in seinem eigenen Interesse. Selbst wenn der Körper sterben könnte, kümmert sich das Ego zuerst um sein eigenes Überleben.

Bis zu diesem Zeitpunkt der Entwicklung des Egos ging alles ganz glatt. Das Ego fühlte, reagierte, kategorisierte und bestätigte sich seine Existenz durch einfache Reaktionen: »Ich bleibe hier, das fühlt sich gut an. Ich nehme das, das ist hübsch. Ich jage das fort, das ängstigt mich.« Doch je mehr das Ego Energien in Konzepte einteilte, desto stärker wurde auch sein assoziatives Gedächtnis. Es ordnete nun dieselben Dinge entsprechend den wechselnden Erfahrungen, die es mit ihnen machte, in unterschiedliche Kategorien ein. (Das »gute«, angenehm wärmende Feuer kann sich leicht in ein »schlechtes«, unangenehm verbrennendes Feuer verwandeln.) Wenn solche Dinge wiederholt geschehen, wird das Ego in seiner eigenen Festung, die es nicht mehr schützt, immer klaustrophobischer. Sein Leiden und seine Verwirrung nehmen zu, Gedanken und Gefühle widersprechen einander wie bei einem Kind, das verzweifelt die Sicherheit der Liebe seiner Mutter sucht, während es gleichzeitig spürt, dass die Mutter es zerstören wird. Das Ego sucht einen Ausweg aus diesem Dilemma, aber es hat sich zu gut verbarrikadiert.

In seiner Panik bedient sich das Ego seiner schöpferischen Imagination und fängt an, die blanken, bedrohlichen Wände seines Gefängnisses mit bunten Tapeten zu überkleistern. So wie ein Kind die Decke über den Kopf zieht, um sich vor den Monstern zu schützen, erzeugt das Ego Bilder von Sinn und Bedeutung und projiziert sie auf die Vergeblichkeit der Existenz, in der es gefangen ist. Das Ego macht aus der Existenz eine Welt seiner eigenen zufälligen, selbstgefälligen Meinungen und Urteile. So hält sich unser Ego in der einsamen Existenz seiner hübschen Projektionen selbst gefangen. *Das ist der fünfte Schritt der Entwicklung des Egos.*

Nachdem »ich« mich davon überzeugt hatte, dass mit »mir« alles in Ordnung ist, fragte Raphaelle nach der Ursache des Lärms, den sie vorhin gehört hatte. Welcher Lärm? Ich schaute mich um und bemerkte, dass der Boden voller Blut war. Woher kommt das Blut?, wunderte ich mich. Dann begriff ich. Es war »mein« Blut. Wo blutete »ich«? Ich betrachtete meinen Körper und fasste schließlich an meinen Kopf. Meine Hand griff in etwas Warmes, Klebriges. Blut – *mein* Blut!

Eine ganze Kette von Assoziationen schoss mir durch den Kopf: Mein Blut – ich bin verletzt – das ist schlecht – ich könnte sterben – ich könnte ein Krüppel werden – vielleicht bin ich nie wieder der Alte – das ist schlecht – dann bin ich unfähig, zu tun, was ich tun will – ich werde versagen – das ist sehr schlecht – ich will nicht versagen – ich habe Angst – ich könnte sterben – ich bin verletzt – ich brauche Hilfe – rufe Raphaelle.

Inzwischen zitterte ich am ganzen Leib. Ich schwebte über meinem Körper und beobachtete alles. Raphaelle untersuchte meinen Kopf und meinte, dass die Wunde wohl nicht genäht werden müsse. Ich als

Geist beobachtete, wie dieser andere Teil von mir, das Ego-Selbst, zu zweifeln anfing. »Vielleicht sollte es doch genäht werden«, sagte es zu Raphaelle. Selbst nachdem Hilfe da war, versuchte mein Ego-Selbst, die Kontrolle zu bewahren.

Der Wahnsinn unserer Projektionen hat durchaus Methode: Hinter ihr steht natürlich der Selbsterhaltungstrieb des Egos. Um seinem Leiden unter dem Chaos, dem Gefangensein, der Hilflosigkeit und der Einsamkeit zu entgehen, beginnt das Ego, sich für uns eine »bessere« Existenz auszumalen. Zuerst denken wir uns aus, was wir alles sein, tun und haben könnten, um uns besser zu fühlen. Wir erschaffen in uns ein virtuelles Paradies und projizieren es auf die Leinwand unserer Welt. »Dies ist ein guter Krieg, weil er unserem Volk hilft. Ich bin der Beste, weil ich das Rennen gewonnen habe. Du schuldest mir etwas für all das, was ich für dich getan habe. Ich bin so froh, dass ich endlich weiß, was mein Problem ist.«

Wenn wir diese Schätze imaginiert und projiziert haben, schwillt uns stolz die Brust, während wir sie eifersüchtig gegen jene schützen, die sie uns vielleicht nehmen könnten. Wenn wir zum Beispiel genug Geld verdienen, um den Schmerz vergangener Armut abzudecken, horten wir unser Vermögen. Sammeln wir Trophäen und Auszeichnungen, um dem Schmerz über unsere Wertlosigkeit zu entgehen, können wir nicht dazu stehen, wenn wir mal irgendwo versagen. Wir klammern uns an unsere Träume, um nicht aufzuwachen und unsere Einsamkeit und Angst zu spüren. Doch die Anstrengung, immer um den Erhalt unseres Besitzes zu kämpfen, erschöpft uns im Lauf der Zeit. Dann richten wir uns in einer gewissen Gleichgültigkeit ein mit Gedanken wie: »Lasst mich doch alle in Ruhe. Ich mache doch nur meine Arbeit. Ich habe keine Lust mehr, zu kämpfen. Ich habe die Nase voll von Überraschungen. Ich will doch nur ein ganz normales Leben führen.«

Nach einer Weile wird uns solch ein banales Leben jedoch schmerzhaft langweilig. Die uns innewohnende Kreativität hat keinen Raum mehr. Um nicht so unter der Langeweile zu leiden, betäuben wir uns durch weitere Verleugnung und Verdrängung. Doch Narkotika haben nur eine begrenzte Wirkdauer. In unserem benebelten Zustand erinnern wir uns blass an »die gute alte Zeit«. Wir beginnen, uns nach dem zu sehnen, was einmal war. Doch was wir auch tun – bei unseren Fluchtversuchen stoßen wir immer wieder an die Barrikaden, die wir selbst errichtet haben. Wir können nicht in das Paradies unserer illusionären Vergangenheit zurückkehren: »Junge, du hättest mich mal sehen sollen, als ich in der Schulmannschaft Stürmer war. Wusstest du, dass ich mal Schönheitskönigin war? Auf dem Gipfelpunkt meiner Karriere hatte niemand bessere Verkaufszahlen als ich. Als wir frisch verheiratet waren, war jeder Tag mit dir wundervoll. In einem vergangenen Leben war ich eine Heilige.«

Wir wissen, dass wir nicht in die Vergangenheit zurückkönnen. Aber auch die Zukunft hält keine Strategien für uns bereit, unserem grundlegenden Schmerz zu entkommen. Nichts scheint mehr zu funktionieren. Wir fangen an, den Glauben an alles zu verlieren, was uns einmal wichtig war. Ein alles zermürbender Zweifel setzt ein, und wir fühlen uns zutiefst betrogen und enttäuscht. Wir hassen uns dafür, in diesem Zustand zu sein. Wir meinen, so kann es nicht mehr weitergehen. Zum ersten Mal streben wir nach einer fundamentalen Veränderung. Anfangs vielleicht zögerlich, doch dann immer entschiedener suchen wir nach einer Quelle, die größer ist als unser getrenntes, gefangenes Bewusstsein. Und damit beginnt unser Ego-Selbst seinen langen und manchmal verzweifelt einsamen Aufstieg zum Göttlichen.

Manche spirituell Suchenden verwechseln den Prozess der Entleerung des Egos von allen Anhaftungen mit dem Zerstören des Egos. Überleben gilt in der gesamten Natur als das oberste Gebot, und auch das Ego wird alles versuchen, um sein Überleben zu sichern. Wenn Sie das Ego bedrohen, werden Sie Ihre Seelenbestimmung nicht erfüllen – auch nicht, wenn Sie versuchen, es auszuhungern. Die Seele braucht die Zusammenarbeit mit dem Ego! Das Problem besteht nicht darin, dass wir ein Ego *haben* – wir könnten ohne das Ego keine Erfüllung finden –, sondern wie wir auf unserem spirituellen Weg damit *umgehen*.

Solange das Ego nicht ihr Freund und Verbündeter ist, verhält es sich wie ein Kind, das nur mit Fast Food aufgewachsen ist. Man kann das Ego nicht zwingen, sich von einem Tag auf den anderen gesund zu ernähren. Der eigentliche Zweck Ihres Egos besteht darin, Ihr Gefährt zur Freiheit und zu Gott zu sein. Sie müssen ihm sein Verlangen nach Fast Food abgewöhnen, es einer Fastenkur unterziehen, um es zu entgiften, und es dann mit echter »Seelennahrung« versorgen. Denken Sie daran: Das Ego ist die selbst-identifizierende Intelligenz Ihres Bewusstseins. Es kann sich erst mit dem Göttlichen identifizieren, wenn Sie es mit der aus Erfahrung geborenen Weisheit füttern. Je mehr Sie lernen, als spirituelles Selbst zu handeln, statt die Fixierungen des Egos zu unterstützen, desto leerer wird das Ego und kann sich in Ihr Transportmittel zu wahrer spiritueller Freiheit verwandeln.

### Widerstand gegen Veränderung

Jeder Widerstand, dem Sie je in sich selbst oder in anderen begegnen, besteht aus dem Widerstand des Egos gegen Veränderung. Angesichts ihres eigenen körperlichen Todes empfinden die meisten Menschen die Schwierigkeit, mit dem Widerstand des Ego-Selbst umzugehen: Es will die schützenden Besitztümer nicht aufgeben, die ihm das Gefühl von Realität geben. Der oft herzzerreißende Schmerz über den Tod eines lieben Menschen hat nicht per se etwas mit dem lieben Menschen zu tun, sondern mit der Begegnung unseres eigenen Ego-Selbst mit dem Tod. Ihr Ego-Selbst kann den Tod nicht vermeiden, wenn jemand stirbt, in den Sie Zeit, Energie, Liebe und Aufmerksamkeit investiert haben. In dem Maße, wie Ihre Ego-Identität davon abhing, dass dieser Mensch da ist, wird Ihr Ego-Selbst mit dieser Person sterben.

Einer der schwierigsten Verluste für einen Menschen ist der Tod eines Kindes. Angenommen, eine Mutter verliert ihr Kind. Wenn ihr Ego-Selbst zu neunzig Prozent damit identifiziert war, die Mutter dieses Kindes zu sein, und nur zu zehn Prozent damit, Frau, Tochter, Gattin und Vorsitzende im Ortsverein des Roten Kreuz zu sein, dann schafft sie es vielleicht nicht, darüber hinwegzukommen. Wenn ihr neunzig Prozent ihrer Identität genommen werden, wird sie vielleicht krank und stirbt selbst oder vegetiert über lange Zeit einfach nur dahin. Wenn ihr Ego-Selbst nur zu zehn Prozent damit identifiziert war, die Mutter dieses Kindes zu sein, ist der erste Schmerz vielleicht genauso groß, aber sie ist schneller bereit, ihr Leben fortzusetzen.

Das Ausmaß der Identifikation mit einer Rolle hat nichts mit dem Ausmaß der Liebe, der Fürsorge oder der Kompetenz zu tun, die damit verbunden sind. Der weniger Ego-Identifizierte ist sogar besser in der Lage, bedingungslos zu geben. Der ganze Schmerz des Verlustes und der Veränderung besteht in dem Schmerz, den das Ego in seinem Todeskampf der Akzeptanz und der Hingabe an das Sein erleidet. Für den Geist gibt es keinen Tod, nur für das Ego. Selbst das, was wir unseren physischen Tod nennen, ist nicht wirklich der Tod unseres Körpers, denn er ist ein Teil der Natur und kehrt einfach zur Erde und zu den Elementen zurück. Der Tod, den wir als solchen erfahren, ist der Tod der Identifikation des Egos mit dem Körper. Manche Seelen haben die Identifikation ihres Egos mit dem Körper so weit transzendiert, dass sie in Frieden und mit Anmut sterben können. Wenn sich jedoch das Ego zum Beispiel stark mit dem Denken identifiziert, dann kann das Ego auch bei lebendigem Leib einen Todesstoß erfahren, wenn der Verstand innerhalb des dem Ego vertrauten Bereichs nicht mehr funktioniert.

Die Auferweckung unseres spirituellen Selbst aus der Tyrannei der Ego-Politik besteht in der Reise von der Verleugnung zur Bereitwilligkeit. Es ist im Prinzip der gleiche Prozess wie beim Sterben, denn auch hier geht es darum, Illusionen loszulassen. Der Weg von der Verleugnung zur Bereitwilligkeit ist ein Weg des Sterbens, den wir alle immer wieder gehen. Mit Übung und durch Erfahrung werden wir besser darin. Manchmal sterben wir ein wenig und manchmal sterben wir im großen Stil. Sterben ist der Prozess der Veränderung, des Wachstums, des Lernens und der Heilung. Der Tod unseres physischen Körpers ist nur der größte Tod, den wir in *dieser* Welt erfahren. Die Seele erfährt noch weitere Tode. Einer der Gründe, warum wir zu einer irdischen Existenz zurückkehren, ist, das Sterben noch mehr zu üben. Die Erde ist die beste höhere Schule darin und Gevatter Tod ist der Direktor. Diese Schule hat gemeistert, wer bravourös sterben kann. Shushila Blackman zitiert in ihrem Buch »Graceful Exits – How Great Beings Die« Swami Muktanandas Worte: »Wer friedvoll sterben will, muss lange vor seiner Zeit anfangen, sich darauf vorzubereiten.«

Die Menschen üben sich weit mehr im Klagen, im Tratschen, im Tippen, im Geigespielen oder im Golfen als im Sterben. Doch nur wer sich im Sterben übt, kann hoffen, ein Meister seines Metiers zu werden. Wenn wir nicht lernen, unsere Widerstände gegen Veränderungen loszulassen, und unsere Bereitschaft fördern, zu lernen und zu wachsen, können wir die Freiheit, die uns bestimmt ist, nicht voll erfahren.

Unser Ego baut immer zuerst die gleichen Widerstände auf, egal ob es sich um Veränderungen, Lernen, Wachstum, Heilung oder Sterben handelt. Nur die Intensität unterscheidet sich, je nachdem, wie schwerwiegend die Situation empfunden wird. Vielleicht kommen Sie mit Ihrem Klavierspiel nicht weiter oder Sie fallen in eine tiefe Krise oder Sie erhalten eine schlechte Prognose für Ihre Gesundheit: Wie reagieren Sie als Erstes? Bewusst oder unbewusst gehen Sie in Widerstand und Verleugnung: »Mit dem Klavier ist bestimmt etwas nicht in Ordnung. Eigentlich geht es mir doch gut. Das geht schon vorüber. Ich muss ein bisschen mehr üben, das ist alles. Da muss irgendetwas falsch gelaufen sein, ich fühle mich doch ganz wohl.« Wenn Sie verleugnen, fahren Sie fort mit dem, was Sie immer gemacht haben – obwohl es offensichtlich nicht (mehr) funktioniert.

Wenn Sie die Realität des Todes nicht mehr wegdenken können, gehen Sie zu dem Widerstand des Ärgers und der Wut über. Sie beschuldigen alles und alle, inklusive sich selbst. Und wenn auch Ihre Wutausbrüche Ihnen nicht das geben, was Sie eigentlich erreichen wollen, fangen Sie in Ihrer zunehmenden Verzweiflung an, Ihre

Besitztümer zum Ausverkauf anzubieten: »Ich gebe dir etwas ganz Besonderes, wenn du mir nur aus diesem Schlamassel hilfst.« Vielleicht sind Sie bereit, jedem, der Sie heilen kann, eine große Belohnung anzubieten. Vielleicht geloben Sie, an Gott zu glauben, wenn er Ihnen nur dieses eine Wunder zuteil werden lässt. Das funktioniert natürlich nicht. Sie sind in den Widerstand Ihres Egos verwickelt und nicht in einem Zustand der Bereitwilligkeit Ihres spirituellen Selbst.

Wenn Sie im Widerstand bleiben, wird Ihr Leiden zunehmen. Vielleicht ziehen Sie sich in dem Versuch, den Schmerz nicht mehr zu spüren, auf die intellektuelle Ebene zurück. Vielleicht denken Sie: »Ich bin etwas Besonderes. Ich bin besser (gebildeter, sensibler, erleuchteter) als die anderen. Das mag für die gelten, aber nicht für mich.« Aber nichts funktioniert. So verlieren Sie langsam den Glauben an alles. Sie fühlen sich betrogen. Zweifel zermürben Sie: »Vielleicht ist mir das einfach nicht bestimmt. Was habe ich mir bloß eingebildet? Ich bin dafür eben nicht gut genug. Das ist hoffnungslos. Mir kann sowieso keiner helfen.«

Wenn dann nichts mehr zu gehen scheint, lassen Sie alle Hoffnung, alle Lösungsansätze, alle Verhandlungen und alle Rechtfertigungen fahren. Sie mögen nicht mehr kämpfen – es scheint ohnehin keinen Sinn im Leben zu geben; nichts ist mehr wichtig. Dann geben Sie auf: »Ich will hier raus. Ist mir doch egal. Lasst mich sterben. Bringen wir es schnell hinter uns.« Und dann schließen Sie die Augen und erwarten den Todesstoß.

In diesem Augenblick begeben Sie sich von Resignation zu Akzeptanz, von Widerstand zur Hingabe an das Unvermeidliche. »Alles ist besser als das, wo ich bin.« Sie wenden sich von Ihrem äußeren Ego-Selbst-Bewusstsein zu Ihrem spirituellen Selbst-Bewusstsein. Statt in Widerstand zu gehen und sich mit Illusionen gegen die Ängste zu schützen, entscheiden Sie sich, bereitwillig das zu erfahren, *was ist*. Sie erkennen: Der größte Teil Ihres Leidens bestand aus Angst vor und Widerstand gegen das, wie es sein könnte, und hatte wenig damit zu tun, wie es ist. Ihr Ego-Geist lässt seine Widerstände los und öffnet sich für eine neue Wahrnehmung. Sie fangen an, zu beobachten und zu verstehen, wie Ihr Verstand funktioniert. Vergangene Überzeugungen bezüglich Ihrer Identität werden sichtbar und lösen sich allmählich auf. Sie entwickeln ein umfassenderes Gewahrsein dessen, wer Sie sind. Dies ist der Anfang von Veränderungen, ein Erwachen zum Geistigen, zum wahren Lernen und wahren Heilen. Sie sind nicht mehr das Ego, das die Möbel umrückt und immer wieder neue Tapeten auf die alten Wände klebt. Sie sind in ein neues, größeres Haus eingezogen – in Ihr spirituelles Selbst.

Ihre Wahrnehmung schwingt dann wie ein Pendel zwischen den äußeren und den inneren Welten hin und her. Ihre Aufmerksamkeit bestimmt, aus welcher Sicht Sie das Leben erfahren. Manchmal hocken wir hoch oben auf unserer spirituellen Schaukel und betrachten die Welt und das Leben aus einer umfassenderen Sicht. Zu anderen Zeiten erfahren wir das Leben von dem tiefsten Punkt unserer Schaukel aus und sehen die Welt und unsere Beziehung zu ihr wie durch Scheuklappen. Der Prozess des Erwachens bedeutet, immer öfter den hohen Aussichtspunkt zu wählen, unser Gewahrsein in unserem wahren Wesen zu zentrieren sowie unser Bewusstsein und unsere Energie aus der Isolation unseres Ego-Selbst mit seinen kurzsichtigen Perspektiven zu befreien.

### Bereitwilligkeit

Man sagt, Gott liebt den fröhlichen Geber. Und wo ein Wille ist, ist auch ein Weg. Unsere Fähigkeit, als spirituelle Wesen frei mit allem und allen in der Welt umzugehen, beruht auf unserer Bereitwilligkeit. *Wenn wir uns entscheiden, bereitwillig zu sein, fließt uns Kraft zu.* Sind wir dagegen im Widerstand, verleihen wir jenem, dem wir widerstehen, Macht über uns. Es ist nicht so, dass uns Gott seine Gnade entzieht – nein, *wir* verlassen die Einheit, die Fülle und den Fluss des Lebens, wenn wir in Widerstand gehen. *Durch Widerstand und Widerwillen versagen wir uns die göttlichen Gaben, die uns natürlicherweise zustehen.*

Schon früh im Leben lernen wir, uns mit dem Ego-Selbst zu identifizieren und in Widerstand zu gehen. Kleine Kinder sind noch sehr bereit, ihre Welt unbefangen zu erkunden, zu spielen, zu lieben und zu lachen. Doch wenn sie nicht lernen, Raum zu schaffen für ihr spirituelles Selbst, entsteht aus dieser Bereitwilligkeit im Lauf der Zeit viel Widerstand. Das vernünftige Selbst unserer Seele entwickelt sich erst in unserer frühen Teenagerzeit. Bis dahin wird unser Leben vom assoziativen, fühlenden Selbst unserer Seele bestimmt. Doch wenn wir anfangen, zu Jugendlichen zu werden, sehen wir die Sache plötzlich ganz anders. »Moment mal«, verkünden wir, »ich bin die ganze Zeit an der Nase herumgeführt worden! Ich habe Männchen gemacht und bin lieb Kind gewesen, selbst wenn ihr mich schlecht behandelt habt. Das hört jetzt auf!«

Solange der fühlende Aspekt im Leben die Hauptrolle spielt, wird jeder Moment, in dem wir gelitten haben und unsere Bezugspersonen nicht für uns da waren, als existenzielle Verlassenheit abgespeichert. »Ich bin allein! Wenn ich mich nicht um mich selbst kümmere, werde ich sterben.«

Da das vernünftige Selbst noch nicht ganz funktionsfähig ist, hält das fühlende Selbst nach Assoziationen Ausschau, die Hilfe versprechen. »Als ich das letzte Mal krank war, habe ich Aufmerksamkeit und Liebe bekommen und man hat sich um mich gekümmert. Also werde ich wieder krank.« Oder: »Als mir damals etwas Kostbares kaputtging, hat man mich endlich bemerkt.« Dieser Prozess läuft natürlich nicht bewusst ab; er findet unterbewusst statt und ist assoziativ. Das Kind sitzt nicht da und überlegt sich, etwas kaputtzumachen. Es wartet nur unterbewusst auf den günstigen »Unfall«.

Auf dieser assoziativen Ebene werden auch alle Bezugspersonen in die gleiche Schublade gesteckt: Eltern, Babysitter, Verwandte, Polizei, Ärzte, Gott – es sei denn, irgendjemand hebt sich grundsätzlich von den anderen ab. Wenn in der Schublade eine Fülle von Erfahrungen des Verlassenseins durch Ihre Eltern liegen, ist klar, dass nie jemand da ist, um für Sie zu sorgen. »Gott ist nie da, wenn ich ihn brauche.«

Wenn wir uns verlassen fühlen, rollen wir uns angstvoll zusammen. Wir ziehen uns in eine Hülle von Widerstand zurück, um uns gegen die Bedrohlichkeit der Welt zu schützen, und fühlen uns hilflos. Wenn wir mit dem Ego identifiziert sind, haben wir das Gefühl, »ich« muss mich gegen »die anderen« schützen. Doch wie gesagt: Wenn wir in Widerstand gehen, überlassen wir jenem, wogegen wir uns wenden, die ganze ehrfurchtgebietende Kraft unseres Seins. Wir werden zu dem, wogegen wir uns wehren. Wenn Sie eine bestimmte Person ausdauernd hassen und ablehnen, werden Sie schließlich das entwickeln, was Sie an dieser Person am wenigsten mögen. Der idealistische Polizist wird dann irgendwann korrupter als die Kriminellen, hinter denen er her ist; der selbstgerechte Pfarrer wird vielfach sündigen; der rebellische Hippie wird zum Beamten, und der erklärte Atheist wird zum Gläubigen.

Das fühlende Selbst verbindet sich entweder mit dem spirituellen Selbst oder mit etwas anderem. Wenn es sich mit etwas anderem assoziiert, sucht es außerhalb von sich selbst in Dingen, Menschen oder Situationen nach Selbstbestätigung: Dann ist es abhängig von der äußeren Welt und machtlos. Verbindet es sich mit dem inneren Selbst, lässt es sich von einem höheren Aspekt der Seele führen. Das stärkt das innere Selbst. Sobald das fühlende Selbst durch die Wendung nach innen zum Geistigen eine gewisse Einheit erreicht, akzeptiert es die Führung durch das vernünftige Selbst. Es wird bereitwillig.

Wenn Sie im Widerstand sind, spalten sich der vernünftige und der fühlende Aspekt Ihrer Seele. Das fühlende Selbst geht seinen eigenen Weg und das vernünftige Selbst distanziert sich von ihm. Es beginnt, sich damit zu rechtfertigen, dass es mit den Handlungen und Gefühlen des niederen Selbst nichts zu tun hat. »Ich habe das nicht so gemeint, es ist mir eben so passiert. Ich konnte mir einfach nicht helfen.« Oder: »Ich weiß, dass das nicht richtig war, aber ich hatte halt den Trieb, es zu tun.« Oder: »Ich musste das irgendwie tun. Ich konnte nicht anders.«

Bereitwilligkeit beginnt, zwischen diesen beiden Teilen der Seele eine Brücke zu bauen. Herz und Verstand müssen zusammenarbeiten. Erst wenn das fühlende Selbst seinen Widerstand aufgibt, kann dass vernünftige Selbst mit ihm kooperieren. Bis dahin wird der Körper von Gefühlen bestimmt – unbehindert von Vernunft oder intuitivem Wissen. Sobald es ein Gefühl der Bereitwilligkeit gibt, kann das vernünftige Selbst das Tun und Lassen des fühlenden Körpers beeinflussen und führen. Dann fangen sie an, sich zu ergänzen.

Wenn Sie etwas mögen, sind Sie bereit, sich darauf einzulassen. Wird das Einssein stärker, nimmt der Widerstand ab. Wenn Sie bereitwillig sind, nähren Sie das Einssein. Um Bereitwilligkeit zu entwickeln, muss sie sich zunächst auf nichts Bestimmtes beziehen. Sie müssen sich nur entscheiden, bereitwillig zu sein. Wenn Sie Ihren Widerstand genauer betrachten, werden Sie feststellen, dass er spezifisch ist. Ihre Abneigung gilt nicht allem und jedem – nur bestimmten Dingen. Sie zögern vielleicht, einer Person zu vergeben, die gemein zu Ihnen war oder die Ihnen etwas genommen hat. Das ist im Augenblick in Ordnung. Doch die Tatsache, dass Sie dieser Person im Moment nicht vergeben wollen, heißt noch lange nicht, dass Sie niemandem vergeben oder niemanden sehen wollen. Vielleicht würden Sie sogar sehr gerne ins Kino gehen, mit Ihrer besten Freundin schwatzen, fernsehen oder ein gutes Buch lesen. Vielleicht würden Sie gerne schwimmen oder in die Ferien fahren. Vielleicht wollen Sie nicht zur Arbeit gehen, aber gegen einen Spaziergang hätten Sie nichts einzuwenden. Bereitwilligkeit ist eine Eigenschaft des spirituellen Geistes, doch ob Sie sie in Ihrem Körper spüren oder nicht, hängt von Ihrer mentalen Geisteshaltung ab. In Ihrer bewussten Wahrnehmung sind Sie vielleicht durchaus bereit, doch auf unterbewusster Ebene kann es Widerstände geben. Und das Unterbewusstsein ist das Tor zum Körper und den reaktiven Emotionen. Dort brauchen Sie Ihren intuitiven Geist.

Wenn Sie entdecken, dass Ihnen etwas widerstrebt, treten Sie einen Schritt davon zurück. Wenden Sie Ihre Aufmerksamkeit fort von dem, wogegen Sie etwas haben, und widmen Sie sich einer Sache, bei der Sie Bereitwilligkeit spüren. Gibt es etwas anderes, was Sie

Ihrem Ziel näherbringen kann und wo Sie offener sind, es zu tun, zu sein oder zu haben? Fragen Sie Ihr spirituelles Selbst intuitiv, was Sie gerne hätten und was zuträglicher wäre. Zerstreuen Sie die Energie, die Sie in den Widerstand stecken. Wenn Sie keinen Brennstoff mehr ins Feuer gießen, wird es natürlicherweise abnehmen.

Sie haben vielleicht keine Lust, mit jemand Bestimmtem über eine Meinungsverschiedenheit zu diskutieren, aber Sie wären bereit, sich darüber schriftlich Gedanken zu machen oder mit einem Freund darüber zu reden. Wenn Sie das tun, bewegen Sie sich in die richtige Richtung und laufen nicht weg vor der Situation. Sie nehmen Ihre Energie aus dem Widerstand und setzen sie dort ein, wo Sie Bereitwilligkeit spüren. Bereitwilligkeit bereitet immer den Boden für Verantwortung. Haben Sie einmal Ihr Herz auf dem Papier ausgeschüttet, werden Sie feststellen, dass Sie nicht nur die Möglichkeit genutzt haben, Ihre Gefühle zu äußern: Sie sind sich zugleich klarer geworden, was an der Situation wirklich wahr ist und wie viel aus Reaktionen bestand, die in Ihnen abgelaufen sind. Dann verstehen Sie die Situation und sich selbst besser. Das ist sinnvoller, als bis zehn zu zählen.

Bereitwilligkeit ist ein energetisches Gefühl der Offenheit, der Empfänglichkeit von Bewegung. Widerstand ist dagegen ein energetisches Gefühl der Verschlossenheit, der Unwilligkeit und verweigerten Veränderung. Um Ihren Widerstand in Bereitwilligkeit zu verwandeln, müssen Sie Ihren energetischen Zustand verändern. Falls Sie sich auf das konzentrieren, wogegen Sie sind, erzeugen Sie mehr Widerstand. Lenken Sie jedoch Ihre Aufmerksamkeit auf eine Bereitwilligkeit für alles Mögliche, erzeugen Sie in sich einen offenen, empfänglicheren energetischen Zustand. Selbst wenn Sie in Ihrem hektischen Alltag nur einen Moment innehalten, um den Duft einer Rose zu genießen, verändert sich Ihre Perspektive und Sie fühlen sich offener. Denken Sie daran: Indem Sie *irgendeinen* Aspekt des Geistigen wertschätzen, verbessert sich Ihr ganzes Sein. Schaffen Sie dafür in sich Raum, dann werden Sie diese Bereitwilligkeit finden.

Wenn Sie sich für Bereitwilligkeit entscheiden, kommt der

Widerstand immer vom Ego-Selbst. Seien Sie bereit, über das Ego-Selbst hinaus Ihr wahres geistiges Sein zu erkennen. Falls Sie mit dem Widerstand des Ego-Selbst von jemand anderem zu tun haben, nehmen Sie es wahr – auch wie Ihr eigenes Ego-Selbst damit umgeht –, aber behalten Sie auch das wahre geistige Sein dieser Person im Auge. Man braucht nur eine Lampe, um einen ganzen Raum zu erhellen. Falls die andere Person vergessen hat, ihre Lampe anzuknipsen, schalten Sie die Ihrige ein, damit Sie beide auf das Geistige zustreben können. Wenn Sie dem Ego-Selbst einer anderen Person Widerstand entgegensetzen, verleihen Sie ihm Macht. Wenn Sie Ihr Gewahrsein auf das spirituelle Selbst des anderen richten und es begrüßen, kann der andere anfangen, zu heilen. Die Übungen in der spirituellen Werkzeugkiste am Ende des Buches bieten Ihnen weitere Möglichkeiten, wie Sie dem Ego-Widerstand entkommen können.

Ein Zen-Meister sagte einst: »Wer so nach Erleuchtung strebt, wie ein Ertrinkender um Luft ringt, erlangt sie sofort.« Diese scheinbar schlichte Aussage enthält das Geheimnis zu unserem Erwachen aus dem Widerstand des Ego-Selbst zur Bereitwilligkeit unseres spirituellen Selbst. Ein Ertrinkender weiß nur eins: Er braucht Luft, um zu leben. Wenn uns ein Weckruf ereilt, bedeutet es, dass wir am Ertrinken sind – sei es im Meer, in einer gewaltvollen Beziehung, im Selbstmitleid, in Verzweiflung oder in der Verleugnung eines Aspekts unseres wahren Seins. Unser spirituelles Wachstum beginnt immer auf der Schwelle des Todes, denn auf ihrer Reise stirbt die Seele ins ewige Leben. Dieser Herausforderung kann keine menschliche Seele entkommen. Hinter den Wänden unserer illusionären Projektionen verborgen, erwarten uns die liebevollen Arme des Göttlichen, die sich uns immer unterstützend entgegenstrecken.

Auf unserer schwierigen Reise zurück zur Ganzheit sind wir nie allein. Wir sind immer vom Göttlichen geliebt und umsorgt. Doch wie fühlt sich diese Unterstützung des Göttlichen an? Stellen Sie sich vor, Sie sind dem Schrecken einer grausamen und ungerechten Gefangennahme entkommen und genießen den Duft der Freiheit.

Stellen Sie sich vor, alle Ihre Freunde und Verwandten sitzen noch in Gefangenschaft. Würden Sie nicht alles tun, um sie zu befreien? Gottes Liebe ist noch größer als das, denn sie ist grenzenlos. Der göttliche Geist fordert uns immer wieder auf, uns aus dem Gefängnis unserer Illusionen zu befreien. Wenn ein Aspekt unseres Geistes befreit ist, ruft er nach den anderen, die noch eingesperrt sind, egal ob es sich dabei um Aspekte der eigenen Seele oder andere Mitglieder der Menschheit handelt. Das Licht strebt immer danach, die Dunkelheit zu erfüllen. Und wir wiederholen diesen Zyklus des Erwachens, bis wir wahrhaft ganz und frei sind.

# 9

# Wachsende Neutralität

DURCH BEREITWILLIGKEIT WÄHLEN SIE SPIRITUELLES WACHSTUM und geben den Widerstand des Egos gegen Veränderung auf. Neutralität kann Ihnen helfen, sich aus den Haltungen des Widerstands wie Verurteilungen, Erwartungen, Konkurrenz und Anstrengungen sowie den damit verbundenen Emotionen zu lösen. Je länger Sie in den Klauen dieser Zustände verharren, desto mehr wenden Sie Ihrer Seele den Rücken zu. Die Entscheidung für Neutralität dagegen ebnet Ihnen den Weg zu Ihrer inneren Göttlichkeit und Bestimmung.

Die Neutralität existiert bereits in Ihnen als das Heiligtum Ihrer Seele. Am Anfang mag sie Ihnen nur wie ein Flüstern während eines Gewitters erscheinen: In dem Getöse der Erwartungen und Ansprüche, die auf Sie einstürmen, kann man es leicht überhören. Doch wie intensiv das Leben auch sein mag: Jeder von uns hat in sich eine Oase der Neutralität, die immer erreichbar ist. Nichts kann sie zerstören. Vielleicht erinnern Sie sich an eine Situation, da Sie in einem Mahlstrom des Schreckens, der Wut oder der Mutlosigkeit trieben und es doch irgendwo in Ihnen ein Fünkchen Bewusstheit gab, das all das still beobachtete – ein losgelöstes Gewahrsein von »Das bin ich doch gar nicht. Was mache ich hier eigentlich?«

Dieses Auge im Sturm war die Neutralität des Geistes, die sich nie auf den Wahnsinn des Egos einlässt. Sie bietet Ihnen immer Zuflucht, egal wie schlimm die Situation zu sein scheint.

Doch es ist nicht leicht, mitten in einem emotionalen Wirbelsturm ein ruhiges Plätzchen zu finden. Deshalb müssen wir unsere Neutralität kultivieren und täglich pflegen. Durch tägliches Üben können wir aus dem Flüstern eine große Stille werden lassen, die nicht mehr zu überhören ist. Kommt dann eine Sintflut, wissen wir, wohin wir uns retten können.

Unsere Neutralität zu entwickeln bedeutet, sie wieder in Anspruch zu nehmen. Neutralität ist ein natürlicher Zustand unseres Seins. Was ist damit passiert? Wir haben sie aufgegeben. Jedes Mal, wenn wir unsere Energie in Reaktionen investiert haben, verzichteten wir auf einen Teil der uns innewohnenden Neutralität. So wurde die Neutralität in uns sehr klein. Wenn wir uns entscheiden, die Verurteilungen, Erwartungen, Anstrengungen und die Konkurrenz in uns mitsamt den dazugehörigen emotionalen Reaktionen nicht mehr zu nähren, kann die Neutralität in uns wieder Raum gewinnen.

## Projektionen aufgeben

Im letzten Kapitel haben wir die Stufen der Ego-Bildung skizziert. Ihre Umkehrung zeigt uns, wie wir unsere Neutralität wieder wachsen lassen können. Aus energetischer Sicht bildet das Ego Schutzschichten um seinen Trennungsschmerz – wie eine Auster Perlmuttschichten um das Schmerz erzeugende Sandkorn bildet, aus denen dann eine herrliche Perle wird. Je größer der Schmerz, desto mehr Schutzschichten und desto »größer« das Ego. Wie bei der Perle steckt der Schmerz des Egos in der Mitte und der Glanz strahlt nach außen. Wenn wir einem Ego von außen begegnen, treffen wir auf »Ich bin die Beste«, »Ich bin der Schönste«, »Ich bin die Wichtigste« auf der einen Seite oder »Ich bin der Fieseste«, »Ich bin die größte Niete«, »Ich bin der hoffnungsloseste Fall« auf der anderen Seite. Auf der Oberfläche der Ego-Perle sehen wir den illusionären Glanz des Vergleichens, der Konkurrenz und der Anstrengung.

Der letzte Schritt bei der Entwicklung des Egos bestand darin, dass es seine Werte in die Welt projiziert, um die Illusion seines Selbstwertes und seiner Realität zu sichern. Wenn wir als Ego leben, projizieren wir Erwartungen, Urteile und Schuldgefühle auf andere. Wir konkurrieren und arbeiten uns ab. Der erste Schritt zur Wiedergewinnung unserer Neutralität liegt darin, diesen Impuls der Projektion umzukehren. Wir müssen den Fokus unserer Aufmerksamkeit von den anderen als »Ursache« abwenden und auf unser inneres Sein und unsere Bestimmung lenken.

Schuld zu projizieren kann auch heißen, Schuld auf sich selbst zu projizieren. Wenn Sie denken: »Das ist ja alles mein dämlicher Fehler. Wie konnte ich nur so etwas Schreckliches tun?«, dann haben Sie sich in zwei Aspekte gespalten: das eine »Ich«, das beschuldigt, und das andere »Ich«, das schuld sein soll. Die Dynamik ist die gleiche, wie wenn Sie jemand anderen beschuldigen. Sie projizieren die Schuld auf etwas »da draußen«, in diesem Fall Ihr Bild von »Ich-mich-mein«. Dann ist es eben nicht das Bild von »jemand anderem«, sondern Ihr Bild von »Ich-mich-mein«, das Ihnen etwas antut.

Eine der alltäglichsten Schwierigkeiten auf dem Weg zu spirituellem Wachstum und Erfüllung sind die Milliarden Variationen von »Dieser Blödmann, der mir gerade die Vorfahrt genommen hat«. »Du Idiot!«, schimpfen Sie hinter dem sich schnell entfernenden Heck seines Gefährts her, und in Ihrem mentalen Geist zählen Sie alles mögliche Schlechte auf, das Sie dem Kerl wünschen. Dabei fühlen Sie sich völlig im Recht. »Der hätte mich schließlich fast umgebracht«, argumentieren Sie. Nun, vielleicht.

Vielleicht sind Sie nicht der Typ, der sich von derartigen Situationen in Wut versetzen lässt, aber wie steht es mit dem »Blödmann« von Ehepartner, der Ihnen die Chance nimmt, Ihre spirituellen Interessen zu verfolgen, oder mit Ihrer Ehefrau, die Ihre Karriere nicht unterstützt, oder mit Ihren Eltern, die Ihnen Ihr Erbe entziehen, oder Ihrem Chef, der Ihnen Ihr Gehalt kürzt, oder Ihrem Freund, der Sie sitzen lässt? Immer wieder höre ich, wie Menschen damit ringen und Sachen sagen wie: »Ich tue alles, was ich kann, um meine Ehe zu retten ..., mein Geschäft wieder flott zu kriegen ..., meine Familie glücklich zu machen (oder etwas ähnlich Wichtiges), aber der oder die macht einfach nicht richtig mit ... Wenn er oder sie nur das tun bzw. so sein würde (wie es meinen Erwartungen entspricht), dann wäre ich glücklich. Ist das wirklich zu viel verlangt?«

Es geht nicht darum, wie viel Sie verlangen, sondern von wem Sie es verlangen. Wenn Ihr Fokus auf der anderen Person liegt – selbst wenn es Ihr böses oder fehlerhaftes »Ich« ist –, investieren Sie Ihre Energie in jenes, das Ihnen nicht gibt, was Sie wollen. *Es ist hilfreicher, den Fokus Ihrer Fragen zurück zu Ihnen selbst und auf Ihre Bestimmung zu bringen:* Was wollen *Sie* in *sich selbst* in dieser Situation erfüllen? Was in *Ihnen* besteht darauf, dass der andere (oder Ihr anderes Ich) sich ändern muss? Was ist für *Sie* so bedrohlich an der anderen Person oder deren Verhalten? Was fürchten Sie, wird mit *Ihnen* passieren (oder nicht passieren), wenn die andere Person nicht Ihren Erwartungen und Bedürfnissen entspricht?

Noch bevor Sie geantwortet haben, werden Sie feststellen, dass Ihr Fokus allein durch die Fragen zu Ihnen zurückkehrt und Sie in der Situation wieder stärker dastehen. So machen Sie sich frei von dem Zwang des Egos, auf andere zu projizieren. Aber das bedeutet noch nicht, dass das Ego seine Versuche aufgeben wird, weiterhin zu projizieren. Das ist eben so. Nähren Sie es nicht, sonst unterliegen Sie wieder dem Sog. Bringen Sie Ihre Aufmerksamkeit immer wieder zu sich selbst zurück. Stellen Sie sich Fragen, durch die Sie Ihre Kraft wiedererlangen.

Wenn Sie sich stets auf denselben eingefahrenen Gleisen bewegen, unterliegen Sie dem Bann der Projektion des Egos. Immer spult sich das gleiche Muster ab: Es beginnt, wenn wir nach etwas verlangen und uns entscheiden, nach der Erfüllung dieses Verlangens zu streben. Dann beginnen wir einen Zyklus des Handelns und der Konsequenzen aus unserem Tun, der sich immer weiter dreht, bis es zu einer Lösung kommt. Der Zyklus endet erst, wenn Sie erfüllt sind. *Die Lösung besteht letztendlich in Ihrer Rückkehr zur Liebe, in Ihrer Zufriedenheit mit dem, wie, was und wo Sie jetzt sind. Erfüllung stellt sich ein, wenn Sie sich im Rahmen dessen, was in diesem Zyklus geschehen ist, lieben können.*

Vielleicht haben Sie den Zyklus begonnen, weil Sie eine feste

Beziehung wollten, doch jetzt ist Ihre Ehe nicht so, wie Sie es erhofft haben: Können Sie sich trotzdem lieben? Oder der Zyklus hatte damit zu tun, dass Sie davon träumten, einmal im Fernsehen zu sein, aber es kam nur zu einem Zwei-Minuten-Auftritt. Lieben Sie sich so oder wollen Sie Ihre Liebe zurückhalten, bis Sie Ihre eigene Talkshow haben?

*Solange Sie Schuld oder Erfüllungs-Erwartungen auf etwas anderes oder jemand anderen projizieren, können Sie den Zyklus nicht in sich vervollständigen und treten auf der Stelle. Sie binden sich an die betreffende Person oder die Situation und ordnen sich ihr unter – bis Sie sich wieder auf Ihr inneres Sein besinnen. Je weniger Sie einen Aspekt von sich selbst lieben, desto abhängiger sind Sie davon, dass andere Ihr Bedürfnis nach Liebe erfüllen, und desto mehr werden Sie Ihre Bedürfnisse auf die anderen projizieren. In diesem Muster stecken Sie fest, bis Sie lernen, sich selbst zu lieben.*

### Anstrengung und Konkurrenz

Wenn Sie mit einer Person oder einer Situation ringen, können Sie sich fragen: Wie hart arbeite ich gegen das Problem an? Wie sehr bemühe ich mich? Je mehr Sie sich anstrengen, desto mehr stecken Sie in den Illusionen des Egos. Im Geist gibt es keine Anstrengung. Doch die äußere Oberfläche der Ego-Perle wurde durch Anstrengungen und Konkurrenz gehärtet. *Um unsere Neutralität weiter wachsen zu lassen, gilt es also, die Schichten der Anstrengung und der Konkurrenz loszulassen.*

Sie fangen an, sich anzustrengen, wenn Sie gegen Herabsetzungen in Konkurrenz treten. Herabsetzungen sind alle Energien, die sagen: »Das kannst du nicht ... Das schaffst du nicht ... Das bist du nicht ...« Wir haben uns alle schon an »Du bist nicht gut genug ... Das erreichst du nie ... Das kannst du doch nicht im Ernst meinen« abgearbeitet. Die Liste könnte noch lange fortgesetzt werden. Um in Einklang mit dem Geistigen und Ihrer Seelenbestimmung zu kommen, müssen Sie aufhören, sich anzustrengen. Sich nicht mehr anzustrengen bedeutet, nicht mehr zu konkurrieren.

Im sportlichen oder spielerischen Wettstreit hat Konkurrenz ihren Sinn und Zweck. Doch in der spirituellen Entwicklung gibt es keinen Platz für Konkurrenz. *Im Leben ist Konkurrenz eine Herabsetzung des Göttlichen. Es trennt Sie von sich selbst.*

Egal ob Sie meinen, dass Sie besser seien als die anderen oder die anderen besser als Sie – es ist die gleiche Einstellung: Sie sind nicht okay, wie Sie sind, wer Sie sind, was Sie sind und wo Sie sind. Dann geraten Sie in Konkurrenz, und die Erwartungen und Urteile von anderen definieren, wer Sie sind und wie Sie sein können. Wenn Sie sich mit irgendjemandem vergleichen und in Konkurrenz gehen, spielt es keine Rolle, wie oder wo diese Person ist, denn letztendlich wettstreiten Sie mit sich selbst. Wenn Sie meinen, so gut, besser oder schlechter als die andere Person sein zu müssen, dann beschneiden Sie Ihr Recht, so zu sein, wie Sie jetzt sind. Bei Konkurrenz geht es tatsächlich um niemanden sonst als Sie selbst.

Konkurrenz ist ein Stiefkind der Selbstherabsetzung. »Du genügst nicht, so wie du bist. Du bist nicht gut genug, nicht intelligent genug, nicht schnell genug, nicht attraktiv genug, nicht reich genug.« Wenn Sie mit irgendjemandem in Konkurrenz stehen, können Sie nicht ganz präsent sein und nicht vollständig inkarnieren, also auch nicht Ihre Seelenbestimmung erfüllen. Wenn Sie wettstreiten, können Sie zwar in irgendetwas immer besser und besser werden, aber Sie wachsen nicht spirituell. Nur wenn Sie sich selbst treu sind, wachsen Sie und erfüllen Ihre Bestimmung.

Es mag den Anschein haben, dass Konkurrenz im Sport, in der Schule oder im Geschäft Sie stärker, besser und kompetenter macht. Doch diese »Steigerung« kommt nicht durch die Konkurrenz zustande. Wenn Sie sich mit Mitgefühl, Geduld, Ausdauer und Bereitschaft zur Vergebung tiefer auf sich selbst einlassen, während Sie auf das Ziel zuarbeiten, werden Sie dabei lernen und wachsen. *Das* macht Sie kompetenter. Auch im Sport werden jene, die *gegen* ihre Gegner kämpfen, letztendlich ihr Leben verlieren, selbst wenn sie das Spiel gewinnen sollten. Sport, Wissenschaften und andere Lebensbereiche, in denen Konkurrenz herrscht, bieten Ihnen die Möglichkeit, die Fallen und Herabsetzungen des Konkurrierens zu transzendieren und in der Bestimmung Übereinstimmung zu finden. Das ist wahrer *Teamgeist*.

Konkurrenz klingt zum Beispiel so: »Ich weiß, ich singe nicht sehr gut, also werde ich nicht singen, obwohl ich es gerne tue.« Oder: »Ich lass mir von niemandem an meinem Gesang herumkritteln, denn ich weiß, dass ich besser bin als alle anderen.«

Nicht zu konkurrieren klingt so: »Ich liebe es, zu singen. Ich will meine Freude am Singen mit der Welt teilen. Also nehme ich Unterricht und übe, damit ich diesen Teil von mir, den ich so gerne mag, weiterentwickeln kann.« Oder: »Ich singe in der Dusche und im Auto und erfülle meine Lust am Singen, wo immer ich kann.«

Konkurrenz klingt auch so: »Er ist ein großartiger Heiler, er hat schon so viele Leute geheilt. Ich bin kein besonderer Heiler, weil ich noch nie jemanden geheilt habe. Allerdings liebe ich es über alles, zu sehen, wie Leute glücklicher werden und sich wohler fühlen.« Oder: »All diese Leute, die behaupten, Heiler zu sein, sind Scharlatane, und die Leute, die zu ihnen gehen, sind allzu leicht beeinflussbar. Ich weiß es besser.« Oder: »Ich bin eine bessere Heilerin als du, weil ich schon viel mehr Leute geheilt habe.«

Nicht zu konkurrieren klingt so: »Ich liebe es, zu sehen, wenn es Menschen besser geht. Ich will herausfinden, was ich machen kann, um diesen Teil von mir mit mehr Leben zu erfüllen. Vielleicht kann ich meine heilerischen Fähigkeiten entwickeln.«

In der Konkurrenz arbeiten Sie gegen sich selbst. Sie beruht auf dem Urteil, Sie seien nicht gut genug.

## Erwartung und Urteil

Unter den Schichten der Anstrengung und der Konkurrenz werden Sie Schichten der Erwartung und des Urteils finden. Wir entwickeln

Erwartungen, um den Schmerz der Verdammung und Verurteilung zu vermeiden. Und wir versuchen, dem Schmerz über die unerfüllten Erwartungen und Unwertgefühle zu entfliehen, indem wir uns in Urteile einbunkern. Sie verurteilen jenes, das Sie für die Ursache Ihres Leidens halten, und erwarten etwas, das Ihren Schmerz hoffentlich erleichtert. Urteile halten Sie in der Vergangenheit und Erwartungen in der Zukunft. Auf die eine oder andere Art versuchen wir, den Schmerz zu vermeiden, indem wir Barrikaden der Urteile und Erwartungen errichten. Dahinter steht die irrige Annahme, dass der Schmerz, da wir ihn jetzt fühlen, auch im Hier und Jetzt angesiedelt sein muss. Also flüchten wir uns in die Vergangenheit und in die Zukunft. Doch Ihre Bestimmung können Sie weder in der Vergangenheit noch in der Zukunft erfüllen, denn Ihre Seele lebt nur im ewigen *Jetzt*.

Wir erzeugen Urteile und Erwartungen, um dem Schmerz unseres Unwertgefühls zu entkommen. Wir möchten uns versichern, dass etwas außer uns selbst das Problem ist; wir möchten zumindest einen guten Grund dafür kennen, damit wir weiterhin glauben können, dass wir selbst okay sind. Wenn wir keinen Kontakt zu unserer Seelenbestimmung haben, befällt uns die Angst, unser Leben habe in sich selbst keinen Sinn; also erzeugen wir Urteile, welche die Illusion nähren, dass wir wertvoll sind. Wir sagen uns: »Ich habe meine Sache gut gemacht, also bin ich ein guter Mensch«, oder: »Ich habe alles richtig gemacht, niemand kann mich einen Versager nennen«, oder: »Ich war doch sehr nett zu allen, also kann mich niemand für egoistisch halten.« Wir wollen auf keinen Fall ein »Niemand« sein.

Unsere Bestimmung verleiht unserer Existenz Bedeutung und daher Wert. Wenn wir uns von unserer Bestimmung trennen, stürzen wir in tiefe Einsamkeit und fühlen uns allen Sinns und Werts beraubt. Doch unser Wert hängt nicht davon ab, *was* wir tun, *wie viel* wir tun oder *wie gut* wir etwas tun. Unsere Gesellschaft scheint zwar den Wert des Einzelnen an seinen Leistungen zu messen, aber tatsächlich mangelt es niemandem an Wert oder Bedeutung. Kein menschliches Wesen ist wertvoller oder wertloser als ein anderes. Jeder von uns ist hundert Prozent wert, denn unser Wert wohnt unserem Sein inne. Ihr Wert als menschliches Wesen ändert sich nie – egal was Sie leisten. Was Ihren Wert in der Welt deutlich macht, ist die Art, wie Sie selbst damit umgehen. Wer seinem Leben großen Sinn beimisst, kann mit einem Lächeln oder einer einfachen Handbewegung eine ganze Gemeinschaft verändern, doch bei jemandem, der sich selbst herabsetzt, scheinen auch Jahre harter Arbeit nicht viel zu fruchten. Sie erlangen keinen besonderen Wert, wenn Sie etwas Großartiges leisten. *Die Wertschätzung Ihres eigenen wahren Wertes hingegen macht alles, was Sie tun, wertvoll.*

Was passiert mit einem Weltklassesportler, der querschnittsgelähmt wird? Oder einer Konzertpianistin, die eine Hand verliert? Würden sie die Bestimmung ihres Lebens durch das definieren, was sie getan haben, verlöre ihr Leben allen Sinn. Und oft geschieht das auch – zumindest für eine Weile. Aber früher oder später (vielleicht sogar erst in einem folgenden Leben) bildet jeder von uns eine tiefere Verbindung mit seiner Bestimmung und entdeckt, dass das Leben selbst nach so einem Ereignis nicht nur weitergeht, sondern auch bedeutungsvoller wird.

Um sich von Urteil und Erwartung zur Neutralität zu entwickeln, hilft es, Bedeutung in dem zu finden, was Sie *jetzt* gerade tun. Angenommen, Sie verurteilen sich selbst, weil Sie nichts Produktives tun. Sie erwarten vielleicht von sich, dass Sie sehr viel mehr tun sollten. Aber was tun Sie jetzt gerade? Vielleicht sitzen Sie einfach da und lassen die Gedanken schweifen. Wozu dient das Sitzen und Denken? Häufig lassen wir uns nieder, um uns auszuruhen. Denken ist ein kreativer Prozess. Wie können wir viel tun, wenn wir uns nicht zuerst ausruhen, alles andere hinter uns lassen und kreativ nachdenken, welche Möglichkeiten sich uns als Nächstes eröffnen?

Das Leben bietet uns jederzeit unseren nächsten Schritt an. Aber wenn wir voller Erwartungen sind, was wir tun *sollten,* wo wir jetzt sein *sollten* und wie schlimm es ist, dass wir diese Zielvorgaben nicht erfüllen, dann können wir nicht den Sinn, die Bedeutung und den Wert dessen erkennen, was wir gerade tatsächlich tun und wer wir gerade sind. So wie Wasser von Natur aus bergab fließt, neigen wir unweigerlich zu dem, was für uns als Nächstes ansteht; doch unsere Erwartungen und Urteile stehen uns dabei im Weg.

Sooft Sie sich in einer »Sollte«-Situation befinden (oder einer Variante davon, wie zum Beispiel »Ich müsste eigentlich ...«) haben Sie sich in einer Erwartung verfangen und sind nicht mehr in Kontakt zu der Gegenwart. Atmen Sie tief durch und entspannen Sie sich. Fragen Sie: »Was ist der Sinn, die Bedeutung und der Wert dessen, wo ich jetzt bin und was ich gerade tue?« Treten Sie aus den Erwartungen einen Schritt heraus und kehren Sie in die Gegenwart zurück. Nur *hier* werden Sie Sinn und Bedeutung finden, niemals in der Vergangenheit oder in der Zukunft.

Wenn ich über Urteile spreche, meine ich damit kein losgelöstes Unterscheidungsvermögen, sondern die Anhaftung an willkürliche Bewertungen und Meinungen über etwas. Es hängt nicht von den Worten ab, die gesprochen werden, sondern von der Haltung, aus der sie kommen. Der eine kann sagen: »Der ist behindert«, und macht damit eine faktische Aussage über den Geisteszustand einer bestimmten Person, während er sie bedingungslos liebt. Das ist kein Urteil in unserem Sinne. Ein anderer kann dieselben Worte auf bösartige Weise aussprechen und die Person damit aburteilen. Im Urteilen ist immer ein Vergleich enthalten, häufig mit einem selbst.

Für Ihr spirituelles Wachstum ist es wichtig, Ihr Unterscheidungsvermögen zu trainieren und die Wahrheit so zu kommunizieren, wie Sie sie wahrnehmen. In unserer von sogenanntem korrektem Benehmen besessenen Welt werden wir jedoch manchmal als voreingenommen bezeichnet, wenn wir eine neutrale Beobachtung machen. Der Unterschied zwischen einem Urteil und einer feinen Wahrnehmung ist, dass wir beim Urteil persönlich engagiert sind. Beim erkennenden Unterscheiden messen wir dem Beobachteten keine unterschiedlichen Werte bei. »Er ist ein Krimineller, denn er hat ein Verbrechen begangen.« Beim Urteilen legen wir Wert darauf, recht zu haben: »Er ist ein verurteilter Verbrecher und daher ein schlechter Mensch. Das ist doch ganz klar.«

Beim Urteilen halten wir unsere Liebe zurück. Es spielt keine Rolle, wen oder was wir verurteilen. Liebe entsteht aus der Ganzheit und Einheit des Seins. Urteile trennen. Selbst wenn wir jemanden als »sehr gut« beurteilen – im Vergleich zu unserem Missfallen, wenn er »sehr schlecht« wäre –, trennen wir uns in einen das Gute liebenden und einen das Schlechte hassenden Aspekt. Wir lehnen den »schlechten« Teil in uns genauso stark ab, wie wir den »guten« loben.

*Wir mögen uns in dem trügerischen Glauben wiegen, dass wir uns von dem Menschen, über den wir urteilen, grundsätzlich unterscheiden, aber die Wahrheit ist, dass wir in einem anderen nur das erkennen können, was wir auch in uns selbst haben.* Wenn wir jemanden als Trampel oder als Mauerblümchen betrachten, dann muss es in uns die Erfahrung geben, das selbst zu sein, sonst würden wir es nicht bemerken. Oder besser gesagt: Wir würden es vielleicht bemerken, aber es würde uns nicht tangieren. Genauso muss ich auch das in mir tragen, was ich in jemandem über alle Maßen bewundere. Man muss es kennen, um es zu erkennen.

Welch ein Glück, dass wir gegenseitig Merkmale erkennen können: Unsere Beziehungen verschaffen uns unzählige Gelegenheiten, den Balken aus dem eigenen Auge zu ziehen, weil wir den Splitter im Auge des anderen erkannt haben (siehe Matthäus 7,3–5). Wir dienen einander als Spiegel für unsere Urteile. Richtig angewandt, können wir auf diese Weise unsere Urteile gegen Freiheit eintauschen.

Wenn Sie bemerken, dass Sie andere hart verurteilen, denken Sie daran, dass Sie sich eigentlich nicht über den anderen aufregen: Sie selbst sind es, der sich nicht vergeben und lieben kann, weil Sie dieses Urteil in sich aufrechterhalten. Wenn Sie in der Vergangenheit als »dumm« beschimpft wurden, dann entwickeln Sie möglicherweise Urteile gegen »Dummheit«, um Ihre Herabsetzung und den damit verbundenen Liebesverlust zu überdecken. Es führt dazu, dass Sie »Dummheit« für die Ursache Ihres Schmerzes halten. Die Menschen, die dann unter das gleiche Urteil von »dumm« fallen, könnten diese Wunde in Ihnen wieder aufreißen; also verjagen Sie sie, indem Sie ihnen das gleiche Urteil entgegenhalten. Seien Sie im Frieden damit, von jemandem verurteilt worden zu sein, denn das ist eigentlich ein Problem, das diese Person lösen muss, nicht Sie. Wer Urteile erzeugt, muss mit ihnen leben und ihre Konsequenzen aushalten. »Richtet nicht«, steht in der Bibel, »auf dass ihr nicht gerichtet werdet.« (Matthäus 7,1)

Wir fürchten uns davor, unsere Urteile loszulassen, weil wir nicht wissen, was dann passiert. Intuitiv ahnen wir, dass wir uns dann gerade jenem stellen müssten, was wir uns selbst nicht vergeben und was wir in uns selbst nicht lieben wollen. Solange wir uns an unsere Urteile halten, können wir nicht entdecken, um welcher Lügen willen wir unsere Liebe vernachlässigt haben.

Wenn Sie es schwierig finden, sich selbst zu lieben, fragen Sie sich, was Sie an sich nicht lieben können. Bevor ein Chirurg eine große Operation vornimmt, macht er heutzutage oft eine Biopsie oder eine Art kleiner Vor-Operation, um die Situation genauer einschätzen zu können. So ein Sondierungsverfahren kann Ihnen klarmachen, dass das, was Sie an sich nicht lieben, gar nicht zu Ihnen gehört. Die Hässlichkeit, Dummheit, Nichtsnutzigkeit oder sonstige Mängel an Fähigkeiten oder Eigenschaften sind Urteile, die auf den unerfüllten Erwartungen, Ängsten und Unwertgefühlen anderer beruhen. Wenn Sie anfangen, den Aspekt von sich zu lieben, der unter diesem Urteil begraben liegt, löst sich die Herabsetzung auf und der Teil von Ihnen kann auferstehen.

Beurteilungen beruhen auf Angst, die aus der Unwilligkeit, zu lieben und zu vergeben, entsteht. Um unsere Investitionen zu schützen, erzeugen wir ein mentales Bild und machen etwas wertvoll oder wertlos. Beurteilungen sind bildhafte Barrieren, die wir gegen etwas Bedrohliches errichten. Wir versuchen, diese »schlimmen« Dinge mithilfe von Barrieren von uns fernzuhalten und gute Dinge festzuhalten. Unsere Urteile nähren die Illusion, dass es sich dabei um absolute Werte handelt. »Natürlich ist das eine gute Sache«, sagen wir uns, um uns zu überzeugen. Doch was für Sie gut ist, kann für mich tödlich sein.

Im Bereich des Geistigen gibt es absolute Wahrheit, doch in den verschiedenen Kulturen der Welt nimmt die Wahrheit viele Formen an und ist daher relativ und nur von lokaler Bedeutung. In der Welt müssen wir alles auf unsere Seelenbestimmung beziehen und prüfen, ob es sich wahr anfühlt oder nicht. Die Dinge dieser Welt sind niemals grundsätzlich gut oder grundsätzlich schlecht. Sie *sind* einfach. Im Rahmen Ihrer Bestimmung kann etwas erfüllend sein oder nicht, und manchmal kann ausgerechnet das, was alle anderen verdammen, Ihnen auf dem Weg zur Erleuchtung weiterhelfen. Ein Heilpraktiker mag sich vehement gegen synthetische Medikamente einsetzen, doch ein Mensch, dem sie das Leben gerettet haben, ist ihnen vermutlich ewig dankbar. Ein knallharter Schulmediziner mag alles geistige Heilen für Nonsens halten, doch jemand, dem es geholfen hat, meint vielleicht, dass die Schulmedizin kaum etwas mit Heilen zu tun habe. Wir müssen lernen, unsere Urteile loszulassen, wenn wir unseren eigenen Weg finden wollen.

In einem alten Tempel Ägyptens gibt es ein wunderschönes Wandgemälde: Man sieht, wie die Seele eines gerade Verstorbenen auf einen schakalköpfigen Gott zugeht, der auf seinem Thron sitzt. Anubis, der Gott der Unterwelt, hält eine feine Waage in seiner rechten Hand. Auf der einen Waagschale liegt das Herz des Verstorbenen, auf der anderen eine weiße Feder. Wenn das Herz des Mannes in seinem gerade vergangenen Leben rein war, ist es so leicht wie die Feder, sodass die Waage im Gleichgewicht ist. Doch wenn es mit Urteilen belastet ist, zieht es die Waagschale nach unten. Die Seelen mit reinem Herzen steigen in die Himmel auf, während die Seelen mit gespaltenem Herzen zur Erde zurückkehren, um zu lernen, es wieder ganz zu machen und zu heilen.

## Emotionale Reaktionen

Haben wir die Schichten der Anstrengung und Konkurrenz sowie der Erwartungen und Urteile entfernt, stoßen wir auf die emotionalen Turbulenzen der Ego-Persönlichkeit. Auch hier gilt: Je mehr wir unsere Wahrnehmung von den reaktiven Emotionen lösen und unsere Neutralität beibehalten können, desto besser können wir uns mit unseren Seelenenergien und mit unserer Seelenbestimmung in Einklang bringen.

In der Seele gibt es ein spirituelles Selbst, ein vernünftiges Selbst und ein fühlendes Selbst. Das spirituelle Selbst kommuniziert mit Licht, das vernünftige mit inneren Landschaften aus Bildern und Worten und das fühlende Selbst mit Emotionen. Das Licht des spirituellen Selbst scheint durch die inneren Landschaften des vernünftigen Selbst und wird vom fühlenden Selbst als Emotion wahrgenommen. Wenn das vernünftige Selbst die richtige Landschaft der Erfüllung erzeugt, die mit dem spirituellen Selbst in Einklang steht, fühlt sich das fühlende Selbst erfüllt und übermittelt Emotionen der Erfüllung – Glück, Begeisterung, Freude etc. – an das vernünftige Selbst, welches das erfüllte Licht oder die Weisheit zurück zum spirituellen Selbst übermittelt. Dann ist der Kommunikationszyklus vollständig und das vernünftige Selbst wird in Zukunft geneigter sein, weitere Umstände zu entdecken, die mit freudvollem spirituellem Ausdruck verbunden sind.

Wenn das vernünftige Selbst jedoch eine Landschaft der Trennung und Isolation erzeugt, entwickelt das fühlende Selbst Emotionen wie Unglücklichsein, Ärger, Kummer oder Angst und schickt diese Emotionen zurück an das vernünftige Selbst. Dieses interpretiert das emotionale Leiden und erzeugt eine Landschaft, die seiner Ansicht nach zur Erfüllung führen wird; es übermittelt den unerfüllten Energiezyklus (oder das Karma) zurück an das spirituelle Selbst. Das spirituelle Selbst erleuchtet dann die Landschaft, die das vernünftige Selbst erzeugt hat, um sich die Erfahrungen zu vermitteln, die es zur Erfüllung braucht. Dies geht immer so weiter, bis der Zyklus vollständig ist. Der größte Teil hängt davon ab, was für eine Landschaft das vernünftige Selbst erzeugt. Ohne Neutralität neigt das vernünftige Selbst zur Überkompensation, und der Zyklus kann nicht vervollständigt werden. Doch wenn es neutral und losgelöst ist von den emotionalen Reaktionen des fühlenden Selbst, kann das vernünftige Selbst objektiver feststellen, was für die Erfüllung der Seele nötig ist. Alleine schafft der Intellekt das jedoch nicht. Zur letztendlichen Erfüllung der Seele ist außerdem die innere Gewissheit des spirituellen Selbst und der Einsatz der Intuition wichtig.

*Neutralität beginnt damit, dass man das bereits Geschehene oder momentan Geschehende so sein lässt, wie es ist, und sich innerlich davon löst. Versuchen Sie es weder festzuhalten noch zu bekämpfen, noch wegzulaufen oder es zu ignorieren. Bemerken Sie es und seien Sie innerlich im Frieden, dass es jetzt so ist, wie es ist.*

Wir fürchten uns davor, Situationen so zu lassen, wie sie sind, weil wir meinen, sie gingen ewig so weiter, wenn wir nichts dagegen tun. Selbst in Notsituationen, in denen jede Sekunde zählt, kann es einen entscheidenden Unterschied ausmachen, sich erst in eine neutrale Haltung zu bringen. Mit etwas Übung wird es immer einfacher, neutral zu werden – selbst in den schwierigsten Situationen. Man braucht dafür nur einen Augenblick und kann dann die Situation und das nötige Handeln besser einschätzen. Sie werden feststellen: Je neutraler Sie werden, desto langsamer verstreicht die Zeit. Manchmal hält die Zeit sogar ganz an: Dann können Sie sehen, wie Ihr ganzes Leben vor Ihrem inneren Auge abläuft.

Auf der emotionalen Ebene der Ego-Perle ist alles entweder *für*, *gegen* oder *uninteressant*. Um innere Neutralität zu entwickeln, gilt es zuerst, den energetischen Impuls zu bemerken, eine dieser drei Haltungen einzunehmen. Dieser Impuls sind nicht Sie selbst – es ist einfach eine ausgelöste Reaktion. Neutralität ist weder *für* noch *gegen* oder *desinteressiert*. Es ist losgelöstes Gewahrsein. Wenn das Ego fragt: »Auf wessen Seite stehst du?«, antwortet das Geistige immer: »Es gibt keine Seiten, nur die Einheit des Seins.«

Wenn Sie sich für das Geistige entscheiden und Ihre Seelenbestimmung erfüllen wollen, müssen Sie Ganzheit wählen. *Zur Ganzheit gehört auch die Bewegung der Polaritäten, doch ohne an einer Seite mehr zu hängen als an der anderen.* Wenn Sie sich wirklich auf diese Ebene des Egos einlassen, werden Sie erleben, dass das ganze Universum aus positiv und negativ geladenen und neutralen Energien besteht, die miteinander in Wechselbeziehung stehen, und dass Sie in der Mitte all dessen stehen und alles erfahren können, ohne sich auf eine Seite festzulegen.

**Neutral sein**

Neutralität zu bewahren bedeutet nicht, nichts zu fühlen. Im Gegenteil, Neutralität ist Ihr essenzieller Seinszustand: Allein durch ihn können Sie Ihre wahre Bestimmung fühlen und zum Ausdruck bringen. Ohne Neutralität erfahren Sie keine echte Freude. Wenn Sie sich an die Wirkungen Ihres äußeren Lebens und an Ihre emotionalen Reaktionen darauf klammern, können Sie höchstens darauf hoffen, karge Surrogate für Liebe zu fühlen: zum Beispiel Verliebtheit oder Besessenheit. Neutralität bringt Sie in Kontakt mit Gott und mit den Gefühlen des Göttlichen wie Akzeptanz, Lachen, Mitgefühl, Vergebung, Gelassenheit und Freiheit.

Neutral zu werden ist im Grunde überaus einfach. Deshalb finden es viele Menschen auch so schwierig. Wir erwarten immer, dass etwas schwierig sein muss, weil wir auf der Ego-Perle als Erstes der Anstrengung-Konkurrenz-Schicht begegnen. Wie bei allem, das mit dem Geistigen zu tun hat, brauchen Sie auch für die Neutralität nur zu *wissen, dass Sie neutral sind* – dann sind Sie es auch. Seien Sie sich dessen gewiss und spielen Sie nicht »Beweis es mir doch erst einmal« mit sich selbst.

Das Schwierige an der Neutralität ist nicht, diese Haltung einzunehmen, sondern mit den daraus entstehenden Konsequenzen umzugehen. Alles, was in den Schichten der Anstrengung und Konkurrenz, der Erwartungen und Urteile steckt, tritt langsam an die Oberfläche – mitsamt den dazugehörigen Emotionen. Die meisten von uns unterschätzen die Kraft des Geistigen in uns, aber selbst ein kleiner Schritt in Richtung auf das Geistige bewirkt in unserem Leben einen großen Sprung. Wenn Sie sich also entscheiden, neutral zu werden, beginnen die zurzeit unterbewusst in Ihnen ablaufenden Reaktionen, sich in Ihr Bewusstsein zu heben. Alte Schmerzen, unerlöste Erinnerungen sowie Emotionen und Energien von anderen Leuten, all das, was Sie irgendwann weggepackt haben, taucht jetzt nach und nach auf. Das fühlt sich oft nicht gut an. Dann gilt es, ein bisschen mehr Neutralität zu üben. Das alte Leid wird vergehen und Sie werden sich in einem höheren Seinszustand mit mehr Gewahrsein und Energie wiederfinden. Denken Sie daran: Nichts geschieht, womit Sie nicht umgehen könnten. Seien Sie sich Ihrer selbst gewiss.

Alles bis hierhin in diesem Buch Beschriebene hilft Ihnen, Neutralität zu entwickeln. Sich zu erden und Ihre Aufmerksamkeit hinter Ihren Augen zu zentrieren sind die ersten beiden »Werkzeuge«, die Sie einsetzen können – gefolgt von der Bestätigung des Geistigen und der Bereitwilligkeit, Ihre Beziehung zu Ihren Reaktionen zu verändern. Die spirituelle Werkzeugkiste am Ende dieses Buches bietet noch weitere Übungen, um Ihre Neutralität zu stärken.

# 10

## »Antworten« auf das Leben

WIR BESTIMMEN UNSEREN WEG IN DIE FREIHEIT DURCH DIE ART, WIE WIR IN JEDEM AUGENBLICK MIT DEM LEBEN UMGEHEN. Wir können nicht immer bestimmen, was in unserem Leben passiert, aber wir sind nie ohne Wahlmöglichkeiten, wie wir damit umgehen wollen. Lassen wir zu, dass wir einfach unbewusst auf alles *reagieren*, oder bringen wir unsere Göttlichkeit dadurch zum Ausdruck, dass wir kreativ auf die Erfahrung *antworten?*[4] Wie nutzen wir unsere Fähigkeit, zu antworten bzw. damit umzugehen?

### Ein neues Verständnis von Verantwortung

Um spirituell zu wachsen und unsere Seelenbestimmung zu erfüllen, müssen wir unsere wahre Verantwortung überprüfen. Verantwortung bedeutet: die Fähigkeit, zu antworten. Als spirituelle Wesen, die in physischen Formen inkarniert sind, haben wir die Fähigkeit, kreativ auf das Leben in dieser Welt zu antworten. Diese Fähigkeit entsteht aus unserer Wahrnehmung, unserem freien Willen und unserer Imaginationskraft. Ihre Aufgabe ist es, uns zu unserer wahren Freiheit zu führen.

Im Geistigen gibt es keine Verantwortung. Dort gibt es nichts als

---

[4] Im Englischen werden hier die Begriffe »to react« = *reagieren* und »to respond« = *reagieren, antworten, (auf etwas) eingehen, (mit etwas) umgehen* verwendet. Um die Unterscheidung zu verdeutlichen, wird »to respond« hier mit *antworten* oder *umgehen* übersetzt, auch wenn dadurch im Deutschen etwas ungewöhnliche Formulierungen zustande kommen. (Anm. d. Übers.)

*Sein* – wenn wir mit dem Göttlichen eins sind, *sind* wir einfach. Da gibt es nichts, auf das wir antworten könnten. Erst wenn wir in die Welt der Polarität inkarnieren, entwickeln wir ein Bewusstsein von Form, Raum und Zeit. Ohne dieses Bewusstsein gibt es keine Erinnerung und daher kein Bewusstsein von Ursache und Wirkung.

Als wir damit begannen, die Formen, die wir erzeugten, auch zu bewohnen, erlitten wir eine Art spiritueller Amnesie, da es zuvor einfach kein Gedächtnis geben konnte. Die Erinnerung an unsere Erfahrungen beginnt demzufolge mit unserer ersten Erfahrung der Dualität, nicht mit unserer wahren Existenz in der Einheit. So erinnern wir uns nur daran, dass wir schon immer getrennte, individuelle Wesen ohne Verbindung zur Ganzheit der Existenz waren. *Das* ist die eigentliche »Ursünde«: die erste Annahme, wir seien vereinzelte, voneinander und von allem getrennte Wesen, wie es uns unser Gedächtnis weismacht. Das war der »Sündenfall«, damit stürzten wir aus der Gnade des Einsseins.

Die Frucht vom Baum der Erkenntnis ist unser Gedächtnis. Wenn wir *glauben,* was unsere Erinnerung uns sagt, statt die Wahrheit des Geistes zu erfahren, haben wir von der Frucht »gekostet«. Seit Äonen der uns bekannten Zeit sammeln wir Erinnerungen an alles, was wir mit unserem Bewusstsein berührt haben oder was wir Erfahrungen nennen. All unsere Erinnerungen sind letztendlich Illusionen, denn sie bilden den statischen und lediglich fragmentarischen Eindruck eines sich ständig verändernden Prozesses ab. Wir schauen uns das Bild eines Läufers an und sprechen von »diesem aufregenden Wettlauf«. Aber das Bild zeigt nicht den Lauf, sondern einen flüchtigen Augenblick dieses Laufs. Selbst ein Film des ganzen Rennens kann höchstens dieses eine Ereignis aus der Gesamtheit der Existenz herausgreifen.

Erst durch die Erschaffung des menschlichen Körpers waren wir in der Lage, in eine Form zu inkarnieren, die zu einem »freien Willen« passte – eine Fähigkeit, welche die ganze Reflexionskraft des Bewusstsein erforderte, um seine eigene Existenz abzuleiten. Das versetzte uns in die Lage, uns zu entscheiden, wie wir mit unseren

Erfahrungen umgehen wollen, statt auf instinktiv von unseren Erinnerungen gesteuerte Reaktionen angewiesen zu sein. Uns wurde damit die Befreiung aus der Gefangenschaft der Form geschenkt. Damit konnten wir unsere Erkundung der Wahrheit beginnen, um sowohl die Ursachen unseres Elends als auch die Quellen wahrer Erfüllung zu finden. Durch unsere Suche öffnete sich uns ein Tor zu einer umfassenderen Wirklichkeit, die jenseits der Grenzen unserer Erinnerung liegt.

In unserem Körper haben wir die Freiheit, uns zu entscheiden, was wir wem auf welche Weise geben und ob wir überhaupt geben. Durch die Art, wie wir mit den sich ständig verändernden Umständen der Existenz umgehen, formen wir unseren spirituellen Weg. *Das* ist unsere Verantwortung.

Traditionell versteht man unter Verantwortlichkeit Dinge wie Zuverlässigkeit oder Pflichtbewusstsein. Diese Definitionen sind nicht grundsätzlich falsch. Die Fähigkeit, frei und kreativ mit den Situationen des Lebens umzugehen, bedeutet, dass wir zu der *Ursache* der Konsequenzen werden, die sich aus unserem Verhalten ergeben. Unsere Fähigkeit, zu »antworten«, ist zuverlässig immer da. Und es ist unsere Pflicht, zu »antworten« – wir können gar nicht anders. Selbst wenn wir uns entscheiden, nichts zu tun, ist das eine »Antwort«.

Doch in den meisten Zusammenhängen, in denen wir von Verantwortung sprechen, wird die Bedeutung des Begriffs verzerrt. Wenn wir im Widerstand sind, uns fürchten, konkurrieren oder verurteilen, sagen wir zum Beispiel: »Der ist dafür verantwortlich.« Wir wollen, dass diese Person zur Rechenschaft gezogen wird und dafür bezahlen soll. Wir wollen Schuld zuweisen, damit wir uns besser fühlen. Er soll dafür sorgen, dass für uns alles wieder im Lot zu sein scheint, dass wir nicht mehr leiden – und das soll er gemäß unseren Vorstellungen machen. In unserer Enttäuschtheit, Verletztheit, Verärgerung oder Traurigkeit vergessen wir, gegenüber wem jeder von uns verantwortlich ist. Wir vergessen unsere wahre innere Quelle. Und dann weigern wir uns, dieser Person noch zu vertrauen. Sie hat uns so verletzt, dass wir sie nicht mehr für eine zuverlässige Person halten, der wir vertrauen können. Wir brandmarken sie als »unverantwortlich« oder »unzurechenbar«, denn sie hat nicht unserer Erwartung entsprochen, sich verpflichtet zu fühlen, uns nicht zu verletzen.

Doch wer ist wirklich verantwortlich dafür, wenn wir uns verletzt fühlen? Kann jemand oder etwas außerhalb unserer selbst uns verletzen? Wem ist es letztendlich zuzuschreiben, wenn unser Leben zur Auswirkung des Handelns anderer wird? Natürlich können wir sagen: »*Du* hast mich geschlagen, ich trage die körperlichen und emotionalen Wunden davon, ich kann es beweisen!« Vielleicht sagt er dann: »Aber *du* hast mich vorher beleidigt!« Worauf Sie erwidern mögen: »Aber ich habe dich nicht *geschlagen!*« Er zückt dann möglicherweise eine Liste der Probleme in seinem Leben hervor, die er hat, weil Sie ihn nicht glücklich gemacht haben, und schließlich hat er ja auch hart dafür gearbeitet, alle Rechnungen für ihr gemeinsames Haus zu bezahlen – das ist schließlich ein Beweis dafür, dass er Sie liebt.

Das klingt, als beobachte man zwei Kinder, die miteinander streiten und zu Mama laufen, damit sie bestimmt, wer nun schuld ist, oder? Doch letztendlich beruhen alle unsere karmischen Verstrickungen, die manchmal viele Leben lang ablaufen, auf solchen Dingen. Und wenn Sie meinen, so ein Streit zwischen zwei Erwachsenen mute ziemlich lächerlich an: Wie schrecklich klingt das erst, wenn zwei nationale Führer Millionen von Menschen dazu aufstacheln, sich anzuschreien, wer wem was zuerst angetan hat! Die einzige Rettung besteht darin, sich darüber klar zu werden, worum es bei Verantwortung wirklich geht.

Jeder von uns ist verantwortlich dafür, wie wir mit unseren Beziehungen zu allem im Leben umgehen. Aber wir können nicht dafür verantwortlich sein, wie *andere* das tun. Wir können nicht andere dazu bringen, auf eine bestimmte Art mit ihrem Leben umzugehen, aber wir versuchen es ständig. Wir versuchen, andere dazu zu bringen, so zu fühlen, wie wir wollen. Wir geben sogar unsere Freiheit auf, um so zu werden, wie andere uns haben wollen, damit sie so werden, wie wir es brauchen. *Je mehr wir unsere Fähigkeit, frei und kreativ mit Lebenssituationen umzugehen, einsetzen, und je mehr wir unsere Verantwortung gegenüber unserer inneren Göttlichkeit hochachten, desto weniger erwarten wir von anderen, für uns Verantwortung zu übernehmen.*

Verantwortlichkeit kann nicht aus einem festen Regelsatz bestehen, der das Leben bestimmt. Wenn Sie es dazu kommen lassen, beschränken Sie Ihre Fähigkeit, auf das Leben zu antworten. Wenn Sie die Regeln anderer Leute befolgen, können Sie niemals kreativ Ihre Bestimmung erfüllen. Als Lehrer, Pfarrer, Berater, Heiler, Autor und Verwalter bin ich den größten Teil meines Lebens in verantwortungsvollen Positionen gewesen. Doch ich hätte das niemals erfolgreich machen können, wenn ich auf die Weise verantwortungsbewusst gewesen wäre, wie es andere von mir erwartet haben. Ich lernte das jedes Mal, wenn ich versuchte, im Sinne der anderen verantwortungsbewusst zu sein, und es nicht funktionierte. Wenn zum Beispiel jemand davon hört, dass ich ein Heiler bin, und diese Person noch nicht gelernt hat, ihre eigene Wahrheit anzuschauen, dann sucht sie mich auf die gleiche Weise auf, wie sie immer zum Arzt gegangen ist, und sagt: »Heile mich!«

Lasse ich mich darauf ein, wird sie mich dafür verantwortlich machen, wenn ich sie nicht »geheilt« habe. Ich erinnere mich an einen Regierungsbeamten: Kaum hatte er erfahren, dass ich Pfarrer bin, brach er das Gespräch mit den Worten ab: »Sie verhalten sich nicht so verantwortungsbewusst, wie es ein Pfarrer tun sollte.« Was sollte das bedeuten? Sah ich nicht »fromm« genug aus? Sprach ich nicht mit gedämpfter, »ehrwürdiger« Stimme? Redete ich zu offen über Themen wie Sex, Geld, Macht, mediale Fähigkeiten etc.?

*Wenn ich gegenüber Gottes Liebe in mir verantwortungsbewusst bin, gerate ich leicht in Schwierigkeiten mit anderen. Aber wenn ich Gott in meinem Herzen nicht treu bin, komme ich grundsätzlich in noch größere Not!* Also lasse ich mich lieber ab und zu auf Probleme mit unwissenden, ohnmächtigen Leuten ein, als immer Schwierigkeiten mit dem Allwissenden, Allmächtigen zu haben. Selbst wenn man Angst hat, hat man immer noch die Wahl!

Ich machte meine Ausbildung zum Krankenpfleger in einer Zeit, als noch wenig Männer diesen Beruf ergriffen. Ich lernte in einem katholischen Krankenhaus unter einer Oberschwester, die mich häufig in ihr Büro bestellte, um mich dafür zu bestrafen, dass ich meiner Verantwortung nicht gerecht wurde. Was bedeutete das? Als Auszubildende wurde von uns erwartet, bestimmte Aufgaben zu erledigen und andere nicht. Die Aufgabe einer Krankenschwester und eines Pflegers umfasste es, dies und jenes zu tun und anderes nicht zu tun. Ich schien regelmäßig das zu tun, wofür ich *nicht verantwortlich* war, und das nicht zu tun, wofür ich *verantwortlich* war.

Kaum hatte ich mich zum Beispiel in der kardiologischen Intensivstation vorgestellt, wurden der zuständige Arzt und die Schwester weggerufen, sodass ich ohne Begleitung von ausgebildeten Fachkräften dastand. Nach wenigen Sekunden hatte eine Patientin einen Herzstillstand. Ich drückte den Notrufknopf und begann mit Wiederbelebungsmaßnahmen. Der Arzt und die Schwestern kamen sofort dazu. Ich half dem Arzt weiter bei den Notmaßnahmen – die Frau überlebte.

Eine halbe Stunde später wurde ich zur Oberschwester gerufen. »Was glauben Sie eigentlich, wer Sie sind?«, beschimpfte sie mich. »Wissen Sie nicht, dass Ihre einzige Aufgabe als Lehrling darin besteht, den Anweisungen des Fachpersonals zu folgen?« Zehn Minuten lang bearbeitete sie mich auf diese Weise, bis der Arzt aus der zuständigen Abteilung hereinkam, um der Schwester zu berichten. »Hey, Michael«, sagte er, als er mich sah, »ich wollte Ihnen noch danken. Sie haben nicht nur der armen Frau das Leben gerettet, sondern auch die Klinik vor einem dicken Prozess bewahrt.«

Die Schwester starrte den Arzt an, der sie mitten in ihrer Schimpftirade unterbrochen hatte. Als der Arzt begriff, dass sie mich gerade unter der Fuchtel hatte, setzte er sich leidenschaftlich für mich ein. »Der wirkliche Fehler hier bestand darin, dass alle Leute von der kardiologischen Station den Raum verlassen hatten. Wenn Michael nicht so schnell reagiert hätte, hätten wir nicht nur unnötig das Leben einer Patientin verloren, sondern das Krankenhaus hätte auch wegen fahrlässigen Verhaltens verklagt werden können, und das hätte uns Kopf und Kragen gekostet!«

Sooft ich zu der Oberschwester bestellt wurde, um zurechtgewiesen zu werden, kam eine höhere Autorität, um mich zu verteidigen. Die Schwester hatte das Recht, mich zu maßregeln, weil ich *oberflächlich und dem Wortlaut nach* betrachtet tatsächlich jedes Mal meinen Verantwortungsbereich überschritten hatte. Aber mein Verhalten wurde dadurch gerechtfertigt, dass ich meine Verantwortlichkeit *dem Geiste nach* erfüllt hatte. Ich musste dafür ein paar Minuten der Zurechtweisung ertragen, aber meine Erfüllung dauerte an.

Einmal führte ich eine spirituelle Gruppe zu philippinischen Geistheilern, um sich Heilbehandlungen geben zu lassen. Einer der Reisenden wartete noch im Empfangsbereich, als er sich in Krämpfen zu winden begann und ohnmächtig wurde. Ich lief schnell zu ihm und gab ihm einen karateähnlichen harten Schlag auf die Seite seines Halses. Er gewann sofort das Bewusstsein wieder und war in Ordnung. Alle starrten mich fassungslos an: Ein spiritueller Heiler hatte einen armen, leidenden Touristen geschlagen! Einige meinten, ich hätte mich als spiritueller Heiler nicht »verantwortungsvoll« verhalten. Doch keiner erkannte, dass dieser Mann durch die von den Geistheilungen erzeugte Energie urplötzlich seinen Körper verlassen hatte. Er war im Begriff, in eine Todesszene eines vergangenen Lebens zu gehen, und eine andere Wesenheit wollte gerade seinen Körper übernehmen. Er musste sofort in seinen Körper zurückkommen. Durch den Schlag auf seinen Hals löste ich den instinktiven Überlebensreflex des Körpers aus, sodass sich seine Seele durch den Schrecken aus der Abgelenktheit lösen und in den Körper zurückkehren konnte. Es war eine Art »spiritueller Schocktherapie«. Wenn niemand eingegriffen hätte, hätte er wahrscheinlich einen schweren Schlaganfall erlitten und ernsthafte Probleme zurückbehalten. In solchen Situationen folge ich meiner Intuition statt einer Reihe vorgeschriebener Regeln des »verantwortungsbewussten Verhaltens«. Die Konsequenzen, mit denen ich dann zu leben habe, lege ich in Gottes Hand.

Nun könnten Sie sagen: »Na ja, Michael ist ja auch anders. Er ist hellsichtig.« Doch wenn Sie intensiver darüber nachdenken, haben wir alle die Möglichkeit, intuitiv zu reagieren. Dr. Norman Shealy beobachtete die Tatsache, dass alle ihm bekannten erfolgreichen Ärzte zwar zuerst die gelernten medizinischen Mittel einsetzen; bei ihrer letztendlichen Diagnose, Verschreibung oder Therapie verlassen sie sich jedoch auf ihre Intuition. Mit welchen Formeln oder Theorien Sie auch arbeiten: Hinsichtlich der endgültigen Entscheidung sollten Sie immer Ihre Intuition befragen. Wenn Sie sie allerdings anzweifeln oder geringschätzig betrachten, ist sie nicht so gut wahrnehmbar.

Anhand der Beispiele aus meinem Leben will ich niemanden entmutigen, zu rebellieren oder gegen die Tradition anzugehen. Es ist ratsam, sich beim Fahren an die Tempolimits zu halten, aber wenn Sie beschleunigen müssen, um einem aus der Kontrolle geratenen Lkw auszuweichen, gilt das nicht mehr als unverantwortliches Verhalten. Man kann sagen, was man will: Die Gerechtigkeit wohnt dem Geistigen von Natur aus inne und wird immer zum Zuge kommen – allerdings vielleicht nicht in der Art, wie Sie es erwarten oder wünschen. *Jeder von uns ist verantwortlich, nicht gegenüber den anderen, sondern gegenüber der göttlichen Einheit in jedem von uns. Das göttliche Einssein beurteilt alles aus der Sicht der Liebe. Und Liebe vergibt immer.*

Liebe gibt uns immer eine weitere Chance, zu lernen, zu heilen und unserer Erfüllung entgegenzuwachsen. Doch wir fürchten uns oft davor, einander und uns selbst die gleichen Chancen zu geben. Wir fordern unmittelbare Gerechtigkeit; der Verantwortliche soll büßen. Wovor fürchten wir uns? Wir fürchten, dass wir wieder verletzt werden, falls wir vergeben oder falls wir jemanden nicht auf kontrollierbare Weise zur Rechenschaft ziehen. Wir streben lediglich danach, nicht mehr zu leiden, und wir glauben, Schuldzuweisungen würden das bewirken. Wir fürchten uns so sehr, dass wir manchmal versuchen, andere schon verantwortlich zu machen, *bevor* wir verletzt wurden. Wir stopfen unsere Kinder oft mit so vielen Regeln für verantwortungsbewusstes Verhalten voll, dass sie bei der ersten Chance, ihre Unabhängigkeit zu leben, »ausbrechen«: Sie tun genau das Gegenteil, weil sie ihre eigene Fähigkeit prüfen möchten, mit den Situationen des Lebens umzugehen.

Selbst die »besten« und bewusstesten Eltern lassen die spirituellen Bedürfnisse ihrer Kinder oft außer Acht. Sie geben ihren Kindern eine gute Ausbildung, einen gesunden Lebensstil und so viel Liebe, wie sie können – aber kommunizieren sie auch mit dem spirituellen Geist des Kindes? Schenken sie dem spirituellen Wesen, das in dem kleinen Körper lebt, wirklich Beachtung und Bestätigung? Sind sich die Eltern bewusst, dass in der Seele des Kindes die Intelligenz und die Kraft stecken, mit dem Leben umzugehen? Oder versuchen sie, den Körper und den Verstand der Kinder ihren eigenen Erwartungen anzupassen und damit deren Kraft zu beschränken, damit ihr eigener Schmerz nicht spürbar wird – oder aus Furcht, als schlechte Eltern zu gelten?

Als Eltern und Lehrer liegt unsere wahre Verantwortung gegenüber uns selbst im Hinblick auf unsere Kinder darin, dem spirituellen Geist des Kindes mithilfe des Körpers und des Verstands etwas beizubringen: Denn die Seele der Kinder will lernen, spirituell auf das zu antworten, was das Leben für sie bereithält, und dadurch ihre Bestimmung erfüllen. Wir sind nicht dafür verantwortlich, dass die Kinder *unseren* Erwartungen entsprechen, um *unseren* Ängsten gerecht zu werden.

Die meisten von uns sind mit dem Verantwortungsbewusstsein unserer Eltern, Verwandten, Lehrer und Pfarrer aufgewachsen. Wir haben gemerkt: Je mehr wir uns gemäß ihren Erwartungen »verantwortungsbewusst« verhalten haben, desto mehr haben sie sich auf uns verlassen und desto eingeschränkter wurde unser Spielraum. Wir wurden so »verantwortungsbewusst«, dass wir uns heute, als Erwachsene, auf ewig an unseren Schreibtisch, unseren Haushalt, unsere Telefone gebunden fühlen und aufgehört haben, unserer spirituellen Bestimmung entsprechend zu leben. Unser »Leben« besteht darin, dass wir eine innere To-do-Liste abhaken. Wir leben, um unsere angenommenen Verantwortlichkeiten und Verpflichtungen zu erfüllen, statt unsere Bestimmung zu erfüllen.

## Vom Umgang mit Reaktionen

Um unsere Seelenbestimmung zu erfüllen, müssen wir von unserer Fähigkeit des »Antwortens« Gebrauch machen. Wir können uns entscheiden, entweder unsere Spiritualität zum Ausdruck zu bringen oder uns den Mechanismen des Egos und unserer Körperreaktionen zu unterwerfen. Bewusstes »Antworten« stellt den Kontakt zu unserem spirituellen Selbst her, während uns unbewusstes Reagieren zu Sklaven des Egos und des Körpers macht. *Neutralität* ist hier der Schlüssel zum Erfolg. Sobald wir unseren emotionalen Reaktionen auf die Dinge neutral gegenüberstehen, können wir uns entscheiden, wie wir mit der Situation umgehen wollen. Als geistige Wesen haben wir die Wahl; der Körper dagegen kann nicht wählen, er muss unseren Vorgaben folgen.

Reaktionen geschehen automatisch, ohne bewusste Intervention. Zu dem Zeitpunkt, in dem Sie eine Reaktion bemerken, ist sie bereits voll im Gange. Versuchen Sie nicht, sie zu unterdrücken oder aufzuhalten. Sich von der Reaktion zu lösen bedeutet nicht, dass die Emotionen gleich verschwinden. Es heißt nur, dass Sie die Reaktion beobachten, statt sich mit ihr zu identifizieren oder sie zu unterdrücken. Sie können sie einfach ablaufen lassen, ohne sie aufzuhalten oder zu verändern. Lassen Sie die Bilder, Gedanken, Emotionen und Empfindungen auf dem Bildschirm Ihrer Wahrnehmung vorüberziehen. Wenn Sie sich nicht darin verwickeln lassen und die Emotion weiter nähren, ist der Vorgang einfach ein Energiezyklus; physisch muss nichts geschehen. Es ist, als würden Sie bei Ihrem Auto den Gang herausnehmen. Der Motor läuft, aber die Räder kriegen keinen Antrieb. Sie müssen nicht den Motor ausschalten, um den Wagen anzuhalten.

Sobald Sie in einer neutralen Haltung sind, haben Sie die freie Wahl, wie Sie mit der Situation umgehen wollen, die Ihre Reaktion ausgelöst hat. Vielleicht pulsiert Ärger durch Ihre Adern, oder Traurigkeit schnürt Ihnen die Luft ab, aber da Sie sich nicht davon fesseln lassen, können Sie sich fragen: »Wie will ich mit dieser Situation umgehen?«

Welche Art von »Antwort« hilft Ihnen im Hinblick auf Ihre Seelenbestimmung am meisten weiter? Manchmal dient es Ihrer Bestimmung vielleicht am besten, das Ganze einfach abzuschütteln und hinter sich zu lassen. Zu anderen Zeiten könnten Sie damit allerdings die Chance verpassen, etwas zu lernen, das Ihrer Bestimmung dient, sodass es besser wäre, dranzubleiben. Doch bevor Sie überlegen, was Sie jetzt *tun* sollten, ist es hilfreich, sich darüber klar zu werden, wie Sie jetzt *sein* sollten. Aus welchem energetischen Zustand heraus möchten Sie als spirituelles Wesen jetzt mit der Situation umgehen? Verärgerung? Langeweile? Ernsthaftigkeit? Fröhlichkeit? Begeisterung? Güte? Um das herauszufinden, fragen Sie: »Wie kann ich diese Gelegenheit nutzen, um zu wachsen und mehr mein wahres Selbst zu erfüllen?« *Das Ego mag darauf beharren, anzuklagen, Rache zu üben oder zu entfliehen – aber Sie können sich entscheiden, welche »Antwort« Ihrer spirituellen Bestimmung am besten dient.*

Vor ein paar Jahren begegnete ich einer Frau, die ihre langjährige gestörte Beziehung zu ihrem Vater heilte und ihr Leben transformierte, indem sie bewusst auf einer spirituellen Ebene »antwortete«. Sie hatte seit über 15 Jahren nichts mehr mit ihrem Vater zu tun gehabt, weil sie als Jugendliche emotional und physisch schwer von ihm missbraucht worden war. Sie hatte sich einer jahrelangen Therapie unterzogen und war selbst Therapeutin geworden. Nach ein paar Jahren therapeutischer Praxis merkte sie jedoch, dass sie anderen nicht helfen konnte, ihre Familienprobleme zu lösen, wenn sie nicht einmal ihrem eigenen Vater gegenübertreten konnte. Also entschloss sie sich, ihn zu sich einzuladen. Doch nachdem er zugesagt hatte und das vereinbarte Wochenende näherrückte, wurden ihr Grauen und ihre Wut fast unerträglich. Sie bat mich um Rat, wie sie ihrem Vater begegnen könne, ohne wegzulaufen oder ihn umzubringen.

Ich half ihr zuerst, ihre Neutralität wiederzufinden. Das war nicht schwer, denn sie war bereits neutral genug, um ihren Vater wieder sehen zu wollen, aber sie wusste nicht, wie sie Neutralität bewahren sollte angesichts dieser emotionalen Reaktionen, die schon bei dem Gedanken, mit ihm im selben Raum zu sein, in ihr abliefen. Ich brauchte sie bloß zu erinnern: »Du bist nicht deine Reaktionen. Wenn du sie einfach da sein lassen kannst, ohne ihnen Widerstand zu leisten und ohne sie weiter zu nähren, werden sie einfach ablaufen und dann vorbei sein.«

Als Nächstes erklärte ich ihr die Situation. »Du hast seit Jahren die Verantwortung für die spirituellen Probleme deines Vaters übernommen. Jetzt gilt es für dich, einen neuen Umgang damit zu finden. Was ist das wichtigste spirituelle Problem deines Vaters, das du nicht lösen konntest? Der größte Teil des gewalttätigen Mannes, mit dem du aufgewachsen bist, war nicht dein Vater. Die Seele, die du als deinen Vater erwählt hast, ist eine freundliche, liebevolle Seele. In deiner frühen Kindheit kanntest du ihn auch als diesen sanften Mann. Doch als du älter wurdest, wurde er immer mehr zu einem gewalttätigen Fremden für dich. Die Seele deines Vaters verließ den Körper und ein anderes, rachsüchtiges Wesen übernahm ihn und missbrauchte dich. Dieses andere Wesen beschuldigte deinen Vater in einem anderen Leben für den Verlust *seines* Kindes, und aus Rache wollte er jetzt die Beziehung deines Vaters zu *seiner* Tochter zerstören.

Dein Vater konnte sich nicht vergeben, was damals geschehen war, und übernahm die »Verantwortung« für den zufälligen Tod der Tochter jenes Mannes. Je mehr dein Vater dich in diesem Leben geliebt hat, desto mehr versetzte es dieses andere Wesen in Wut und Rachegelüste. Aus Furcht vor dieser Wut verließ dein Vater immer wieder seinen Körper, statt seine Fähigkeit des »Antwortens« einzusetzen und mit der Situation bewusst umzugehen. In der Zeit, wo er nicht in seinem Körper war, wusste er auch nicht, was mit diesem passierte. Wenn er dann zurückkehrte, begegnete er deiner Verletztheit, deiner Scham und deiner Wut, aber er wusste nicht, was er damit zu tun hatte. Deswegen hat er auch alles vehement bestritten und erklärt, er würde so etwas niemals tun. Doch er fühlte, dass er irgendwie damit zu tun hatte und dass er seiner Tochter schadete, also zog er sich immer mehr von dir zurück, um dir nicht weiteres Leid zuzufügen. So bist du mit lauter Erfahrungen des Missbrauchs, der heftigen Verleugnung und – aus deiner Sicht – mit einem unnahbaren, lieblosen Vater aufgewachsen.«

»Das klingt alles sehr sinnvoll«, sagte sie. »Ich wusste immer, dass mein Vater ein sanfter, liebevoller Mann ist, aber manchmal wurde er plötzlich zu einem gewaltsamen Fremden. Sein Gesicht, seine Augen – er wurde dann zu einem völlig Unbekannten.«

Ich riet ihr: »Wenn du ihm begegnest, sprich mit ihm in der Absicht, mit dem spirituellen Wesen kommunizieren zu wollen, das dein *wirklicher* Vater ist. Wenn wir als geistige Wesen mit dem geistigen Wesen eines anderen kommunizieren, kann Heilung entstehen. Übernimm keine Verantwortung für das andere Wesen, das in seinen Körper kam – für dieses Problem muss dein Vater selbst eine Lösung finden. Doch du musst deinem Vater spirituell klarmachen, dass du mit *ihm* eine Beziehung haben willst und nicht mit dem anderen Wesen.«

Später erzählte sie mir: »Ich habe das ganze Wochenende mit meinem Vater verbracht. Ich konzentrierte mich immer darauf, dass alles, was ich sagte, an seine Seele gerichtet war. Ich sprach auch innerlich mit ihm, ohne Worte, über die Dinge, die er anders vielleicht nicht verstehen würde. An unserem ersten gemeinsamen Tag lag noch große Spannung in der Luft. Als er sich ein paarmal ein wenig öffnen wollte, konnte ich das andere Wesen nicht nur spüren, sondern ich konnte fast sehen, wie es versuchte, in den Kopf meines Vaters zu gelangen. Seine Augen und seine Stimme veränderten sich stark. Sobald ich das bemerkte, sprach ich innerlich mit der Seele meines Vaters und erklärte, dass ich mit ihm reden wolle, nicht mit dem anderen Wesen. Daraufhin veränderte sich sein Ausdruck und er entspannte sich sichtbar.

Am zweiten Tag fand ich den Mut, ihm zu erzählen, was du mir gesagt hattest. Er hörte mir zum ersten Mal seit meiner frühen Kindheit mit voller Aufmerksamkeit zu. Dann begann er zu weinen und äußerte, er hätte nicht besser beschreiben können, was den größten Teil seines Lebens in ihm abgelaufen war. Er gestand, er habe nie geglaubt, dass ihm irgendjemand so eine merkwürdige Geschichte abnehmen würde, und bat mich um Vergebung. Seitdem sind wir gute Freunde.«

Zuletzt hörte ich von ihr, dass sie endlich die Vater-Tochter-Beziehung hatten, die sie sich immer erträumt hatte. Durch ihre Gespräche und ihr Verständnis konnte ihr Vater sich selbst vergeben, sich gegenüber dem anderen Wesen behaupten und lernen, in seinem Körper präsenter zu bleiben. Indem sie ihren Umgang mit ihrem Vater veränderte, weniger mit Beschuldigungen und Lösungen beschäftigt war und mehr mit der Erfüllung ihrer Seele, begann ihre Beziehung zu ihm vollständig zu heilen.

Wenn Sie als spirituelles Wesen einer anderen Seele erlauben, Ihren Körper zu nutzen, um zerstörerisch zu wirken, ist nicht dieses Wesen dafür verantwortlich, sondern Sie! *Sie* bieten dieser Seele die Gelegenheit und den Körper, um das zu tun. Ohne Ihre Kraft, ohne Ihr Einverständnis und ohne Ihren Körper könnte dieses Wesen in der Welt nicht tun, was es tut. Viele gehen ins Gefängnis, manche sogar in die Todeszelle, ohne sich an ihr Verbrechen zu erinnern. Doch auch wenn sie während des Verbrechens nicht in ihrem Körper waren, sind sie doch dafür verantwortlich, weil die Vernachlässigung ihrer Verantwortung das Verbrechen ermöglicht hat. Gesetzt den Fall, Sie betrinken sich und lassen ein geladenes Gewehr so herumliegen, dass es ein Vierjähriger nehmen kann, dann sind Sie zwar nicht dafür verantwortlich, die Taten des Kindes besser zu kontrollieren, wenn das Kind jemanden erschießt, aber Sie tragen die Verantwortung dafür, eine tödliche Waffe in Reichweite eines Kindes zurückgelassen zu haben. Auf die gleiche Weise kann Ihr Körper-Geist eine tödliche Waffe sein, wenn er unter den Einfluss einer körperlosen

Seele gerät, die aufgrund ihres niedrigen Bewusstseinszustandes zurzeit nicht inkarnieren kann. Es ist Ihr Karma, wenn Sie die potenziell tödliche Waffe Ihres Körper-Geistes einer »minderjährigen« Seele zur Verfügung stellen.

»Antworten« erfordert, dass Sie dazu stehen, ein spirituelles Wesen zu sein, und dass Sie *von* Geist *zu* Geist kommunizieren. Dafür müssen wir loslassen, was äußerlich geschehen ist, und uns tiefer mit den spirituellen Ursachen der materiellen Auswirkungen befassen. Die Frau, von der ich erzählt habe, wusste intuitiv, dass der Mann, der ihr so viel Leid bereitet hatte, nicht ihr Vater war, sondern dass er nur dessen Körper benutzte. Doch erst als ich ihre Wahrnehmung bestätigte, konnte sie es als Wahrheit wirklich annehmen und entsprechend »antworten«. In welchem energetischen Zustand müssen wir sein, damit wir in größerem Einklang mit unserer inneren Göttlichkeit auf das Leben »antworten« können?

### Humor, Lachen und Heiterkeit

Sobald Sie eine gewisse Neutralität erlangt haben, beginnt der Spaß. Unbeeinträchtigt von Ihren Reaktionen können Sie sich mit Ihrer Kreativität und Ihrer Imagination verbinden. Sie können sich entscheiden, das Leben zu genießen. Lachen ist der erste Schritt zu Ihrer spirituellen Erfüllung. Ohne Humor stagniert Ihre Seele in Langeweile und Apathie oder in Ärger und Angst und es gibt kein Wachstum. Doch mit ein wenig Lachen und Heiterkeit fangen Sie an, Ihr spirituelles Selbst zu verkörpern.

Es ist einfach, das Leben zu genießen, wenn man Spaß hat. Eine Herausforderung liegt darin, es selbst dann zu genießen, wenn es mühsam ist. Natürlich heißt das nicht, dass Sie an Tragödien Spaß haben sollen. Aber zu wissen, dass Sie wählen können, innerlich glücklich zu sein, egal wie elend sie sich fühlen oder wie schrecklich die Umstände sein mögen, hilft Ihnen, sich mit Ihrer Seelen-Energie zu verbinden. Es bedeutet, zu lernen, sich selbst zu lieben, auch wenn

Sie sich wütend, traurig oder als Versager fühlen. Es bedeutet, den kosmischen Witz zu begreifen, der in dem Glauben besteht, *Wahrheit, Liebe und Ihre Erfüllung lägen nicht in Ihnen und jemand oder etwas könnte sie Ihnen nehmen.*

Lachen ist nicht nur die beste Medizin, sondern auch der erste Schritt zur Heilung. Sich zu amüsieren bedeutet nicht, Dinge zu verlachen, sarkastisch zu sein oder zu leugnen, was vor sich geht. Vielmehr dürfen Sie den Humor und das Spielerische des Lebens anerkennen. Jemand hat einmal gesagt, Engel könnten fliegen, weil sie sich selbst leicht nehmen. Und was sagt man zu jemandem, der in seiner Ernsthaftigkeit versinkt? »Nimm's leicht!« Lachen, Humor und Heiterkeit sind Flügel, die unsere Energie anheben, damit wir auf den fröhlichen Lüften des Lebens segeln können wie Bussarde, getragen von den Aufwinden eines warmen Sommertags.

Humor rettete uns auch an jenem Tag, als ein Freund von mir auf eine alte Eisenstange getreten war. Wir waren irgendwo in der »Pampa« und es war klar, dass es eine Weile dauern würde, bis der Notarztwagen eintreffen könnte. Ich musste mir also etwas einfallen lassen, denn mein Freund blutete sehr stark und das Ding steckte noch fünf Zentimeter tief in seinem Fuß. Normalerweise hätte ich die Blutung gestillt und die Stange in seinem Fuß gelassen, da beim Herausziehen die Gefahr bestand, dass die Wunde noch stärker blutet. Aber die Stange hatte seinen Fuß mitsamt dem Turnschuh durchbohrt, sodass ich die Blutung nicht versorgen konnte, ohne ihm den Schuh auszuziehen. Er hatte jedoch solche Schmerzen, dass niemand seinen Fuß auch nur berühren durfte (und er war 1,90 Meter groß ...). Ich gab ihm eine spirituelle Heilbehandlung und erzählte ihm währenddessen, dass ich als Krankenpfleger gearbeitet hatte und wusste, was ich tat. Ich tat so, als würde ich ihn gründlich untersuchen, dann schaute ich ihm ganz ernst in die Augen und erklärte: »Alles wird gut. Ich kann keinen Hirnschaden feststellen.«

Trotz seiner Schmerzen musste er lachen. »Der Hirnschaden ist bereits vorhanden. Sonst wäre ich nie auf die blödsinnige Idee gekommen, diese dämliche Stange mit dem Fuß in den harten Boden zu stampfen!« Das Lachen durchbrach die Verurteilung seiner selbst und seinen Ärger darüber, dass er so ein »Idiot« gewesen war. Jetzt konnte ich die Stange herausnehmen, den Schuh ausziehen und die Blutung stoppen.

Später sagte er zu mir: »Nachdem wir herumgealbert hatten, tat es achtzig Prozent weniger weh! Der körperliche Schmerz hat nur etwa zwanzig Prozent ausgemacht. Das Unerträgliche war mein Zorn über mich selbst, dass ich so einen dummen Fehler gemacht und mich dabei so verletzt hatte.«

Wir meinen oft, dass uns Gefühle einfach so zufliegen. (Woher eigentlich? Vom Himmel?) Das ist so ähnlich, als würde ein Autor darauf warten, dass ihn die Inspiration wie ein Blitzschlag aus heiterem Himmel trifft, bevor er zu schreiben anfangen kann. Ich habe allerdings von jedem erfolgreichen Autor, mit dem ich je gesprochen habe, immer das Gleiche gehört: »Wenn ich mich hinsetze und zu schreiben anfange, beginnt es. Würde ich darauf warten, dass zuerst die Inspiration kommt, käme kaum etwas dabei heraus.«

Das Gleiche gilt auch für Ihre spirituellen Gefühle. Wenn Sie sich entscheiden, mit sich und Ihrem Leben glücklich zu *sein,* werden Sie auch anfangen, sich glücklich zu *fühlen.* Wenn Sie hingegen darauf warten, dass Glücksgefühle einfach über Sie kommen, während Sie traurig, ärgerlich oder gelangweilt dasitzen, werden Sie nur weiter in dem Saft schmoren, in dem Sie bereits sind. Sie müssen dem Leben entgegengehen; Sie können nicht darauf warten, dass es Sie aus Ihrem Loch holt. Gott verlässt uns nie, aber um Gott zu hören, müssen wir zuerst »Hallo!« sagen.

Die meisten von uns sind von den Energien anderer Menschen durchdrungen. Wir tragen Gedanken, Emotionen, Überzeugungen, Verantwortlichkeiten, Urteile, Probleme und anderen energetischen Ballast mit uns herum, der eigentlich zu anderen Leuten gehört. Solange wir dieses psychische Übergewicht nicht loswerden, empfinden wir diesen ganzen Müll. Und Müll stinkt. Wenn wir Rosen riechen wollen, müssen wir erst welche pflanzen.

Lachen ist eine meiner Lieblingsrosen. Ich weiß mit Sicherheit, dass ich es nie so weit gebracht hätte, wenn ich nicht die Fähigkeit entwickelt hätte, auch da ein Lachen zu finden, wo nichts lustig zu sein scheint. Ich meine es ganz ernst. Lachen ist eines der süßen Elixiere des Lebens: das verbindende Lachen unter Freunden, das helle Lachen von Kindern, das ferne Lachen im Park oder das tränenreiche Lachen, wenn wir die Komik in unseren eigenen Fehlern entdecken. Doch Lachen ist auch unser zuverlässiger Begleiter auf unserer oft viel zu ernst genommenen Reise zu unserem spirituellen Wachstum. *Lachen hilft uns, der Schwerkraftwirkung unserer Reaktionen zu entkommen, und katapultiert uns auf die nächste Ebene unseres Seins.*

In einer heiteren Haltung können wir die göttliche Komödie des Lebens erkennen. Wie können wir hoffen, unsere Leiden zu heilen, wenn wir uns nicht ein wenig karmische Leichtigkeit verschaffen? Unsere Augen sind oft von ungeweinten Tränen so verschleiert, dass wir ein wenig lachen müssen, um sie wieder zu klären. Wann haben Sie das letzte Mal so gelacht, dass Ihnen die Tränen über die Wangen liefen? Lachen Sie lange und laut genug, dann verkrampfen sich Ihre Seiten und die Muskeln schmerzen, denn Lachen heilt die Tränen und die emotionalen Schmerzen, die Sie in sich tragen.

Deshalb können die meisten Menschen nicht lange lachen. Das Lachen bringt zu viel von ihren Schmerzen an die Oberfläche. Also hören sie auf zu lachen und werden wieder zu ernsthaften Menschen, die so vernünftig und besonnen leben, wie sich das gehört. Ich habe einmal die traurige Nachricht gelesen, dass ein Mensch durchschnittlich in seinem ganzen Leben nur 37 Minuten richtig herzhaft lacht. Warum fühlen sich so viele Menschen vom Lachen bedroht? »Du nimmst mich nicht ernst«, klagen sie vielleicht. Oder: »Hör auf zu lachen oder ich gebe dir Grund, damit aufzuhören.«

Es ist fast unmöglich, ein Kind, das Spaß hat, unter Kontrolle zu bringen. Erwachsene, die mit Schmerzen und Angst belastet sind, verlegen sich dann oft darauf, den Kindern Schmerz zuzufügen, um ihnen den Spaß zu verderben und sie dem Willen der Erwachsenen besser unterzuordnen. Wer von uns hat das nicht zumindest einmal erlebt? Selbst als Erwachsene begegnen wir immer wieder Leuten, die uns zurechtzuweisen versuchen, wenn wir uns zu sehr amüsieren. Für einen Menschen, der unter großen emotionalen Schmerzen leidet, ist Lachen ähnlich unangenehm wie das direkte Sonnenlicht für jemanden, der nach einer durchzechten Nacht die Augen öffnet. Das Ego fühlt sich bedroht, wenn seine Illusion, alles unter Kontrolle zu haben, ins Wanken gerät. »Was könnten sie nicht alles anstellen, wenn ich sie nicht kontrolliere? Vielleicht verhalten sie sich dann nicht mehr so, wie es zu meinen Bedürfnissen passt?«

Eltern, Verwandte, Ärzte, Lehrer, Pfarrer, Babysitter und alle anderen, die uns in unserer Kindheit beeinflussen, überschwemmen uns absichtlich oder unabsichtlich mit ihren Überzeugungen und Emotionen. Als spirituelle Wesen haben wir in der Kindheit oft unsere neuen Körper noch nicht gut genug im Griff, um damit angemessen umzugehen; also nehmen wir meistens sehr viel von der Energie der anderen in uns auf. Wenn wir dann körperlich, emotional und mental heranwachsen, taucht alles, was wir irgendwann einmal aufgenommen haben, wieder auf. Das ist ein wesentlicher Grund, weshalb wir in unserer Jugend so rebellisch sind: Wir versuchen, den spirituellen Zustand wiederherzustellen, den wir viele Jahre zuvor aufgegeben haben. Leider haben die meisten von uns in diesen Jahren nicht gelernt, mit ihren Reaktionen umzugehen und kreativ als Seelen auf das Leben zu »antworten«. Wir leisten Widerstand und wollen vor allem von den anderen ernst genommen werden und von der Sippe, in der wir uns nun mal befinden, als vollwertige Mitglieder anerkannt werden.

Bis wir erwachsen geworden sind, haben wir reichlich Übung in Apathie, Langeweile, Ärger, Neid, Stolz, Ernsthaftigkeit und einer Vielzahl anderer Formen des Widerstands, die in der Gesellschaft, in der wir leben, so anerkannt sind. Übung macht den Meister. Wir werden so gut darin, dass wir sie geradezu vervollkommnen. Und dann verfeinern wir diese Fähigkeiten noch.

Aber jeder hat auch die Fähigkeit, auf das Leben kreativ zu »antworten«. Auf die eine oder andere Weise praktizieren Sie das jeden

Tag. Wenn Sie jahrelang geübt haben, unbewusst und automatisch zu leben, einfach den Reaktionen zu folgen, die in Ihrem Verstand und Ihrem Körper ausgelöst werden, dann werden Sie darin allmählich zum Experten. Wie ein Mensch, der jahrelang auf eine »falsche« Weise Klavier gespielt hat und jetzt eine bessere Technik kennenlernt, müssen Sie Ihre alten Gewohnheiten vergessen und neue entwickeln. Das ist nicht in einer einzigen Übungsstunde zu bewältigen.

Um zu üben, jedem Geschehen mit Heiterkeit zu begegnen, muss man sehr aufmerksam sein. Als Erstes müssen Sie bemerken, wie sehr Sie mit allem gewohnheitsmäßig umgehen, und davon einen Schritt zurücktreten. Dann können Sie stattdessen wählen, alle in Ihnen ablaufenden Reaktionen mit Humor zu betrachten. Vielleicht denken Sie dann: »Wow, dieser Ärger ist toll! Was für ein großartiger Energieschub! Ist doch klasse! Na los, nur weiter so!« Und während Sie so denken, amüsieren Sie sich und genießen die Entdeckung, dass Sie bislang von diesen Reaktionen und Emotionen überwältigt und gesteuert wurden, statt damit zu spielen. Denken Sie daran: Was da draußen mit den anderen vor sich geht, spielt für Sie keine Rolle. Es geht um Ihre Seelenbestimmung und die Erfüllung in Ihrem Leben. Und das beginnt mit ein wenig Humor. Lächeln Sie! Die kosmische »versteckte Kamera« beobachtet Sie!

Zu den größten Räubern des natürlichen Humors und der Heiterkeit gehören Geheimnisse. Wir tun so, als könnten wir etwas verbergen, Dinge für uns behalten, sodass sie nie jemand erfährt. Wie albern! Jeder von uns wird 24 Stunden am Tag, sieben Tage die Woche, von der kosmischen »versteckten Kamera« beobachtet. Wenn Ihnen das jetzt nicht einleuchtet, werden Sie nach Ihrem Tod eine Überraschung erleben. Sie werden Ihr Leben aus der Sicht dieser alles sehenden, alles wissenden »Kamera« erleben. Kein Gedanke, keine Empfindung, die ihr entginge. Hoppla – ja, auch dieser garstige Gedanke, den Sie gerade hatten, wurde aufgezeichnet.

Der Versuch, etwas zu verstecken, kostet enorm viel Energie. Sicher, vor anderen können wir so manches verborgen halten, aber nicht vor jedem und *niemals* vor der kosmischen »Kamera«. Wir haben die Wahl: Wir können Wände über Wände errichten, um zu verhindern, dass »es« jemand herausfindet, oder wir erkennen, dass alles bereits bekannt ist und nichts versteckt werden kann, und amüsieren uns über den kosmischen Witz. Ich persönlich bin an den dunklen Geheimnissen, die ich bei anderen sehe, nicht im Geringsten interessiert. Geheimnisse sind nur für die interessant, die sie haben. Zumindest für mich sind die Geheimnisse anderer Menschen ungefähr so interessant wie die Dias von den Sommerferien anderer Leute.

Ich habe einmal ein ganzes Jahr damit verbracht, jeden der 365 Tage zu üben, mit dem Leben heiter umzugehen. Ich verfügte bereits über einen guten Humor und konnte recht leicht über alles Mögliche lachen, doch es reichte nicht. Eines Tages, als ich anfing, zu lehren, fragte ich Gott in meiner Meditation, was ich tun solle, um mich weiterzuentwickeln. »Amüsier dich mehr«, hörte ich ganz deutlich. »Also gut«, dachte ich mir, »die nächsten vier Wochen werde ich jeden Tag üben, amüsierter auf das Leben zu ›antworten‹.«

Nun, wenn man beschließt, etwas besonders zu trainieren, begegnet man zuerst dem geballten Gegenteil. Angenommen, Sie beschließen, sich in Geduld zu üben, dann wird eine Zeit lang jede Ampel vor Ihrer Nase auf Rot schalten und die Schlange vor Ihnen an der Kasse wird sich immer am zähesten auflösen. Oder wenn Sie lernen wollen, liebevoller zu sein, werden Sie Menschen und Situationen begegnen, bei denen Sie nur wünschen, Sie könnten sich in ein anderes Universum beamen.

Sie können sich also vorstellen, was ich in diesem Monat durchmachte. Das meiste war kein bisschen komisch. Kein Tag verging ohne ärgerliche Angriffe auf meine Sinne und meine Sensibilität. Aber am Ende der vier Wochen war ich ganz vergnügt und zufrieden damit, wie ich die Aufgabe bewältigt hatte. Ich merkte, dass es mir immer leichter fiel, auch schwierigen und unangenehmen Situationen mit Heiterkeit zu begegnen, und dass ich leichter über mich selbst lachen konnte. Deswegen war ich überrascht, als ich für den nächsten Monat die gleiche Aufgabe erhielt: Ich sollte noch heiterer werden.

Also gut ... Wenigstens war es eine Übung, die Spaß bereitete; also praktizierte ich das Gleiche noch einen Monat lang weiter.

Dann erhielt ich die Aufgabe noch für einen dritten Monat! Und wieder und wieder – zwölf Monate lang. Vielleicht war Gott verreist und hatte mir ein Tonband hinterlassen. Nun, ich habe durchgehalten. Und ich habe eine Menge Sinn für Humor entwickelt.

Am letzten Tag des zwölften Monats dieser Übung absolvierte ich infolge einer besonders schwierigen Situation in meiner Bank meine Reifeprüfung. Zu jener Zeit überwachte ich sieben verschiedene Konten für eine Organisation, die ich leitete – und überall gab es Unstimmigkeiten. An jenem Morgen rief mich die Bank viermal an und bat mich, vorbeizukommen, um etwas zu klären. Am Nachmittag jenes Tages merkte ich dann, dass ich mich auch bei meinem persönlichen Konto um etwas kümmern musste, und ging lachend und kopfschüttelnd zum fünften Mal zur Bank.

Ich musste eine Weile warten, bis ich an die Reihe kam. Einstweilen »amüsierte« ich mich damit, die Fahndungsplakate des FBI an der Wand zu studieren. Ich betrachtete die Aura der Bankräuber, um vielleicht eine Gemeinsamkeit zu entdecken. Ich war ganz darin versunken, als hinter mir Unruhe ausbrach. Nach so vielen Jahren in Berkeley, Kalifornien, ließen mich plötzliches Geschrei und Aufregung völlig kalt. Dann wurde es plötzlich totenstill. »Das ist jetzt aber merkwürdig«, dachte ich und drehte mich um. Ich musste feststellen, dass ich der Einzige in der ganzen Bank war, der nicht bäuchlings mit ausgebreiteten Armen auf dem Boden lag – abgesehen von den zwei bewaffneten Bankräubern und dem Bankdirektor, dem man den Lauf einer Pistole in den Rücken drückte.

Ich stand genau zwischen den beiden Gangstern. Mein erster Entschluss war, mich nicht zu bewegen, ohne dass mich jemand dazu auffordert. Dann erdete ich mich, zentrierte mich noch mehr und zog meine Aura näher an mich heran. Ich überlegte, was ich alles bei mir hatte, und entschied, dass sie alles haben konnten: Kleider, Brieftasche, alles. Als ich meine sämtlichen »Besitztümer« losgelassen hatte, bemerkte ich das Komische an der Situation: Hier stand ich mitten in einem bewaffneten Banküberfall, eingeklemmt zwischen zwei Gangstern, von denen der eine auf alle zielte, die auf dem Boden lagen – nur nicht auf mich. Er stand etwas mehr als einen Meter von mir entfernt, und sobald er einen der auf dem Boden Liegenden anherrschte, still zu sein, schwenkte er die Pistole an meinem Gesicht vorbei, um wieder auf jemand anderen zu zielen. In meiner Belustigung dachte ich, hoffentlich muss er nicht mal niesen, während er gerade die Pistole an mir vorbeischwenkt. Dann wurde mir klar, dass sie mich nicht aufforderten, mich hinzulegen, weil sie mich nicht sehen konnten. Ich war nicht Bestandteil ihres Universums.

Die beiden Bankräuber waren von Angst und Wut besessen. Jeder in der Bank war voller Angst, außer mir, der ich neutral und amüsiert dazwischenstand. Ich existierte nicht für sie. Wenn man Wasser kocht, wird es zu Dampf und unsichtbar. Genauso machte mich mein Gefühlszustand offensichtlich unsichtbar. Im Vergleich zu den dichten Schwingungen der Angst, der Wut und der Feindseligkeit, ist Heiterkeit eine so viel höhere Schwingung, dass ich für die Augen der dichter Schwingenden verschwunden war. Keiner der beiden Bewaffneten hat mich auch nur ein einziges Mal bemerkt. Und in dem Augenblick, da ich zu Gott kommunizierte, dass der eine der beiden gleich gewalttätig werden würde, rief ihm sein Partner zu: »Das dauert schon viel zu lange. Wir müssen hier weg!« Und drehte sich im selben Moment einfach um und rannte hinaus, dicht gefolgt von dem anderen.

Nachdem sie die Aufzeichnungen der Überwachungskameras gesehen hatten, verhörten mich die Leute vom FBI drei Stunden lang, weil sie nicht begreifen konnten, warum ich einfach bei den Bankräubern herumstand, während alle anderen auf dem Boden lagen. Am nächsten Tag sah man mich auf der Titelseite von fünf Tageszeitungen, wie ich ruhig zwischen zwei waffenschwingenden Bankräubern stand. Ich wusste, ich hatte meine Abschlussprüfung in Heiterkeit bestanden. Seitdem habe ich nie wieder diese Aufgabe bekommen.

Mit Heiterkeit meine ich Ihr inneres Lachen. Es geht darum,

innerlich zu lachen, in welchem Zustand Sie sich auch befinden mögen. Es beruht auf dem Wissen, dass Sie sich selbst in diese Situation gebracht haben, und der Gewissheit, dass sie vorübergeht. Egal wie schlimm es ist, Sie können sich sicher sein, dass Gott Sie anlächelt: »Mal sehen, wie du damit fertig wirst.«

### Mitgefühl entwickeln

*Neutralität* befreit uns aus den Fangarmen der Reaktion; Heiterkeit schenkt uns Flügel, um uns zu Gottes Lächeln aufzuschwingen. Jetzt brauchen wir noch einen Kompass, der uns immer den Weg nach Hause zeigt. Dieses dritte Element des Gewahrseins, das uns hilft, auf unserer Lebensreise Erfüllung zu finden, ist das *Mitgefühl*. Mit Neutralität, Heiterkeit und Mitgefühl haben wir eine kraftvolle Grundlage, um mit den vielen Herausforderungen unseres spirituellen Wachstums umgehen zu können.

Mitgefühl ist die Berührung der Liebe, der Balsam für die Wunden des Herzens, das vor Angst blutet und von Urteilen zerrissen ist. Mitgefühl stellt die Einheit in allem wieder her. Mitgefühl für alle anderen ermöglicht es Ihnen, zur Einheit zurückzukehren. Durch Mitgefühl werden Sie zu einem magnetischen Kompass, der zuverlässig immer in dieselbe Richtung zeigt.

Mitgefühl heilt den verletzten Willen, macht ihn heil und frei. Mitgefühl sagt: »Ich weiß, du fühlst dich zerrissen, voller Schmerz und Leid, aber ich bin hier bei dir in Einheit. Du fürchtest dich vor dem, wo du bist, aber ich bin hier bei dir und ich fürchte mich nicht davor. Es gibt nichts, was du tun, sein oder haben kannst, was mich davon abhält, dich zu lieben, denn ich bin ein Teil von dir. Ich halte mich nicht an die Urteile, die du über dich selbst fällst. Ich schenke dir die Freiheit, sie weiter festzuhalten oder dich von ihnen zu befreien. So oder so respektiere und ehre ich dich, denn du bist ein Teil meiner selbst.«

Mitgefühl ist nichts, was wir haben können. Es ist nichts, was manche haben und andere nicht. Es ist jedem von uns in die Seele gepflanzt, aber wie bei einer zarten Pflanze in unserem Garten kann es nicht wachsen, wenn wir uns nicht darum kümmern. Täglich müssen wir unsere Wahrnehmung, die der Einheit unseres göttlichen Seins gilt, pflegen, um unser Mitgefühl zu entwickeln.

Mitgefühl ist die Antwort unserer Seele auf das Leiden. Es geht nicht so sehr darum, was Sie im Hinblick auf das Leiden tun, sondern darum, wie Sie es bewältigen. Niemand verdient es, zu leiden, und doch tun wir es alle. Wir wollen nicht leiden, aber jeder leidet irgendwann. Ich kenne niemanden, der ein ganzes Leben ohne Leiden verbringt. Leiden entsteht nicht, weil wir es wollen, sondern es ist die Konsequenz unserer miteinander im Konflikt stehenden Wünsche und Verlangen. Es gleicht einer psychischen Verunreinigung, die aus einer verqueren Beziehung zu unserer inneren Göttlichkeit und zu unserer Seelenbestimmung entsteht.

Ich hörte einmal einem Mann zu, der sich darüber beklagte, dass ihm nie jemand helfe. »Ich kriege nie das, worum ich bitte«, beschwerte er sich.

Ich erklärte ihm: »Seit vielen Jahren wollten Sie mehr als alles andere allein gelassen werden. Sie wollten alles auf Ihre Art machen und haben immer gefragt: ›Warum können mich nicht einfach alle in Ruhe lassen?‹«

Überrascht gab er zu, dass das stimmte; er erkannte, dass er darum gebeten hatte, seine Ruhe zu haben, wenn andere ihm helfen wollten, und dass er um Hilfe gebeten hatte, wenn er alleine war. Nein, er hatte natürlich nie darum gebeten, zu leiden, aber da ihm nie klar war, wie sehr er genau das bekam, worum er gebeten hatte, litt er ständig.

Mitgefühl schenkt uns die Chance, die Zyklen unseres Bittens und Empfangens zu vervollständigen. Statt darauf zu bestehen, das zu kriegen, was wir wollen, wie wir es wollen und wann und wo wir es wollen, können wir mitfühlend zulassen, dass sich unser Prozess des Empfangens auf seine eigene Weise und in seiner eigenen Zeit entwickelt, genau wie bei einer Pflanze – oder bei einem Menschen.

Wenn wir darum bitten, neutraler zu sein, werden die Urteile und Erwartungen, die wir in uns tragen, auftauchen. Mit Mitgefühl lassen wir die alten Energien los, und mit Akzeptanz und Freundlichkeit heißen wir die neuen willkommen. Bitten wir um Liebe, dann entdecken wir, wie viel Eifersucht, Rachegelüste und Hass wir in unserem Herzen tragen, und nehmen all das wahr, was wir an uns nicht lieben. Natürlich müssen wir das klären, bevor wir die Liebe empfangen können, um die wir gebeten haben. Mitgefühl bietet uns ein Heiligtum, in dem wir die Konsequenzen unseres Bittens und unserer Entscheidungen zu ihrer Vollendung bringen können.

Wenn wir beide ein gemeinsames Haus haben, gehört der Riss in der Wand weder Ihnen noch mir. Falls wir den Riss nicht reparieren, fällt das Haus irgendwann zusammen. Keiner von uns hätte dann ein Dach über dem Kopf. Oder wenn wir in einem großen Mehrfamilienhaus leben und die Abwasserleitung verstopft ist, stellt das weder nur mein noch nur Ihr Problem dar. Doch wenn wir sie nicht reparieren, verlieren wir früher oder später alle unser Zuhause. Das Gleiche gilt für unsere Kultur, unsere Rasse, unsere Menschheit und unser Universum. Es spielt keine Rolle, wer leidet. Wie der Riss in der Wand gehört auch das Leiden niemandem im Speziellen. Wir alle müssen die Schäden reparieren, sonst bricht das Gebäude zusammen.

Wenn Sie vor Mitgefühl überfließen, werden Sie zu dem Brunnen, an dem sich die Durstigen erquicken können. Gottes unerschöpflicher Brunnen versorgt uns alle mit Mitgefühl. Seien Sie der Brunnen für Gottes heilende Wasser, auf dass alle leichter Zugang dazu haben. Antworten Sie auf alles, dem Sie in sich selbst, in anderen und in der Welt begegnen, mit Mitgefühl – dann treten Sie in die Fußstapfen des Göttlichen.

# 11

## Den Tempel der Seele errichten

> »... so wie man sich vorstellen kann,
> in dem harten, kalten Stein
> gäbe es eine lebendige Gestalt,
> die es herauszubringen gilt
> und die allmählich heranwächst,
> während der Stein wegfällt –
> so liegt auch manches gute Werk,
> das unsere Seele erzittern lassen kann,
> verborgen unter der rauen,
> groben Haut unserer eigenen Körper.«
>
> MICHELANGELO[5]

MIT DER WAHRHEIT ALS MEISSEL ERRICHTEN WIR DEN TEMPEL UNSERER EIGENEN SEELE. Aus dem Steinbruch unseres Lebens müssen wir die Illusionen einer soliden, festliegenden Welt weghauen, um unsere »lebendige Gestalt« herauswachsen zu lassen. Vielleicht war Michelangelo so ein exzellenter Bildhauer, weil er beharrlich durch den scheinbar harten, kalten, bewegungslosen Marmorblock hindurchsah und den Atem göttlicher Bestimmung darin spürte. Statt dem Stein seinen persönlichen kreativen Willen aufzuzwingen, wie es viele Künstler gerne tun würden, widmete er sein Leben der Befreiung der ewig strömenden, strahlenden Schönheit der Liebe Gottes, sei es in der Verherrlichung unserer größten Errun-

---

[5] Übersetzung des Zitats aus dem Englischen; aus »Michelangelo: Sculptor« von Rupert Hodson.

genschaften oder in der Würdigung des tragischsten menschlichen Leidens.

Wenn ich Michelangelos »David«, den »Sterbenden Sklaven« oder seine »Pietà« betrachte, sehe ich das Göttliche durchschimmern. Unter Michelangelos leidenschaftlicher Hand und seiner weit reichenden Visionskraft konnte die Festigkeit, Dichte und Unbeweglichkeit des Steins die Herrlichkeit des Göttlichen nicht verborgen halten. Jeder von uns kann sich entscheiden, entweder sein Leben einfach als Steinblock ruhen zu lassen – den göttlichen, unendlichen und ewigen Geist gefangen in der scheinbaren Beschränkung unserer materiellen Existenz – oder wie Michelangelo das Göttliche aus unserer Illusion eines begrenzten, sterblichen Lebens auferstehen zu lassen.

Um der Seele mitten im Gerümpel der Welt ein Heiligtum zu errichten, können wir ihr einen Tempel erbauen, einen Ort der Anbetung, der uns daran erinnert, dass trotz der sich ständig verändernden Bedingungen dieser Welt alles immer noch Gott ist und dass wir wach bleiben müssen! Mithilfe eines Tempels kann man den Himmel auf die Erde bringen. Um ihn herum können wir eine Gemeinschaft bilden, die hilft, aus der Menschheit ein Haus des Göttlichen werden zu lassen. Dieser Tempel für unsere Seele ist unser Körper.

Die göttliche Gnade gebiert für uns einen physischen Körper, der durch unsere Eltern aus den Elementen erschaffen wurde. Unsere Inkarnation in diesen Körper ist ein aufregenderes und erfüllenderes Abenteuer als jede Geschichte, die man sich ausdenken könnte. Wir sind dazu bestimmt, in diesem physischen Körper unseren wahren, unsterblichen Licht-Körper zu entdecken und auferstehen zu lassen und damit zu einem vollständigen menschlichen Wesen zu werden – zu Gottes eingeborenem Kind.

### Die geheime Formel

Im Symbol für den Planeten Merkur zeigt uns die esoterische Astrologie die geheime Formel für den vollständigen Menschen. Merkur ist der Planet der Götterboten. Sein Symbol besteht aus der Mondsichel: Sie ruht auf der Sonne, die wiederum auf der Grundlage der Erde steht. Das Kreuz repräsentiert die Erde mit den vier Himmelsrichtungen. Es ist unser geerdeter physischer Körper. Auf ihm sitzt die durch einen Kreis dargestellte strahlende Sonne. Das ist unser lebensspendendes Herz, aus dem die Einheit strömt, wenn es voller Liebe und frei von Urteilen ist. Die Mondsichel ruht wie eine leere Schale auf der Sonne. Wenn wir unseren Verstand von dem schwatzenden Widerstand der Angst frei machen können, erlangen wir das kosmische Bewusstsein der Göttlichkeit. Leben wir nach dieser heiligen Formel, verbinden sich in uns Himmel und Erde. So tauchen wir langsam »unter der rauen, groben Haut unseres eigenen Körpers« auf und werden zu der lebendigen Gestalt eines vollständigen, strahlenden Menschen.

### Die drei Aspekte der Seele

Wir *haben* keine Seele, wir *sind* eine Seele, die in den menschlichen Körper-Geist inkarniert. Wir tun dies in Form von drei Aspekten unseres Seelen-Selbst, von denen jeder unabhängig als eigenes »Selbst« funktioniert: das fühlende Selbst, das vernünftige Selbst und das transzendente oder höhere Selbst. Während des größten Teils unserer Inkarnation sind diese drei Aspekte des Selbst hinsichtlich Kommunikation und Bestimmung nicht so im Einklang miteinander, wie es das Symbol des vollständigen Menschen nahelegt. Das fühlende Selbst und das vernünftige Selbst streiten oft wie Kinder, während das transzendente Selbst wie eine wohlwollende Mutter geduldig zuschaut – wie ein Gott, der darauf wartet, um Hilfe gebeten zu werden.

Sie haben dieses innere Streiten sicher schon manchmal erlebt, wenn Ihr Herz Sie in die eine Richtung zieht und Ihr Kopf dagegen argumentiert. Häufig zeigt Ihnen Ihr Kopf die einzig logische Lösung für eine Situation, während Ihr Herz auf Gefühle pocht.

Noch schlimmer: Hatten Sie schon mal eine Ahnung des göttlichen Willens, während Ihre Gedanken im Kreis rannten und Ihr Herz einfach nur »Aua!« schrie? Sie wissen, dass Ihr Herz nicht denken kann und Ihr Kopf nicht fühlen: Wie kann man also die beiden dazu bringen, mit dem Göttlichen und miteinander zu arbeiten?

Als Jesus erklärte, welches die wichtigsten Gebote seien, gab er die absolute Anweisung für die Integration dieser drei Aspekte des Selbst: *»Du sollst den Herrn, deinen Gott, lieben mit ganzem Herzen, mit ganzer Seele und mit all deinen Gedanken.«* (Matthäus 22,37) Das Herz repräsentiert hier das fühlende Selbst, die Seele das höhere Selbst und die Gedanken das vernünftige Selbst. Um in der Einheit des Göttlichen Ihre Bestimmung zu erfüllen, müssen Sie in jedem dieser Aspekte des Selbst die einzigartige Erfahrung des Einsseins erkennen.

Das fühlende Selbst kümmert sich um Ihr Gedächtnis. Um Erinnerungen zu behalten, brauchen wir auch die empfindsame, beeindruckbare Fähigkeit der Seelen-Energie. Dieses Selbst »fühlt« die Erfahrung in Form von Schwingungen und bewahrt einen »Eindruck« davon. Um es als Erinnerung zu speichern, verbindet es den energetischen Eindruck assoziativ mit anderen Eindrücken. Ähnliche Schwingungsmuster werden zusammen gespeichert. Erinnerungen werden auch durch Assoziationen wieder wachgerufen. Wenn Sie zum Beispiel ein bestimmtes Parfüm riechen, »erinnern« Sie sich vielleicht an einen lieben Menschen, der es einst verwendete. Oder Sie fühlen sich in einer Umgebung bedroht, weil sie einem Ort ähnelt, an dem Sie einmal traumatisiert wurden. Oder Sie mögen jemanden nicht, weil er einem anderen ähnelt, der Sie einmal verletzt hat. Ihr fühlendes Selbst überwacht ständig Ihre unterbewussten Erinnerungs-Transaktionen.

Die drei Aspekte des Selbst inkarnieren nicht simultan. Das fühlende Selbst tritt in den Körper ein, wenn der kleine Mensch ungefähr vier Jahre alt ist, und bildet bis zum Alter von ungefähr sieben Jahren sein hauptsächliches Bewusstsein. Es befindet sich normalerweise in einem weichen, höhlenartigen Energieraum im oberen, hinteren Bereich des Herzens.

Das vernünftige Selbst überwacht Ihre analytischen Funktionen. Dieser Teil analysiert Ihre Empfindungen, Erinnerungen und intuitiven Daten, um daraus Schlussfolgerungen zu ziehen. Es wirkt als Geschäftsführer Ihres »Betriebs«, der von oben Anweisungen erhält und von unten Informationen. Dieser Aspekt tritt ungefähr im Alter von sieben Jahren in den Körper ein und steuert sein Bewusstsein maßgeblich bis zum Alter von ungefähr vierzehn Jahren. Der Sitz des vernünftigen Selbst ist die Zirbeldrüse im Gehirn.

Das höhere Selbst bleibt normalerweise außerhalb der physischen Begrenzungen des Körpers. Es sitzt einen knappen Meter über dem Kopf in einem Energiezentrum (Chakra). Dieser transzendente Aspekt der Seele ist der »Gottesfunke«, der »Polarstern« der Seelenreise der Inkarnation. Er entspricht dem Generaldirektor, der das Leben und die Bestimmung des Betriebs überwacht. Das höhere Selbst verfügt über die »Blaupause« Ihres Lebens, steuert Ihr Schicksal und verwahrt die Erinnerungen an alle Ihre Inkarnationen.

Diese drei Aspekte des Selbst können unabhängig voneinander funktionieren, aber wenn bestimmte Bedingungen erfüllt sind, wirken Sie im Einklang miteinander. Wenn Ihr fühlendes Selbst Einheit zwischen Körper und spirituellem Geist erfährt, überlässt es dem vernünftigen Selbst das Steuer und handelt nach seinen Anweisungen. Kleine Kinder, die noch ganz dem fühlenden Selbst unterstehen, folgen den Anweisungen und Entscheidungen ihrer Eltern willig und vertrauensvoll, wenn sie sich mit ihnen im Einklang fühlen. Wenn das fühlende Selbst jedoch einen Bruch zwischen Körper und spirituellem Geist empfindet, übernimmt es selbst die Kontrolle und folgt der Vernunft nicht. Auf einer assoziativen Ebene kann es selbst so irrationalen Formeln folgen wie: »Ich muss mich selbst zerstören, um zu überleben.«

Wenn es keine Einheit erlebt, distanziert es sich immer weiter vom vernünftigen Selbst, um zu »überleben«. Wenn Sie zum Beispiel versuchen, mit einem Teenager »vernünftig« zu reden, der auf der Ebene seines fühlenden Selbst funktioniert, weil die Einheit zwischen Geist und Körper gestört ist, werden Sie wahrscheinlich wenig Erfolg haben. Nur wenn Sie das *Gefühl* der Einheit herstellen können, kann die Kommunikation kooperativ und rational werden.

Wenn Körper und spiritueller Geist im Einklang sind, übernimmt das vernünftige Selbst die Rolle des steuernden Bewusstseins. Und wenn Sie sich des Göttlichen gewiss sind, wird Ihr vernünftiges Selbst die Kontrolle über Ihren Körper-Geist an das höhere Selbst abgeben. Dann werden Sie auf einer höheren, intuitiven Ebene funktionieren und mehr von Ihrem spirituellen Gewahrsein und von Ihrer spirituellen Energie verkörpern.

Ihre Gewissheit erzeugt Intuition, und Intuition erzeugt die *Erfahrung* von Gott. Der Begründer des Sufi-Ordens im Westen, Hazrat Inayat Khan, zitierte aus den Lehren des Gayan: »Wer Gott zu seiner Wirklichkeit macht, den macht Gott zur Wahrheit.« Je mehr Sie aus Ihren karmischen Erfahrungen göttliche Weisheit herausdestillieren, desto mehr werden sich die drei Aspekte des Selbst zu einem harmonischen spirituellen Körper der Wahrheit verbinden. Aus der scheinbaren Festigkeit Ihres elementaren Körpers meißeln Sie alle entzweienden und begrenzenden Überzeugungen, Herabsetzungen und unterdrückten emotionalen Energien weg und lassen den wahren Tempel der Seele sichtbar werden, in dem sich das Göttliche manifestiert.

## Den Tempel errichten

Der größte Bildhauer kann kein Meisterwerk erschaffen, wenn ihm ein Stein fehlt, aus dem er es bilden kann. Genauso können wir unser Bewusstsein und unsere Energie nicht ohne einen elementaren Körper in einen strahlenden, unsterblichen Körper verwandeln. Nur durch unseren Körper-Geist können wir als spirituelle Wesen eine Erfahrung von Zeit, Raum und manifestierter Form gewinnen und das ganze Spektrum der Schöpfung als objektive Wirklichkeit erfahren.

Der Körper, in den wir inkarnieren, besteht aus den Elementen der Erde und den karmischen Mustern und vergangenen Taten, Empfindungen und Gedanken. Der Körper, den wir durch unsere bewusste »Antwort« auf alles, was uns im Leben begegnet, bilden, muss die karmischen Zyklen von Ursache und Wirkung transzendieren und mit der Unendlichkeit, Ewigkeit und Unsterblichkeit des Geistes im Einklang sein. Wenn wir unser Bewusstsein mit Ignoranz, Gleichgültigkeit, Widerstand, Anhaftungen und Ohnmacht vergiften, können wir die Allwissenheit, Allgegenwart und Allmacht des Göttlichen nicht zum Ausdruck bringen. Das Leben muss ungestört durch unseren Körper fließen können. Wir müssen unser Licht wahrhaft leuchten lassen.

Sie sind die Antwort auf den Ruf der Bestimmung des Lebens. Welche Art von Antwort sind Sie jetzt? Was sehen Sie, wenn Sie sich anschauen, wer Sie geworden sind? Welche Art von Antwort wären Sie gerne? Was mögen Sie an sich und was würden Sie gerne verändern? Sie *sind* Ihr fortschreitendes Werkstück. Genauso wie ein Bildhauer gleichzeitig sowohl die Vision seines Werkes als auch seinen jetzigen Zustand im Blick haben muss, müssen auch wir sowohl unser Potenzial als auch unsere gegenwärtige Wirklichkeit anerkennen. Beides ist notwendig. Künstler, die keine Vision haben, hauen bloß planlos Steinbrocken weg. Und wer sein Werkstück nicht akzeptiert, weil es nicht vollkommen genug ist, kann auch nicht weiterkommen. Ihr Leben ist ein ständiges Sein und Werden – bis Sie endlich *sind*.

# 12

# Erinnerungen meistern

DER GEIST IN UNBEGRENZT. WIR SIND NICHT NOTWENDIGERWEISE EINGESCHRÄNKT. Alle Begrenzungen – die Bedingungen unserer Existenz – sind erlernt und abgespeichert. Sie sind nicht notwendigerweise real. Wir erinnern uns an alle unsere Leiden. Unsere Erinnerungen enthalten all das, was unsere totale Freiheit einschränkt, unser göttliches spirituelles Selbst zu sein. Der wahre Sinn des Erinnerns besteht darin, zu vergessen, was wir *nicht* sind, damit wir werden, was wir sind. Erinnerungen sind nicht unsere Meister – wir sind ihnen nicht verpflichtet. Wir können uns entscheiden. Das ist das Geheimnis unserer Freiheit.

## Anatomie der Erinnerungen

Unser Gedächtnis ermöglicht es uns, Informationen auch nach längerer Zeit wieder ins Bewusstsein zu holen. Erinnerungen bestehen aus:

1. den eigentlichen »Daten« oder energetischen Mustern der Erfahrung;
2. der »Ladung« oder Polarität der Erfahrung (anziehend, abstoßend oder neutral);
3. der »Etikettierung« oder Benennung der Erfahrung;
4. Assoziationen einzelner Elemente der Erfahrung mit anderen Erinnerungen (Zuordnung und Querverbindungen);

5. dem Raumzustand (Energiefeld), in dem die Daten gespeichert sind;
6. der Suchmaschine.

Unsere Erinnerungen beginnen mit der Polarisierung unseres Bewusstseins und unserer Interaktion mit den Kräften der Anziehung, der Abstoßung und der Neutralität. Solange wir nicht in uns neutral geworden sind, werden wir von anziehenden Kräften angezogen, von abstoßenden Kräften abgestoßen und bleiben unbeeindruckt von der Neutralität der Einheit des Geistes. In dem Hin und Her zwischen diesen Kräften geben wir in unserer kontinuierlichen Erfahrung jedem Wechsel der Polarität eine Bezeichnung. Sobald ein Segment unserer Erfahrung mit einem bestimmten Etikett versehen ist, speichern wir es als holografisches, multisensorisches Bild ab. Nur wenn wir die ursprüngliche Erfahrung mit einem Etikett oder einem anderen Bild verknüpfen können, behalten wir sie im Gedächtnis.

Jede einzelne Erinnerung wird durch die Assoziation mit anderen Informationen, die nicht zu der eigentlichen Erfahrung gehören, gespeichert. Angenommen, Sie tanzen. Die ursprüngliche Erfahrung besteht aus fließenden Bewegungen, die von verschiedenen Empfindungen begleitet werden. Wenn Sie diese Bewegungsabfolge nicht mit der Bezeichnung »Tanzen« assoziieren würden, könnten Sie hinterher nicht sagen, dass Sie getanzt haben. Sie würden sich an das Tanzen nicht so erinnern, dass es sich von Ihren anderen Aktivitäten unterscheidet. Nehmen wir also weiter an, dass Sie diese Erfahrung mit der Bezeichnung »Tanzen« verbunden haben. War die Erfahrung für Sie angenehm, bezeichnen Sie sie auch mit »angenehm«, was Assoziationen zu vielen anderen Aktivitäten auslösen kann. Wenn Sie stattdessen hingefallen sind, Ihr Bein gebrochen und sich dafür schrecklich geschämt haben, assoziieren Sie Tanzen wahrscheinlich mit »schmerzhaft und beschämend«. Vielleicht erzeugen Sie sogar ein Urteil wie »schauderhaft«. Erinnern Sie sich an Ihre Erfahrungen, dann stecken die meisten also erst einmal voller Assoziationen. Manche Erinnerungen sind so unter

Assoziationen begraben, dass Sie sich kaum noch an die Erfahrung selbst erinnern.

Jedes Mal, wenn wir die wesentlichen »Daten« der ursprünglichen Erfahrung ändern, indem wir etwas anderes damit verknüpfen, speichern wir diese Erinnerung als ein gesondertes »Bild«. Wenn wir unsere Erfahrung des ursprünglichen Ereignisses nicht verändern, bleibt uns keine Erinnerung; dann tragen wir die Erfahrung nur als Weisheit in unserem Sein. Deswegen können wir uns an Augenblicke der »Wahrheit« so schlecht erinnern. Wenn wir solche strahlenden Augenblicke der Erkenntnis haben, versuchen wir vergeblich, sie festzuhalten. »Ich hab's!«, rufen Sie aus und können einen Moment später niemandem erklären, was es war. Doch wenn Sie in Ihr Sein hineinspüren, werden Sie bemerken, dass dieser Augenblick der Wahrheit etwas in Ihnen grundlegend verändert hat, selbst wenn Sie sich nicht »erinnern« können, was es war. An »Fakten« können wir uns erinnern, aber Wahrheit können wir nur erfahren – von Augenblick zu Augenblick.

Wenn wir unsere Erfahrung ganz verdaut und assimiliert haben, verwandelt sie sich in Weisheit, die zu einem Teil unseres Wesens wird, statt eine gesondert abgespeicherte Erinnerung zu bleiben. Wenn wir etwa anfangen, eine Sportart oder ein Instrument zu lernen, müssen wir uns am Anfang daran »erinnern«, wie man die Hände halten oder bestimmte Bewegungen durchführen muss. Es fühlt sich fremd an und wir sind langsam, weil wir uns ständig jede Phase vergegenwärtigen müssen. Wir rufen immer wieder unsere Erinnerungen auf. Doch nach entsprechender Übung wird uns das Vorgehen zur »zweiten Natur«. Dann brauchen wir uns nicht mehr daran zu erinnern, wir »wissen« einfach, was zu tun ist. Wir denken nicht mehr darüber nach, unser Tun fließt aus unserem Sein. Dann haben wir Weisheit aus unseren Erfahrungen gewonnen, statt sie als einzelne Erinnerungen zu speichern. Dann wird unser Sein zum Tun.

In Augenblicken der Unbewusstheit hingegen öffnet unser assoziativer Verstand eine gesonderte »Überlebensdatei«. Dies geschieht in unserer physischen Inkarnation, wenn wir ein Trauma erleben. Ein physisches Trauma wie ein starker Stoß oder eine tiefe Verletzung unterbrechen den Lebensfluss, der den Körper durchströmt. Dieser Energiefluss besteht aus unserer Lebenskraft, die direkt unterhalb der Haut den ganzen Körper durchzieht und unsere Verbindung zu unserem Körper darstellt. Die direkte Erfahrung des Schmerzes stellt eine Art Kurzschluss im Körper her, als ob eine Sicherung durchbrennt. Wenn dieser verbindende Fluss unterbrochen ist, können wir den Körper verlassen. Unser Licht verlöscht vorübergehend und unser Bewusstsein trennt sich vom Körper-Bewusstsein. Wenn das Trauma stark genug ist, fallen wir möglicherweise in Ohnmacht oder trennen uns so stark von unserem Körper, dass wir sterben. Wenn wir nicht sterben und wieder zu unserem Körper zurückkehren, geht das Licht wieder an und das Bewusstsein ist wieder präsent.

Ersetzen wir die »durchgebrannte Sicherung« bei unserer Rückkehr in den Körper nicht wieder, findet unser Bewusstsein einen Umweg: Alles, was mit der traumatischen Erfahrung zusammenhängt, wird als unterbewusste Überlebenserinnerung abgespeichert. Dieser Selbstschutz des Bewusstseins funktioniert rein assoziativ, automatisch und ohne intellektuell nachvollziehbaren Zusammenhang. Seine einzige Logik ist die Assoziation einer Frequenz mit einer anderen. Erinnerungen, die gleich »klingen« (wie eine Stimmgabel eine Gitarrensaite zum Schwingen bringen kann), sortiert das assoziative Bewusstsein unter der gleichen Rubrik ein.

Während wir unbewusst sind und uns außerhalb des Körpers befinden (und sei es nur teilweise), schaltet sich das vernünftige Selbst ab und das assoziative Selbst speichert die Erinnerung an alles ab. Bei der Rückkehr in unseren Körper werden alle diese Informationen dann unter dem Thema »Überleben« einsortiert. Schließlich haben wir ja überlebt, oder? Leider folgern wir daraus, dass alles, was geschehen ist, während wir »draußen« waren, als überlebensnotwendig eingestuft wird. Wenn wir uns wieder bedroht fühlen, wird die im Unterbewussten gespeicherte Erinnerung wieder aktiviert, die bestimmt, dass wir die Elemente der früheren Traumatisierung brauchen, um zu überleben.

Hier ein Beispiel: Während einer Heilsitzung mit einer Frau, die gesündere Beziehungen zu Männern entwickeln wollte, entdeckte ich ein Ereignis in ihrer frühen Kindheit, in der sie von ihrem Vater geschlagen wurde. Der direkte Schmerz des Schlags beförderte ihren spirituellen Geist aus ihrem Körper. Während »sie« draußen war, fuhr ihr Vater mit seinen körperlichen und verbalen Attacken fort. Die Misshandlung wurde so zu einem Teil ihrer unterbewussten Überlebens-Informationen. Als sie dann auf eigenen Füßen in der Welt stehen sollte, war sie voller Ängste und Zweifel, ob sie es schaffen würde. Das aktivierte ihre Überlebenserinnerungen, die bewirkten, dass sie sich unterbewusst zu einem gewalttätigen Mann hingezogen fühlte, mit dem sie dann auch eine Beziehung einging. Wann immer ihr Überleben in Gefahr schien, sei es finanziell, bei ihrer Arbeit oder in ihren Beziehungen, begann ihr Partner, sie körperlich und verbal anzugreifen. Und jedes Mal war es so traumatisch für sie, dass sie ihren Körper verließ und dabei mehr »Daten« des Missbrauchs sammelte, die zu ihrem Überleben beizutragen schienen. In ihrem Bewusstsein hasste sie diesen Kreislauf, doch sie fand keinen Weg, das Muster zu durchbrechen. Sobald sie gehen wollte, diktierte ihr ihre Erinnerung, dass eine gewalttätige Beziehung überlebensnotwendig sei. Erst als sie ihr spirituelles Selbst anerkannte, sich für die Wahrheit entschied und bewusst übte, in ihrem Körper präsent zu sein, konnte sie sich von ihren unterbewussten Erinnerungen emanzipieren: Sie bekam sie in den Griff und ist heute eine spirituell bewusste Person, die gesunde Beziehungen führt und auf ihrem Weg zur Erfüllung ist.

Die »durchgebrannte Sicherung« ist die Erinnerung an den körperlichen Schmerz der ursprünglichen Erfahrung. Sie wird sowohl an dem Ort des Traumas im Körper bewahrt als auch in den unterbewussten Überlebenserinnerungen des assoziativen Bewusstseins. Die Sicherung zu ersetzen bedeutet, das mentale Bild des ursprünglichen Schmerzes zu de-energetisieren, die Energie zu unserem spirituellen Selbst zurückzuholen und die Lebenskraft wieder durch den Körper zirkulieren zu lassen. Wenn wir uns um unser spirituelles Bewusstsein kümmern, können wir uns nicht nur von den Zyklen des

Missbrauchs, der Sucht und anderen selbstzerstörerischen Mustern befreien, sondern auch die Begrenzungen des physischen Körpers überwinden.

Vor vielen Jahren kam eine junge Frau zu mir und bat mich um Heilung. Sie war blind, aber das war es nicht, was sie heilen wollte. Es ging um Probleme in ihren Liebesbeziehungen. Als ich sie hellseherisch betrachtete, um herauszufinden, was sie beeinflusste, fand ich eine ihrer »durchgebrannten Sicherungen«: Ich sah das Bild einer Erinnerung aus ihrer Kindheit. Sie war in das Schlafzimmer ihrer Eltern gekommen, als die gerade Sex miteinander hatten. Die harsche Reaktion ihrer Eltern ängstigte sie, und deren Angst, Scham, Schuldgefühle und Ärger, zusammen mit mentalen Geboten wie »Schau weg ... Du hast nichts gesehen ... Geh fort!« prägten sich in ihr Bild von romantisch-sexuellen Beziehungen ein. Sie hatte etwas gesehen, das sie nicht hätte sehen dürfen, und als Ergebnis davon baute sich ihr Sehsinn im Lauf der nächsten Jahre immer mehr ab, bis sie ganz erblindete. Und wann immer sie sich auf eine Liebesbeziehung einließ, durchlebte sie die vergangenen Emotionen ihrer Eltern wieder.

Im selben Moment, in dem sich dieses emotional aufgeladene Bild durch meine Behandlung herauskristallisierte, brach sie unter Tränen zusammen. Nach einer Weile wischte sie sich die Tränen aus den Augen und starrte neben mich an die Wand. Halb lachend, halb weinend schaute sie mich an und erklärte: »Ich kann die Worte auf dem Poster lesen!« Danach betrachtete sie ausgiebig jedes Gesicht im Raum. Seit mehr als sieben Jahren konnte sie zum ersten Mal wieder etwas sehen.

Nicht jede Heilung funktioniert so leicht. Manchmal liegt die ursprüngliche, unterbewusste Überlebenserinnerung so tief unter vielen anderen Assoziationen begraben, dass man erst über eine Zeit hinweg Schicht um Schicht abtragen muss. Im Fall dieser Frau war das eigentliche Trauma, das ihre Blindheit ausgelöst hatte, noch nicht so stark überlagert. Das hing zum großen Teil mit ihrer eindrucksvollen Akzeptanz ihrer selbst und ihrer Lebensumstände zusammen.

Je früher man zum Ursprung des Schmerzes zurückgeht, desto leichter ist es, ihn umzukehren. Ich hielt mich einmal irrtümlich an einem glühend heißen Stahlrohr fest, als ich die Balance verlor. Meine Hand zischte und die Haut verdampfte fast. Mein Körper geriet in einen leichten Schock und ich merkte, wie ich über meinem Körper schwebte. Sobald ich begriffen hatte, was geschehen war, kehrte ich in meinen Körper zurück und spürte zum ersten Mal den beinahe unerträglichen Schmerz in meiner Hand. Ich erdete mich und begab mich nach innen zu dem Bild des Schmerzes, das sich in meiner unterbewussten Überlebenserinnerung gebildet hatte. Nachdem ich das Bild mental aufgelöst und die darin gebundene Energie in mein Sein zurückgeholt hatte, heilte die Haut meiner Hand vor meinen Augen, als hätte jemand einen Film auf Rücklauf geschaltet. Die Haut meiner Hand, weiß wie Asche und von Blasen überzogen, verwandelte sich in normale, weiche, rosa Haut. Aller Schmerz verschwand – es blieb keine Spur einer Verletzung zurück.

Allerdings habe ich auch ein paar nette Narben von Ereignissen aufzuweisen, bei denen es mir nicht gelang, ganz zu dem Bild des Traumas zurückzukehren. In den meisten Fällen lag es daran, dass ich in der Situation selbst andere Prioritäten setzte und mich nicht um die notwendige Erkundung meines Bewusstseins kümmerte. Oft gelange ich erst an den ursprünglichen Schmerz, nachdem ich die über Jahre angesammelten Schichten von Bildern und Energien abgetragen habe. In vielen Fällen erinnere ich mich nicht einmal an die Erfahrung, bevor ich nicht zu dem ursprünglichen Überlebensbild komme.

Die in den Erinnerungen gebundene Energie zu sich zurückzuholen ist ein wichtiger Schlüssel zur Heilung, zur Transformation von Karma in Weisheit und zur Erfüllung der Seelenbestimmung. Je mehr Energie Sie in Ihre Erinnerungen investieren, desto mehr Macht haben sie über Sie. *Um den Tempel Ihrer Seele zu errichten, muss Ihnen die Wahrheit wichtiger sein als Ihre Erinnerungen. Nur dann können Sie sich aus der Sklaverei Ihrer unterbewussten Erinnerungen befreien.*

**Es ist nur ein Bild**

Es mag am Anfang schwer zu glauben sein, aber das meiste, was Sie vermeintlich als »Wirklichkeit« erleben, sind nur Erinnerungsbilder. Und die Mehrzahl dieser Bilder sind nicht einmal Ihre eigenen. Das assoziative Bewusstsein steuert sie aus dem Unterbewusstsein bei. Je mehr Energie Sie von den dort gespeicherten Bildern zurückholen, desto bewusster werden Sie das innere Wirken Ihres mentalen Geistes erkennen.

Unterhalb Ihres normalen Bewusstseins ist Ihr assoziatives Bewusstsein ständig am Wirken. Unablässig schießt es Bilder von vergangenen Erfahrungen in Ihr Bewusstsein, um Sie am Leben und funktionsfähig zu erhalten. Es tut das in bester Absicht, doch leider haben diese Bilder wenig mit der gegenwärtigen, objektiven Wirklichkeit zu tun. Sie sind einfach Assoziationen aus der Vergangenheit, die zu gewissen Teilen der Energiemuster dessen passen, was gerade los ist. Das ist vergleichbar mit einem Sportreporter im Fernsehen, der auf seinem Computerbildschirm alle vergangenen Ergebnisse eines gerade am Start stehenden Sportlers aufruft. Diese Statistiken sind Vergangenheit, sie haben in Wirklichkeit nichts mit dem zu tun, womit der Sportler jetzt gerade konfrontiert ist. Die Emotionen und Erwartungen, die durch die Erinnerung an vergangene Erfahrungen wachgerufen werden, können die Leistung des Sportlers jedoch sehr beeinflussen.

Jeder von uns trägt so einen Hightech-Mechanismus in sich. Unser Computer vermittelt uns ständig, dass wir die letzten zehn Male, als wir das Gleiche taten, was wir gerade tun wollen, versagt haben – oder wie großartig wir es das letzte Mal hingekriegt haben und dass wir es deswegen diesmal noch besser können sollten. All das sind nichts anderes als alte Nachrichten und die Urteile und Erwartungen anderer, die wir in unserem Gedächtnis tragen. Warum? Weil wir sie einmal für bedeutsam hielten. Wie oft haben wir etwas getan, nur um unseren Eltern, Partnern, Lehrern, Freunden oder Chefs zu gefallen? Wie hoch haben wir deren Meinung über uns bewertet? Wir halten das für sehr wichtig, bis wir bewusster werden und merken: Wir können uns entscheiden, was wir im Gedächtnis bewahren wollen.

Entscheiden wir uns jedes Mal für die Wahrheit, wenn wir einem dieser verborgenen Bilder in uns begegnen, dann holen wir die in ihnen gebundene Energie zurück. Statt zuzulassen, dass uns unsere Erinnerungen und die Meinungen von anderen steuern, fangen wir an, uns selbst zu entscheiden, wie wir unsere Bestimmung erfüllen wollen. Wir müssen unsere Bestimmung so oder so erfüllen – doch wie wir es angehen, liegt ganz in unserer Entscheidungsfreiheit.

Falls Sie sich festgefahren fühlen, denken Sie daran, dass auch das nur ein Bild ist. Wenn Sie sich niedermachen, weil Sie irgendwo versagt haben, sind auch die damit verbundenen Gefühle von Kummer, Ärger und Frustration mitsamt den entsprechenden Gedanken in kleinen Bildern in Ihrem assoziativen Bewusstsein gespeichert. Die Intensität dieser Emotionen und Gedanken hängt davon ab, wie viel Kraft Sie hineingesteckt haben. Sie können sich entscheiden, von diesen Bildern einen Schritt zurückzutreten und zu erkennen, dass es nur Bilder sind, auch wenn sie Ihnen im Augenblick noch so real und unveränderlich zu sein scheinen. Man kann es mit einem Diaprojektor vergleichen, der die Bilder überlebensgroß auf eine Leinwand wirft: Was Sie auf der Leinwand sehen, mag irgendwann geschehen sein, aber es geschieht nicht jetzt. Es wäre albern, sich aufzuregen und zu versuchen, etwas an der Situation zu ändern, die auf dem Dia abgebildet ist, auf dem Sie drei Jahre alt waren. Und doch ist es genau das, was die meisten Menschen tagein, tagaus versuchen.

Hier ein Beispiel von einem Paar, das ich vor Kurzem hellseherisch beriet. Die Frau klagte ihrem Mann gegenüber, dass sie sich nicht so fühlen wolle, wie sie sich fühlte. Da Widerstand nur das nährt, wogegen es sich wehrt, fühlte sie sich immer negativer. Ihr Mann passte sich ihrem Widerstand an. Er war frustriert, weil seine Frau so in ihrem Unwohlsein gefangen war, dass sie sich nicht mehr um seine Bedürfnisse kümmerte; also versuchte er, sie wieder »richtig« zu machen.

Was geschah hinter der Bühne? Ich sah, dass im Unterbewusstsein der Frau ein Bild aus der Zeit stimuliert wurde, als sie vier Jahre alt war. Sie fühlte sich abgewiesen und hatte den Eindruck, nichts richtig zu machen. Sie sehnte sich nach Trost und Geborgenheit und schickte ihre Gefühle der Unzulänglichkeit und Zurückweisung zu ihrer Mutter. Ihre Mutter ging in Widerstand, weil sie diese Gefühle auch nicht wahrnehmen wollte. Im Bild der Tochter prägte sich das Urteil ein, dass etwas mit ihr nicht in Ordnung sei, denn es sollte keinen Grund dafür geben, dass sie sich so fühlte, wie sie sich fühlte.

In der Gegenwart floss die Energie dieses Bilderpakets von der Frau zu dem Mann. Sie schickte ihm unterbewusst die Gefühle, die sie ihrer Mutter einst schickte. Dies wiederum aktivierte im Unterbewusstsein des Mannes ein Bild, in dem er als Kleinkind auf einem Hochstuhl saß: Er hatte die Windeln voll und fühlte sich damit sehr unwohl. Sein Weinen regte seinen Vater auf, der an seinem einzigen freien Tag der Woche ein Schläfchen halten wollte. Der verärgerte Vater meinte, es sei die Aufgabe der Mutter, sich um das Kind zu kümmern, vor allem an seinem freien Tag. Er rief der Mutter zu, sie solle das Kind ruhig stellen. Sie reagierte mit Widerstand und Empörung: Ihr Mann war dem Kind doch gerade viel näher, und er könnte sich ja auch mal darum kümmern. Innerlich klagte sie: »Wann komme ich denn mal zur Ruhe? Warum muss ich mich immer um alles kümmern? Was habe ich bloß für einen Mann?« Doch sie fühlte sich zugleich schuldig, weil das Kind schrie, und wollte sich nicht mit ihrem Mann auseinandersetzen, weil sie sich vor ihm fürchtete. Also stand sie missmutig auf und versorgte das Kind.

In diesem inneren Bild aus der Kindheit meines »Klienten« gab es also drei Perspektiven:

1. die Sichtweise des Kindes, das jemanden braucht, damit es sich besser fühlen kann;

2. die Sichtweise des Vaters, der Widerstand leistet gegenüber der Idee, dass er für das Kind verantwortlich sein könnte;
3. die Sichtweise der Mutter, die sich dem Kind gegenüber schuldig fühlt und dem Vater gegenüber im Widerstand ist.

In diesem Beispiel schwankt der Ehemann ständig von einer Perspektive zur anderen, und in allen herrscht Widerstand. Im Hinblick auf seine Frau bewirkt das Folgendes: Er widersetzt sich ihren Klagen (= sein Vater, der die Klagen des Kindes abwehrt); er wehrt sich gegen die Erwartung seiner Frau, dass er etwas dagegen tun soll (= seine Mutter, die Erwartungen an den Vater stellt), obwohl er missmutig ist, dass er sich kümmern muss (= seine Mutter, die sich um das Kind kümmern muss); und es behagt ihm nicht, dass sich niemand (in der Gegenwart also seine Frau) um seine Bedürfnisse kümmert (bzw. um die Bedürfnisse von ihm als Kind).

Das mag kompliziert klingen, doch es ist nur eine grob vereinfachte Version dessen, was in der Interaktion zwischen zwei Menschen tatsächlich stattfindet. Ich habe hier nur ein Bilderpaket jedes Beteiligten beschrieben. Die meisten Menschen wandern den ganzen Tag unablässig von einem Bilderpaket zum nächsten, jeden Tag, und nennen es dann »Leben«. Doch wenn Sie bewusst die Energie, die in diesen Erinnerungen gebunden ist, zu sich zurückholen, transferieren Sie Ihre Energie von Ihrem assoziativen Unterbewusstsein zu Ihrem Bewusstsein und ermöglichen es sich damit, vollständiger mit der fröhlichen Feier umzugehen, die das Leben ist.

Wenn wir vergessen, dass wir es schlichtweg mit Bildern zu tun haben, fahren wir uns fest. Wir sind so gut darin, diese Bilder »lebendig« werden zu lassen, dass wir ihnen am Ende mehr Glauben schenken als uns selbst. Das ist so ähnlich, als würden wir uns so sehr von einem Film fesseln lassen, dass wir auf das Geschehen Einfluss zu nehmen versuchen. Natürlich weiß jeder, dass er als Zuschauer keinen Einfluss darauf hat, was ein Schauspieler in dem Film als Nächstes sagt oder tut, doch bei den Bildern unserer unterbewussten Erinnerungen versuchen wir ständig, dagegen anzukämpfen und sie zu verändern. Aber das ist unmöglich. Wenn Sie ein Bild von einem Elefanten aufgenommen haben, können Sie keine Maus daraus machen. Das ursprüngliche Bild bleibt immer das gleiche.

Dass wir uns oft an Situationen anders erinnern, hat nichts damit zu tun, dass sich das ursprüngliche Bild verändert hätte. Stattdessen haben wir es mit so vielen anderen Bildern überlagert, dass wir uns an das ursprüngliche Bild gar nicht mehr erinnern können. Denken Sie nur an die klassische Angler-Geschichte: Der gefangene Fisch wird immer größer, je öfter die Geschichte erzählt wird! Eine Betrachtung des ursprünglichen Bildes brächte den Fisch wieder auf seine eigentliche Größe zurück.

Wenn in dem ursprünglichen Bild schmerzhafte Gefühle enthalten sind, bleibt der Schmerz derselbe, egal wie oft sie das Bild aufrufen. Doch die Intensität kann sich verändern. Die Intensität hängt davon ab, wie viel Energie Sie in das Bild hineinlegen. Wenn wir vergessen, dass wir es mit einem Bild zu tun haben, erleben wir die gleichen Gefühle, Widerstände, Gedanken und alles, was mit dem Bild verbunden ist, wieder. Wenn wir nicht mögen, was wir fühlen und denken, werden wir versuchen, es zu verändern und es »richtig« zu machen. Da uns das nicht gelingt (weil es unmöglich ist), stecken wir im Lauf der Zeit immer mehr und mehr Energie hinein. So gewinnt es immer mehr Einfluss und Kontrolle über uns. Sobald wir erkannt haben, dass wir gegen eine Reihe Bilder kämpfen, können wir uns bewusst entscheiden, diese Bilder loszulassen. Holen wir unsere Energie aus diesen Bildern zurück, dann können sie unsere Erfahrungen und Aktionen nicht mehr kontrollieren.

Wenn Sie ein altes Fotoalbum hervorkramen und sich ein Bild aus Ihrer Grundschulzeit anschauen, auf dem Sie mit Hasenzähnen und Nickelbrille in die Kamera schielen, versuchen Sie dann, das Bild zu ändern? Und selbst wenn Sie es könnten: Was würde es nützen? Sie sind nicht mehr dieses Kind. Vielleicht können Sie auch darüber lachen und sagen: »Ach, schau mal, was für ein hässliches Entlein!« – in dem Wissen, dass es im Grunde nichts mehr mit Ihnen hier und heute zu tun hat. Sie können sich an dem erfreuen, was war, es dann loslassen und anerkennen, was Sie aus dieser Erfahrung gelernt haben.

Das Gleiche gilt auch für Ihre Erinnerungsbilder. Sie bleiben immer die Schnappschüsse, die Sie einmal aufgenommen haben. Sie selbst wachsen und verändern sich, doch die Bilder bleiben so, wie sie sind. Sobald Sie merken, dass Sie Ihr Leben, Ihre Beziehungen oder womit auch immer Sie gerade zu tun haben, durch den Filter vergangener Bilder oder gar der Bilder anderer Leute betrachten, können Sie sich sicher sein, dass es da nichts zu lösen, zu heilen oder zu verändern gibt, sondern dass Sie sie einfach loslassen sollten. Verändern Sie nicht das Bild, sondern Ihre Beziehung dazu. Entscheiden Sie sich, nicht länger unter seinem Bann zu stehen. Wenn Sie sich festgefahren haben, machen Sie sich bewusst, dass Ihre Gefühle und Gedanken zu diesem Bild gehören. Entscheiden Sie sich, dass Sie sich davon frei machen können. Wenn Sie denken: »Ich hasse das, ich hasse das«, dann ist es Teil des Bildes. Und wenn Sie denken: »Ich will mich nicht so fühlen«, gehört das auch zu dem Bild, das es zu verlassen gilt. Wenn Sie sich schuldig, traurig oder ärgerlich fühlen, machen Sie sich klar, dass all dies Wiederholungen der Gefühle sind, die mit den Bildern zusammenhängen. Alte Hüte! Es ist Zeit, die Tretmühle zu verlassen.

Falls es Ihnen nicht möglich zu sein scheint, direkt zu dem vollständigen Bild zu gelangen, können Sie die Worte oder Sätze, die innerlich in Ihnen auftauchen, ohne emotionales Engagement im Stillen immer wieder wiederholen. Damit lösen Sie die Energie aus dem Bild. Sie werden vielleicht Sätze bemerken wie »Irgendetwas muss verkehrt sein mit mir ... Ich bin so erschöpft ... Ich schaffe das nicht ... Wie konnte mir das nur passieren?« oder »... ist so ein Idiot«. Es gibt Tausende von Möglichkeiten. Wenn Sie die Sätze innerlich wiederholen, achten Sie darauf, sie nicht auf irgendetwas oder irgendjemanden zu projizieren. Machen Sie keine Affirmation daraus, sondern wiederholen Sie sie einfach in einer neutralen Haltung, vielleicht sogar mit einer gewissen Heiterkeit. So entleeren Sie die Worte allmählich all ihrer Kraft. Nehmen Sie sie nicht ernst. Wiederholen

Sie sie einfach, als hätten sie keinerlei Bedeutung. Vielleicht finden Sie sie sogar nach einer Weile lustig. Lächeln Sie, wenn Sie innerlich wiederholen: »Oh Mann, bin ich dämlich«, denn Sie wissen, dass das nicht wahr ist. Und selbst wenn es wahr wäre! Alles verändert sich, nichts bleibt so, wie es ist.

Denken Sie daran, dass es bloß Worte sind, und Worte sind nur Energie. Entleeren Sie sie von der Macht, die Sie ihnen einst gegeben haben. Das war übrigens der ursprüngliche Sinn der Beichte. Durch das emotionslose Wiederholen beginnen die Ladungen und die Ergänzungen von dem ursprünglichen Bild abzufallen. So entfernen Sie alle illusionären Schichten, die sich über der Wahrheit Ihrer Erfahrung abgelagert haben.

# 13

## Stets die Wahrheit wählen

*»Das Leben ist voll von schweren Entscheidungen,
nicht wahr?«*
Ursula, die Hexe aus dem Disneyfilm
*Die kleine Meerjungfrau*

Jeder kommt im Leben immer wieder an Kreuzungen, an denen er sich entscheiden muss. Der Anlass der Entscheidung mag eine äußerliche Lebenssituation sein, aber der Entscheidungsprozess läuft stets innerlich ab. Wir versuchen oft, uns »richtig« zu entscheiden, aber die Wahrheit liegt nicht darin, *wofür* wir uns entscheiden, sondern *in uns selbst*. Wir sind die Antwort – unsere Entscheidung ist lediglich ein Ausdruck dieser Wahrheit. *Sich für die Wahrheit zu entscheiden bedeutet, dass Ihre Entscheidung nicht auf äußeren Umständen, Erwartungen, Urteilen oder anderen festen Überzeugungen beruht, sondern auf Ihrer Beziehung zu Ihrer inneren Quelle.* Es ist weniger wichtig, ob Sie die »beste« oder »richtige« Entscheidung treffen, sondern wie Sie die Entscheidung fällen und was Sie dann damit anfangen. Das ist es, was Sie formt, den Tempel Ihrer Seele errichtet und Ihre Bestimmung erfüllt.

Wahrheit macht Sie frei. Es ist eine Entscheidung für Ihre Freiheit. In echten Entscheidungen geht es nicht um richtig oder falsch, gut oder schlecht, für oder gegen. Es geht darum, ob etwas im Einklang ist mit der Einheit im Inneren, mit Ihrer göttlichen Bestimmung.

Tatsachen bilden keine Wahrheit. Sie können Tatsachen berichten und doch nicht die Wahrheit sagen. Tatsachen werden erzeugt. Sie entstehen durch erinnerte Vereinbarungen. Sie gehören naturgemäß der Vergangenheit an. Wahrheit hingegen kann nur hier und jetzt erkannt werden.

Der Kontakt mit der Wahrheit ist so wundervoll, dass Sie sie festhalten wollen, doch Sie werden merken, dass das unmöglich ist. Sie können die Wahrheit nie festhalten, denn damit haben Sie sie schon verändert und sind nicht mehr in der Gegenwart: Sie halten sich dann nur noch an die subjektive Erinnerung, wie Sie die Wahrheit erfahren und was Sie dabei gedacht und gefühlt haben. Dann haben Sie sich die Wahrheit schön zurechtgelegt. Niemand kann die Wahrheit festhalten. Wahrheit macht nicht nur frei – Wahrheit *ist* frei. Jedes Mal, wenn Sie Wahrheit wählen, befreien Sie einen Teil Ihrer Göttlichkeit.

Ihre Bestimmung zu erfüllen bedeutet, sich an jedem Kreuzweg für die Wahrheit zu entscheiden. Nehme ich den rechten oder den linken Weg? Gebe ich oder nehme ich? Bleibe ich oder gehe ich? Sage ich Ja oder Nein? Um die Wahrheit zu wählen, muss ich die Urteile aufgeben, die ich innerlich aufrechterhalte. Sind Sie bereit, zu entdecken, was wirklich real ist und was nur eine Projektion einer Überzeugung ist?

### Dichotomien

Das ganze Universum, in dem wir leben, wird durch ständig miteinander in Wechselwirkung stehende polare Gegensätze erzeugt. Energie fließt durch Dichotomien, also durch Zweiteilung bzw. unvereinbare Begriffspaare: positiv/negativ, männlich/weiblich, geistig/materiell. Entwickeln Sie gegen etwas ein Urteil, dann sperren Sie sich gegen einen Pol der Dichotomie – zum Beispiel wenn Sie sagen: »Ich muss einfach recht haben«, »Das ist nicht gut genug«, oder: »Das kann nur so funktionieren.« *Da Ihre Energie sowohl den positiven als auch den negativen Pol benötigt, um zu fließen, entstehen durch Urteile Kurzschlüsse. Je mehr Urteile Sie aufrechterhalten, desto weniger univer-*

*selle Energie fließt durch Sie.* Dann isolieren Sie sich von der Gesamtheit des Universums. Sie fallen aus der Gnade.

Auch wenn Sie an etwas hängen, fallen Sie aus diesem Energiefluss der Einheit. Wenn Sie etwas festzuhalten versuchen, gleiten Sie aus der Wahrheit. Denn die Wahrheit ist an nichts festzumachen und mit nichts behaftet.

Wir haben immer und in allem eine Wahl. »Ich hatte keine Wahl« – das stimmt niemals. Wir entscheiden uns, auf eine gewisse Art zu sein. Wir entscheiden uns, das zu tun, was wir tun. Selbst wenn jemand ein Gewehr an Ihren Kopf hält oder einen Ihrer Lieben als Geisel festhält, ist es immer noch Ihre Entscheidung, was Sie tun. Sie können das tun, was man Ihnen sagt, oder Widerstand leisten; es liegt bei Ihnen.

Die eigentliche Entscheidung fällt immer zwischen der Wahrheit und dem, was wahr zu sein scheint. Jemand, der Sie bedroht, sagt vielleicht: »Wenn du nicht ausführst, was ich dir befehle, unternehme ich etwas, das dir nicht gefallen wird.« Das mag er zwar sagen, aber es ist nicht die Wahrheit. Er mag absolut entschlossen sein, seine Drohung wahr zu machen, aber eine Drohung ist keine Wahrheit. Sie ist nur etwas, das gesagt wird. Sie ist außerhalb Ihrer selbst. Wahrheit ist immer innen. Sie ist niemals außerhalb Ihres Seins.

Das Erstaunliche ist: Wenn Sie bereit sind, die Wahrheit zu wählen, ist alles möglich. Vor ein paar Jahren schien meine Freundin Patty in einer bestimmten Situation körperlich keine Wahl mehr zu haben. Ihr Auto hing plötzlich wie ein zerquetschtes Insekt auf dem Kühler eines Sattelschleppers. Das Riesending hatte einfach direkt vor ihr die Spur gewechselt und ihren Kleinwagen auf die Hörner genommen, als wäre er nicht mehr als ein Blatt im Wind. Sie konnte sich nicht bewegen, hatte keinerlei Kontrolle mehr und rumpelte auf dem Kühler eines Giganten in einem zerknautschten Metallhaufen über die Autobahn. Erstaunlicherweise schien der Fahrer des Ungetüms nichts zu bemerken.

Patty war zwar körperlich unfähig, irgendetwas zu tun, aber sie beschloss, sich nicht ohnmächtig zu fühlen. Als Erstes erdete sie sich energetisch. Dann ließ sie bewusst alle Kontrolle über die physischen Ereignisse und deren Konsequenzen los. Statt für die Angst vor dem, was kommen könnte, entschied sie sich für die Wahrheit, die besagte: Was auch immer daraus werden würde – und sei es ihr körperlicher Tod –, sei alles mit ihr in Ordnung. Sobald sie diese Entscheidung gefällt hatte, fühlte sie sich innerlich vollkommen in Frieden, trotz der unglaublich chaotischen Situation, in der sie sich befand.

Entsetzten Augenzeugen zufolge schleppte der Sattelzug Patty und ihren Wagen fast zwei Kilometer weit mit, bevor man den Fahrer aufmerksam machen konnte. Als er endlich schockiert und ungläubig anhielt, half er Patty aus den Überresten ihres Wagens. Sie hatte auch nicht einen einzigen Kratzer.

Wahrheit transzendiert Ursache und Wirkung. Wunder geschehen. Was ist gerade hier, gerade jetzt, wirklich wahr? Wahrheit ist nie eine Standard-Antwort. Die Situation mag einer anderen sehr ähnlich sein, aber die Wahrheit mag uns eine ganz andere Antwort abverlangen.

### Die Qual der Wahl

Wie viel von Ihrer Energie, Aufmerksamkeit und Kraft hat sich schon mal in Entscheidungen wie »Soll ich gehen oder bleiben?« festgefahren? Dabei kann es um eine Arbeitsstelle, eine Ehe, einen Wohnort, eine Schule oder alles mögliche andere handeln. Wie oft werden wir Gefangene eines Gegensatzpaares?

Was geschieht zunächst, wenn Sie sich so eine Frage stellen? Wenn Sie die eine Möglichkeit betrachten, werden Sie von Bedenken und Emotionen bedrängt, die dagegen sprechen. Ihnen gehen die guten Gründe durch den Kopf, warum Sie das nicht tun sollten oder sich nicht so entscheiden können. Dann betrachten Sie die Alternative – und es geschieht das Gleiche. Sie durchleben sämtliche Gefühle und Gedanken, warum das nicht gut wäre oder unmöglich ist. So oder so ist es falsch, schlecht oder nicht gut genug.

Sie stecken in der Mitte fest. Worauf wollen Sie Ihre Entscheidung gründen? Was ist die richtige Wahl? Was ist besser? Was wird Sie glücklicher machen? Welche Seite ist das geringere Übel? Solange Sie feststecken, können Sie Ihre Bestimmung nicht erfüllen.

Wenn Sie dieses Hin und Her zulassen, ordnen Sie sich der Macht der Entscheidungen unter. Sie müssen sich in Ihrer Beziehung zu den Entscheidungen befreien. Übergeben Sie die Macht lieber dem inneren Teil von Ihnen, der immer mit Gott in Kontakt ist. Es gibt keine standardmäßigen »richtigen« oder »falschen« Entscheidungen. Wie gesagt: Die Wahrheit liegt in Ihnen, nicht in den Entscheidungen. Sie können sich Informationen oder Meinungen anderer Leute einholen, doch diese sollten Ihnen nur dazu dienen, Ihr eigenes intuitives Wissen zu finden und zu bestärken.

Wenn Sie einer der beiden Polaritäten verhaftet sind, sind Sie nicht frei, sich für die Wahrheit zu entscheiden. Eine Batterie braucht positive und negative Ladung, damit Elektrizität entstehen kann. Genauso kann Ihre Energie frei fließen, wenn Sie nach beiden Seiten offen sind. Wenn Sie einer Seite verhaftet sind oder meinen, sie sich nicht erlauben zu können, entsteht ein Kurzschluss. Dann stecken Sie fest.

Wenn Sie eine Entscheidung fällen, meinen Sie vielleicht, dass die Art Ihrer Entscheidung bestimmt, ob Sie das, was Sie haben wollen, kriegen oder nicht. Doch das Gegenteil ist der Fall. Wenn Sie sich frei fühlen, das Gewünschte auch anzunehmen, werden Sie die richtige Entscheidung fällen. Alles wird zuerst im Geist erschaffen. Danach können Sie es in Ihrem Leben und der physischen Welt manifestieren.

### Die Freiheit, sich zu entscheiden

Nehmen wir einmal an, es geht um den Gegensatz »gehen« oder »bleiben«. Erwägen Sie, zu bleiben, werden Sie von den Gedanken, Bildern und Gefühlen überflutet, die dagegen sprechen. Wenn es um einen Arbeitsplatz geht, könnte das lauten: »Dann werde ich nie genug Geld haben ... Also muss ich weiter unter diesem Chef leiden ... Ich kann hier nicht aufsteigen«, oder: »Es wird mir weiterhin schlecht gehen.«

Doch wenn Sie überlegen, zu gehen, steigen vielleicht Ängste auf, dass Sie es nicht alleine schaffen könnten. »Vielleicht ist es woanders auch nicht besser ... Möglicherweise finde ich keine bessere Arbeit ... Eventuell finde ich gar keine andere Stelle«, oder: »Dann verliere ich alle meine Vergünstigungen.«

In Ihrem unterbewussten Gedächtnis sind haufenweise solche Bilder gestapelt – lauter Lügen. Vielleicht haben Sie oder jemand anderes irgendwann so etwas erlebt, aber es trifft nicht auf das Hier und Jetzt zu. Wenn Sie genug Energie in diese Bilder investieren, kann sich die Geschichte natürlich wiederholen. Aber es steht Ihnen genauso gut frei, die Geschichte zu verändern.

Wenn Sie jede Seite der Entscheidung betrachten, ist es sinnvoll, sich klarzumachen, dass sämtliche Verwirrung, die Emotionen und Gedanken, die in Ihrem Kopf auftauchen, nur Bilder sind – und meistens nicht einmal Ihre eigenen! Entscheiden Sie sich für Neutralität und lassen Sie sie los. Holen Sie Ihre Energie und Selbstbestimmung zu sich zurück. Dann werden Sie wie Patty feststellen, dass alles in Ordnung ist, wie auch immer die Situation ausgeht. Erfüllung und Glücklichsein liegen in Ihnen. Dann sind Sie frei, sich zu entscheiden. Wenn Sie nicht die Freiheit hätten, zu gehen, bleiben Sie nicht wirklich. Wenn Sie es unmöglich fänden, zu bleiben, können Sie nicht wirklich gehen. Wenn Sie nicht glücklich damit sind, dass Sie sterben werden, werden Sie nicht glücklich sein, dass Sie leben. Sie müssen mit beiden Seiten im Reinen sein.

Sobald Sie sich von der Anhaftung an beide Seiten der Entscheidung frei gemacht haben, werden Sie entdecken, dass die Wahrheit immer sagt: »... sowohl als auch«, »jetzt und immer« und »dieses und alles«. Es ist das Ego mit seiner Angst, das auf »entweder ... oder«, »jetzt oder nie« oder »dieses oder gar nichts« besteht. Sobald Sie frei sind vom Entweder-oder, werden Sie nicht mehr auf eine der Möglichkeiten beschränkt sein. Ihre einzige Beschränkung ist dann Ihre Vorstellungskraft.

Die Mystiker aller Zeiten haben den Körper den »Tempel der Seele« genannt, weil er die Wohnstatt der Seele ist. Durch diesen Körper können wir unseren Schöpfer erkennen. Wird eine Seele in die Welt geboren, inkarnieren Unendlichkeit, Ewigkeit und Unsterblichkeit in Raum, Zeit und Sterblichkeit. Grenzenlosigkeit trifft auf Grenzen; Allwissenheit stößt auf Unwissenheit und Illusionen; Allmacht erlebt Ohnmacht, wenn Sie versucht, allem ihren Willen aufzuzwingen. Und die Seele begegnet der höchsten Herausforderung ihrer Reise durch die Unendlichkeit: »Und wenn einer die ganze Welt gewänne und nähme doch Schaden an seiner Seele?« (Matthäus 16,26)

Die Reise endet niemals, doch es gibt einen Wendepunkt, eine Art Reifeprüfung am Übergang zwischen Begrenzung und Sterblichkeit hin zu Freiheit und Unsterblichkeit. Sooft wir die Wahrheit wählen, destillieren wir Weisheit im Schmelztiegel unseres Lebens – Tropfen um Tropfen. Und wir holen dabei unsere Göttlichkeit von dem illusionären Kreuz der Materialität herunter und erfüllen unsere Seelenbestimmung.

# 14

## Die Liebe fragt
## nach dem größeren Wunder

Ist es ein Wunder, wenn Sie unverletzt aus einem Autounfall hervorgehen, der eigentlich hätte tödlich sein müssen? Oder wenn Sie von jemandem mit einem Messer überfallen und bedroht werden, der es sich plötzlich anders überlegt und wegläuft? Ist das ein Wunder? Würden Sie es als Wunder bezeichnen, wenn sich direkt auf Ihrer Handfläche Geld oder andere Objekte materialisieren? Oder wie wäre es, wenn Engel oder andere himmlische Wesen in Ihrem Wohnzimmer auftauchten und mit Ihnen sprächen? Wäre es ein echtes Wunder, wenn Ihnen jemand die Hand gäbe und dadurch ein bösartiger Tumor verschwände? Und ist es weniger wundersam, wenn sich eine Frau entscheidet, sich nicht umzubringen, weil Sie ihr ein wenig Mitgefühl und Verständnis entgegengebracht haben?

Ich habe all das und zahllose andere Dinge erlebt, die viele als wundersam oder gar als unmöglich bezeichnen würden. Ich habe so viele außergewöhnliche Dinge erlebt, dass ich irgendwann an den Punkt gelangte, wo ich sie für selbstverständlich hielt und sie gleichgültig hinnahm.

Ich lehrte und gab Hunderten von Menschen Heilbehandlungen, und jeden Tag häuften sich die Wunder. Manche nannten mich sogar den »Wundermacher« und viele konsultierten mich und *forderten*, dass ich für sie ein Wunder vollbringe. Auf die gleiche Art, wie andere Menschen jeden Tag zur Arbeit gehen und Hamburger zubereiten, machte ich Wunder. Ich merkte, dass hier etwas nicht in Ordnung war. Mir wurde klar, dass das Problem nicht in dem lag, *was* ich tat, sondern *wie* ich es tat. Und da erkannte ich das größere Wunder.

Viele Jahre zuvor hatte ich eine ähnliche Erfahrung gemacht, als mir eines Tages die Tatsache bewusst wurde, dass ich jeden Tag drei Packungen Zigaretten rauchte. »Was tust du dir an?«, fragte ich mich erschrocken. In meiner Ignoranz hatte ich dieses schöne Leben, das mir gegeben war, mitsamt meinem gesunden Körper, meiner Intelligenz, meinen Talenten und Fähigkeiten als selbstverständlich betrachtet. Ich war zwar ein hervorragender Schüler gewesen, aber ich hatte meinen Lebenssinn aus den Augen verloren. Warum rauchte ich eigentlich? Es diente mir zu nichts anderem, als meinen Schmerz zu überdecken, dass ich mir selbst nicht treu war. Ich beeinträchtigte meine Seelenbestimmung, um von anderen akzeptiert und respektiert zu werden. Ich setzte dafür sogar mein Leben aufs Spiel.

Mein Nikotinkonsum war einfach ein äußeres Anzeichen für einen tiefen inneren Konflikt: Die Art, wie ich lebte, passte nicht zu dem, wer ich war und wie ich das Leben empfand. Ich hatte das Gefühl, so viel Liebe schenken zu können, aber es war niemand da, dem ich sie hätte geben können. Ich war einsam. Häufig versuchen wir, solche Schmerzen und Ängste mit äußeren »Salben« wie Rauchen, Alkoholgenuss, Drogenkonsum, ständiger Ablenkung, der Suche nach dem »perfekten« Partner oder heroischen Taten zu lindern. Welche Schmerzmittel wir auch einsetzen: Wir werden immer mehr und mehr davon brauchen. Rasch werden wir gegen jede Dosis immun, weil jedes High-Sein, jede Erleichterung und jedes Glücksgefühl nur eine vorübergehende Flucht, aber keine wahre Erfüllung bedeutet. Wenn wir nicht schätzen lernen, was wir bereits haben, bleiben wir von der Bestimmung und dem Sinn unseres Lebens getrennt. Den Schmerz über diese Getrenntheit erfahren wir als Isolation und Einsamkeit.

In dem Augenblick, in dem ich erkannte, was ich mir antat, warf ich meine Zigaretten weg. Ich habe sie nie wieder angerührt, nicht einmal vermisst. Kurz nachdem ich mit dem Rauchen aufgehört hatte, änderte ich mein ganzes Leben. Ich zog um und begann, meine heilerischen Fähigkeiten zu entwickeln. Durch den erneuerten Glauben an mich selbst war ich fähig, den Sprung zu wagen.

Ein Dutzend Jahre später befand ich mich an einem ähnlichen Scheideweg. Diesmal ging es nicht um Zigaretten, sondern um meine Gleichgültigkeit gegenüber den vielen Wundern, mit denen mich das Leben segnete. Der Weckruf ertönte noch lauter! Viele Zigaretten können den Körper umbringen, aber Gleichgültigkeit tötet das Herz. Was tat ich da mit mir? Ich musste meine Beziehung zu Wundern überprüfen und die unersetzliche Rolle erkennen, die sie bei der Erfüllung unserer Seelenbestimmung spielen.

Laut Definition ist ein Wunder etwas Außerordentliches. Doch wer bestimmt, was ungewöhnlich ist? Für einen leidenschaftlichen Biologen ist eine Amöbe vielleicht eines der großen Naturwunder. Ein Künstler, der vor einer herrlichen Rose sitzt, empfindet sie möglicherweise als ein wahres Gottesgeschenk. Die meisten Mütter würden sagen, dass die Geburt eines Kind das größte Wunder von allen ist. Und ein Mensch, der einer tödlichen Krankheit entronnen ist, hält vielleicht die Lebendigkeit für das allergrößte Wunder überhaupt.

Doch als Kinder sind wir morgens einfach aus dem Bett gesprungen – voll gespannter Erwartung, welche Überraschungen dieser Tag wohl bringen würde. Wir brauchten keine Wecker, um uns an unsere Pflichten zu erinnern. Mit wachen Augen und unvoreingenommenen Sinnen war das Leben selbst für uns ein Wunder. Unter jedem Baum, an jedem Fluss und hinter jeder Wegkurve lauerten Wunder, die wir bereitwillig wahrnahmen. Deswegen wies Jesus auf die Kinder hin: »Ihnen gehört das Himmelreich.« (Matthäus 19,14)

Als wir in diese Welt kamen, brachten wir das empfindsame und liebevolle Wesen des Göttlichen mit uns. Doch dann fielen wir den Herabsetzungen unfreundlicher Gedanken und ungezügelter Emotionen anderer zum Opfer. Um in einer Welt zu überleben, in der Menschen dominieren, die ihre spirituelle Herkunft vergessen haben, haben wir gelernt, sie ebenfalls zu verleugnen. Wir lernten, dass wir nicht gut genug sind: Wir sollten klüger, stärker, hübscher, schneller, besser sein. Wir sollten alles sein außer dem, was wir bereits waren. Wir lernten, uns mit anderen zu vergleichen und um Akzeptanz, Anerkennung und Liebe zu konkurrieren. Unser Bedürfnis, dieser Liebe würdig zu sein, kollidierte mit unserer Befürchtung, sie nicht zu verdienen. Nach einer Weile endete die glückliche Zeit, in der wir unter jedem Stein und hinter jeder Ecke ein Wunder entdeckten. Wir ordneten uns in die Wirklichkeit jener ein, die durch Gleichgültigkeit am Steuer des Lebens eingeschlafen waren. Von nun an waren Wunder nicht deswegen außerordentlich, weil das Leben außerordentlich ist, sondern weil wir sie kaum noch bemerkten. Und wenn, widerfuhren sie meistens nicht uns selbst.

Die wenigsten von uns achten auf ihren Herzschlag, obwohl er lebensnotwendig ist. Auf die gleiche Weise pulsieren die aus Gottes Liebe hervorgehenden Wunder unablässig durch das Leben und bleiben doch im Allgemeinen unbemerkt. Doch manchmal erhaschen wir einen Blick auf die Großartigkeit der göttlichen Liebe, die sich über den Horizont unseres Alltagsbewusstseins erhebt, wie eine leuchtende Sonne ihr Licht über eine Bergkette ergießt. Wenn das innere Wirken des Göttlichen in unsere Wahrnehmung blitzt, nennen wir es Wunder, weil es sich von der Vertrautheit unserer gewöhnlichen Existenz unterscheidet. Doch für Gott ist es einfach ein Tag wie jeder andere. *Jeder* Tag ist eine Symphonie von Wundern, die uns einlädt, auf ihrem Fest mitzutanzen.

Wenn wir über etwas staunen, nennen wir es manchmal ein Wunder. Aber es ist unsere *Wahrnehmung,* die uns darüber entscheiden lässt, was wundervoll ist. An manchen Tagen haben wir das Gefühl, das Leben könnte gar nicht besser sein. Es ist einfach wundervoll. An anderen Tagen ist es zum Heulen. Aber wie kann das Leben an einem Tag ein Wunder sein und an einem anderen nicht? Und während Sie den schlimmsten Tag Ihres Lebens durchmachen, erlebt Ihr Nachbar vielleicht seinen besten. Kann etwas für einen Menschen ein Wunder sein und für einen anderen nicht? Entsteht ein Wunder erst in den Augen und im Herzen des Betrachters?

Oberflächlich gesehen scheint es so, dass uns angesichts eines Wunders Herz und Verstand aufgehen. Sie fangen an, die nicht zu leugnende Signatur der Liebe und der schöpferischen Intelligenz wahrzunehmen, die den Stoff Ihres Lebens weben. Doch wenn Sie genauer hinschauen, werden Sie bemerken, dass Sie gerade dann das eigentliche Wunder erleben, wenn Sie Herz und Verstand für das Göttliche öffnen. Denn Wunder sprechen nicht die Sprache des Verstands, sondern die Sprache der Seele. Ihr Intellekt kann es nicht erklären, aber intuitiv wissen Sie, dass es wahr ist.

Manche Wunder erschüttern uns zutiefst. Andere wirken leise in den Winkeln unseres Lebens. Manchmal erfüllt ein Wunder unser Leben, wenn wir es verzweifelt brauchen. Zu anderen Zeiten fließen die Wunder durch uns hindurch, während wir das Leben begeistert genießen. Jedes Wunder erinnert uns jedoch daran, dass wir nicht allein sind. Wir sind keine vereinzelten, isolierten fleischlichen Kreaturen, sondern eins mit dem göttlichen Geist, aus dem unsere Individualität hervorging. Sie erinnern uns immer wieder daran, *dass die Wunder immer da sind, wenn wir uns entscheiden, zu der Ganzheit des Lebens zurückzukehren. Wir brauchen sie nur zu empfangen und zu erfahren.*

Wunder ereignen sich nicht in einzelnen Auftritten. Das Leben selbst ist das Wunder, und in dem Ausmaß, wie wir dafür offen sind, können wir Wunder erfahren. Was wir einzelne Wunder nennen, sind kurze Einblicke in das wundersame Wesen des Lebens selbst. Was wir Wunder nennen, ist die Manifestation der göttlichen Gnade, deren Ausstrahlung so überwältigend ist, dass die meisten von uns sie offensichtlich nur in kleinen Dosen ertragen. Wenn wir meinen, der Liebe Gottes nicht würdig zu sein, fangen wir an, unser Herz zu verschließen und blind zu werden für ihre Wunder. Beschließen wir dagegen, dass wir dieser Liebe würdig sind, fangen wir an, uns dem Leben liebevoller und aufrichtiger hinzugeben. Dann können wir die wundervollen Schöpfungen in unserem Leben genießen.

Nachdem mir all dies klar geworden war, nahmen die Wunder in meinem Leben an Auffälligkeit ab und an Tiefe und Dauerhaftigkeit zu. Statt dramatischer Wunderheilungen körperlicher Symptome erfuhren die Menschen, die mich aufsuchten, grundlegendere Veränderungen ihres Wesens und ihres Lebens. Da begann ich, die Frage zu verstehen, die mir mein Lehrer am Anfang meiner Ausbildung einmal gestellt hatte: »Was ist das größere Wunder: Wenn ich deine Krankheit verschwinden lasse oder wenn ich dir beibringe, dein ganzes Selbst zu heilen?«

Im Lauf der Jahre hatte ich die Ehre, an vielen Wunderheilungen teilzuhaben. Ich habe auch vielen Menschen gezeigt, wie sie sich selbst und andere heilen können. Was ist das größere Wunder? Für mich ist der wesentliche Teil aller Heilung das Lernen, und der wesentliche Teil des Lernens ist, sich selbst zu erkennen. Ob ich jemanden heile, ob jemand lernt, sich selbst zu heilen, oder ob Gott heilt – letztendlich geht es darum, dass der Mensch etwas über sich selbst lernt, sich verändert und an sich wächst. Es fährt kein Blitzschlag vom Himmel nieder und bewirkt ein Wunder. Sie haben gelernt, dass sie das Wunder *in sich tragen*. Sie haben Ihre Beziehung zu Ihrer inneren Quelle verändert, zu dem Gott Ihres eigenen Herzens.

Sie haben vielleicht das Gefühl, dass die Wunder von außerhalb kommen, dass sie Ihnen widerfahren oder auch nicht. Aus dieser Sicht haben Sie keine Kontrolle darüber, ob sie geschehen oder nicht, und geben vielleicht auf, Ihre Träume zu verwirklichen oder Ihre Bestimmung je zu erfüllen. Sie meinen dann, dass Sie eher vom Blitz erschlagen würden, als die Wunder zu erleben, die erforderlich wären, damit Sie Ihre Bestimmung erfüllen. Doch Sie werden viele Wunder brauchen, um die Bestimmung Ihrer Seele zu erfüllen, denn noch nie zuvor hat jemand genau Ihre Bestimmung gelebt. Sie sind der erste Mensch, der *Ihre* Bestimmung erfüllt.

Wunder widerfahren Ihnen nicht einfach. Sie können nicht das hilflose Opfer spielen und erwarten, durch ein Mirakel gerettet zu werden. Wunder sind die Antwort Gottes auf Ihre Bedürfnisse, Träume und Gebete. Doch Sie müssen bereit sein, sie zu erhaschen. Gott mag für das Wunder sorgen, aber Sie müssen in sich selbst Raum schaffen, um es zu empfangen. Nur Sie selbst können dafür beten, zu dem zu werden, der Sie sind. Sie sind die Hände, durch welche der göttliche Künstler Ihr Leben zu einem außerordentlichen Kunstwerk formt. Jeder Atemzug, den wir nehmen, jede Entscheidung, die wir treffen, fügt sich ein und ist Bestandteil des Meisterwerks der Beziehungen, das wir Leben nennen. Deshalb müssen wir sorgfältig wählen, wie wir auf die Angebote des Lebens eingehen wollen, um das einzigartige, wundervolle Werk unseres Lebens zu erschaffen.

Natürlich kann man sagen: »Alle Wunder kommen von Gott.« Aber wo lebt Gott, wenn nicht in jedem von uns? Denken Sie daran: Wir alle begannen als Gottes-Samen. Gottes-Samen können gar nicht anders, als zu Gottes-Bäumen zu werden, die irgendwann alle Früchte der Göttlichkeit tragen. Das ist die Erfüllung Ihrer Seelenbestimmung und das große Wunder. Ohne Wunder können wir das Wundervolle nicht vollbringen. Sie müssen lernen, alle diese Wunder aus dem Hut zu zaubern. Und dieser Hut sind Sie selbst.

Wenn Sie von Ihrer spirituellen Bestimmung abschweifen, werden Sie sich früher oder später in einer verzweifelten Situation befinden. Sie werden sich fürchten und Hilfe brauchen. Ihre Furcht entsteht, weil Sie Ihr wahres Wesen der Einheit und Liebe im Stich gelassen haben. Die Hilfe besteht in Ihrer Entscheidung, zu dieser Einheit zurückzukehren. Wenn Ihr Leben auf dem Spiel steht, müssen Sie sich tiefer auf sich selbst einlassen, als Sie sich je getraut haben. Dabei werden Sie diesen Mut wiederentdecken, den wir in unserer gewöhnlichen Welt der Geschäftigkeit und Bequemlichkeit meistens nicht aufbringen.

Mutig zu sein bedeutet nicht, keine Angst zu haben. *Mutig zu sein bedeutet, sich angesichts der Angst für die Liebe zu entscheiden und angesichts von Herabsetzungen zur Wahrheit »Ja« zu sagen.* Sooft Sie diese Entscheidung treffen, hört die Angst ein bisschen mehr auf, dieses unbesiegbare, böse Monster zu sein. Allmählich wird sie wieder zu dem hingebungsvollen Boten, der die wichtige Botschaft überbringt: »Du hast vergessen, wer du bist. Du musst zu deiner Bestimmung zurückkehren.«

Diesen Mut bringen wir nur mit einem liebevollen Herzen auf.

Jedes Mal, wenn wir uns entscheiden, zu lieben, sammeln wir den notwendigen Mut, um uns auf die nächste Ebene von Angst und Widerstand einzulassen. Dann setzen wir mehr Vertrauen in das unsichtbare Göttliche tief in unserem Sein und können aus diesem Glauben heraus um Wunder bitten, welche die gewöhnlichen Grenzen von Ursache und Wirkung transzendieren, und sie annehmen, wenn sie uns geschenkt werden. Entscheiden wir uns, zu lieben, sobald wir mit Angst konfrontiert werden, und entschließen wir uns, die Wahrheit zu bejahen, sooft wir mit Herabsetzung zu tun haben, dann entwickeln wir den nötigen Glauben, um die Wunder zu erleben, die zur Erfüllung unserer Bestimmung notwendig sind. *Denn der Glaube hegt den Garten, in dem Wunder erblühen.*

Bei einer Hochzeit traf ich Harold, einen älteren Mann mit einem starken Glauben, der unter Prostata-Krebs litt. Als er das erste Mal von dem Pfarrer und spirituellen Heiler hörte, der die Trauung seines jungen Freundes durchführen würde, sagte er zu der Braut: »Das ist der Mann, den ich treffen muss. Ich muss ihm die Hand schütteln, und dann wird alles gut sein, das weiß ich.«

Das Fest fand am Tag vor Harolds Prostata-Operation statt. Bei der Begrüßung sammelte er allen Mut und kam auf mich zu. Als wir uns die Hand gaben, geschah etwas Außerordentliches. Wir spürten beide einen Schwall von Kraft und Licht durch uns hindurchfließen. Harold war sicher, dass er geheilt war.

Am nächsten Morgen im Krankenhaus hielt Harold zum Erstaunen des Chirurgen an seiner Überzeugung fest, dass er keinen Krebs mehr habe. Widerstrebend ließ sich der Arzt darauf ein, noch ein paar Tests durchzuführen. Es fand sich keinerlei Hinweis darauf, dass Harold Krebs hatte. Die Operation wurde abgesagt.

Nun muss man sagen, dass kein Mensch ganz für sich alleine ein Wunder bewirkt. Ein Wunder ist wie eine Symphonie: Man braucht ein ganzes Orchester, um sie zu spielen. In diesem Fall war ich der Glückliche, der in den letzten Takten einer langen, komplexen Symphonie den Ton angab. Doch seit Monaten hatte Harold Ärzte konsultiert, mit Freunden und Verwandten gebetet und tief in seinem Herzen und seiner Seele nach Antworten, Hinweisen und Heilung gesucht. Diese oft furchterregende Reise hatte ihn schließlich zu dieser Einladung zur Hochzeit eines Freundes gebracht und zu dem Augenblick, wo wir uns die Hand gaben und für ihn die Sonne aufging.

Ein Sonnenaufgang kann noch so dramatisch sein – er ist doch nur ein Augenblick im Tageslauf der Sonne. Genauso ist es auch, wenn uns ein Wunder sein herrliches Strahlen zeigt. Wie die Sonne ist es immer da, aber erst wenn es sich über den Horizont unseres Bewusstseins erhebt, erkennen wir es. In diesem Moment erkennen wir dann, dass es unser *Glaube* ist, der uns wieder mit der Einheit des göttlichen Geistes verbindet, und dass gerade diese Einheit alles heilt. Wie Jesus immer wieder gesagt hat: »Dein Glaube hat dir geholfen.«

Glauben führt uns zu der Gewissheit, die keine materiellen Beweise oder logischen Argumente braucht. Sie entfaltet sich durch die innere Erfahrung des Göttlichen. Dann *wissen* wir. Doch wir zögern oft, unser Bedürfnis nach vorsorglichen Beweisen zur Beruhigung unserer Ängste aufzugeben. Viele von uns fragen nur dann nach dem Wunder göttlichen Einschreitens, wenn alles andere nutzlos erscheint und die Situation verzweifelt aussieht. Aber wozu soll es gut sein, Gott nur als letzten Ausweg zu betrachten? Sowohl Krishna als auch Jesus lehrten uns, immer *zuerst* mit dem Einen in uns Kontakt aufzunehmen, welches alles gibt – dann wird uns alles gegeben. Letztendlich ist ein Wunder nichts anderes als ein erfülltes Bedürfnis oder ein erhörtes Gebet. Es würde sinnlos erscheinen, auf der Suche nach Wasser unseren Eimer überall durch die Gegend zu tragen, nur nicht dahin, wo der Brunnen ist. Wir müssen unsere Prioritäten überprüfen. Wir müssen zuerst zu unserem spirituellen Brunnen gehen.

Entscheiden wir uns für die Quelle des Lebens, wird die offene göttliche Einladung zu einem göttlichen Einschreiten, das die bekannten Gesetze von Ursache und Wirkung transzendieren kann. Die göttliche Gnade interveniert. Die schlichte Wahrheit des Lebens lautet, dass Gott uns alles haben lässt, was Leben ist, und uns alles erfüllen lässt, was Leben ist. Die Liebe bittet – und das Leben erfüllt diese Bitte. Das große Wunder ist das Leben, welches Leben schenkt: Das Innere erfüllt das Äußere und das Äußere erfüllt das Innere; das Weibliche und das Männliche erfüllen einander genauso wie spiritueller Geist und Körper einander erfüllen. Galaxien tanzen in fröhlichem Überschwang um die Achse der Schöpfung. Um an diesem heiligen Tanz mit dem Wunder des Lebens teilzuhaben, brauchen wir nur darum zu bitten – und dann anmutig die Hand zu ergreifen, die uns gereicht wird.

# 15

## Leben – der heilige Tanz

JEDER, DER SCHON EINMAL GELIEBT HAT, WEISS, DASS DER TANZ DER LIEBE NICHT NUR FREUDE UND WONNE IST. Manchmal schwebt man im Himmel – und dann prallt man wieder hart auf dem Boden auf. Die Liebe bricht uns das Herz, immer und immer wieder, bis nichts mehr übrig ist, das brechen kann. Aber die Liebe zerstört nicht, sie heilt. Liebe bringt uns zu der Einheit zurück, die unsere innere Quelle und Bestimmung ist. Nicht unser Herz bricht; wir spüren vielmehr, wie die Wände des Widerstands unter dem flehentlichen Bitten der Liebe zusammenbrechen – Mauern, die wir im Lauf der Jahre als nutzlose Schutzwälle errichtet haben. Wenn die Liebe zart an die innere Tür Ihres Herzens klopft, fallen die Mauern und offenbaren die lang vergessenen Zeiten der Isolation und Einsamkeit. Und mit der Gnade der Liebe fangen Sie an, aus dem treuen Gewahrsam des Herzens sanft die Gefühle der Verlassenheit und Vernachlässigung herauszulösen, die einst zu schmerzhaft waren.

Wenn Sie sich an Ihre Verluste und Enttäuschungen klammern und die Hoffnung aufgeben, je Ihre Träume zu erfüllen, wenden Sie sich von Ihrer Bestimmung ab. Dann verschließen Sie die Tür zu Ihrem Herzen. Und wenn man zu viel Herzschmerz mit sich herumträgt, wird man leicht bedürftig. Aus Ihrem gebenden Herzen wird dann ein aufdringlicher Bettler. Dann fordern Sie vom Leben, dass es etwas tun soll, um Ihren Schmerz der Getrenntheit und Einsamkeit zu lindern. Und Sie verstecken sich vor dem Ruf der Liebe, statt an dem Wunder teilzunehmen, das Ihr Leben ist.

»Denn wo dein Schatz ist, da ist auch dein Herz«, sagte Christus (Matthäus 6,21). Ihr Herz sehnt sich nur danach, Ihre Träume zu erfüllen. Es will nie etwas um seiner selbst willen, sondern strebt nach Ihrer Erfüllung. Wenn Sie es mit Erwartungen, Anforderungen, Urteilen, Kritik und Beschuldigungen beladen, dann versagen Sie Ihrem Herzen seine Bestimmung und seine Fähigkeit, Ihnen zu geben. Doch wenn Sie bereit sind, mit Liebe an die Tür Ihres Herzens zu klopfen, dann wird es Sie für den Ballsaal des Lebens öffnen, in dem der heilige Tanz getanzt wird.

Wir sind nicht dazu geschaffen, in Einsamkeit und Isolation zu leben. Wenn wir uns umschauen, sehen wir, dass alles in der Natur einen Partner hat. Planeten drehen sich um die Sonne. In unseren Zellen spielen die Musikanten nach dem Taktstock des Zellkern-Dirigenten. Elektronen wirbeln um ihre Protonen-Partner wie Derwische in ihren ekstatischen Tänzen. Gott tanzt durch das Universum und fordert Partner auf. »Komm, tanz mit mir!«, singt Gott. Und ganze Galaxien drehen sich im Takt des göttlichen Metronoms von Gottes Herzschlag.

Die Einheit des Lebens braucht die Zweiheit der Polarität, um zu tanzen: positiv und negativ, Licht und Dunkel, Geist und Körper, Himmel und Erde, männlich und weiblich, gut und schlecht, richtig und falsch. *Das Leben bietet »sowohl als auch«; Angst beschränkt uns auf »entweder – oder«.* Wenn Sie genau hinschauen, sehen Sie, dass alles im Leben den Samen seines Gegenteils in sich trägt. Aus der Dunkelheit unserer äußersten Einsamkeit machen wir uns auf die Reise in das Licht der Erkenntnis Gottes.

Wir erfahren das Leben in Beziehungen. Selbst ein Mensch ist keine Singularität, sondern eine Symphonie von Beziehungen: Fleisch und Geist, Atem und Blut, Herz und Verstand, Ablehnung und Annahme, Freude und Leid. Ein Paar besteht eigentlich aus zwei Kulturen, die ihre politischen Grenzen hinter sich lassen, um eine gemeinsame Bestimmung zu erfüllen. Wir sind alle ein großes Orchester: Es besteht aus einer Unzahl von Beziehungen, die in einer herrlichen kosmischen Symphonie zusammenklingen.

Gott lädt uns ein, in diese Beziehung einzutreten, in diesen heiligen Tanz mit dem Leben. Diese göttliche Einladung ist der Ruf unserer Bestimmung. Keine Teilung kann der Ehrfurcht erregenden Macht der Einheit der göttlichen Bestimmung widerstehen. Gegen diesen Ruf der Einheit, zur Liebe zurückzukehren, ist jeder Widerstand zwecklos. Je eher wir die Mauern, die wir um unser Herz errichtet haben, fallen lassen, desto schneller kann unser Licht die Schatten auflösen, die sie auf unser Leben werfen.

Unsere Seelenbestimmung bittet uns, am Leben teilzunehmen und unsere Fülle mit dem Leben zu teilen. Häufig missverstehen wir unseren Ruf: *Wir meinen, dass uns das fehlt, wonach wir uns sehnen, und wollen es vom Leben haben. Doch die Wahrheit ist: Je intensiver unser Wunsch nach etwas ist, desto mehr haben wir es in uns und können es geben.* Es ist uns unmöglich, etwas zu wollen, was wir nicht bereits in uns erfahren. Das ist, als würde man Sie bitten: »Sage mir etwas, von dem du nichts weißt.« Sie sollten aus dem Umstand, dass Sie es nicht in Ihrem physischen Besitz sehen und fühlen, nicht schließen, dass Sie es nicht in sich tragen.

Wenn Sie in Ihrem Leben einen Mangel an Freude verspüren, bedeutet das, dass sich die Freude in Ihrer Seele nach Ausdruck sehnt. Es mag Ihnen so scheinen, dass Sie keine Freude äußern können – aber diese Illusion ist nur daraus entstanden, dass Sie Ihre Freude jahrelang vergraben haben. Wonach Sie sich eigentlich sehnen, ist, Ihre Freude mit dem Leben zu teilen.

Das Gleiche gilt für alles andere, worauf Sie vielleicht hoffen oder wonach Sie sich sehnen. Wenn Sie sich unbändig nach mehr Liebe in Ihrem Leben sehnen, liegt das an einer nicht geäußerten Fülle von Liebe in Ihnen. Wenn Sie nach Freiheit streben, sollten Sie erst nach innen schauen – dann werden Sie entdecken, dass die Freiheit, die Sie so lieben, nur darauf wartet, in Ihrem Leben freigesetzt zu werden. Wenn Sie wissen, dass die Dinge in Ihrem Leben viel besser sein könnten, wartet das bessere Leben bereits in Ihnen darauf, verwirklicht zu werden. Das Leben versagt Ihnen niemals, wonach Sie sich sehnen. Denn das Leben in Ihnen sehnt sich danach, sich mit dem Leben um Sie herum zu verbinden.

Was Sie als Mangel empfinden, hat weniger mit Ihnen oder Ihrem Leben zu tun als vielmehr damit, dass Sie sich nicht erlauben oder nicht die Chance geben, die Fülle in Ihnen mit dem Rest des Lebens zu teilen. Wenn Sie sich fürchten, das wenige, was Sie zu haben meinen, zu verlieren, werden Sie arrogant, eifersüchtig und fordernd in Ihrem Besitzdenken. Dann machen Sie aus dem gebenden Menschen, als den die Natur Sie vorgesehen hat, einen nehmenden Menschen, der sich vom Leben und von seiner Bestimmung zurückhält. Dann versagen Sie sich die Gnade, mit Liebe in das Leben hineinzutanzen.

Wie können wir zu unserer natürlichen Freudigkeit des Gebens zurückkehren und wieder in den Fluss der Gnade eintauchen? Was haben wir bereits, das wir geben können? Und mit wem wollen wir es teilen? Die Antworten sind für jeden ganz einfach. Hier ist das Rezept, wie die Menschheit Göttlichkeit erlangen kann:

Das Leben sagt: »Ich bin hungrig gewesen und ihr habt mir zu essen gegeben. Ich bin durstig gewesen und ihr habt mir zu trinken gegeben. Ich bin ein Fremder gewesen und ihr habt mich aufgenommen. Ich bin nackt gewesen und ihr habt mich gekleidet. Ich bin krank gewesen und ihr habt mich besucht. Ich bin im Gefängnis gewesen und ihr seid zu mir gekommen.« Und: »Wahrlich, ich sage euch: Was ihr getan habt einem von diesen meinen geringsten Brüdern, das habt ihr mir getan.« (Matthäus 25, 35–36.40)

Wir achten oft mehr auf das, was wir *nicht* haben, um es mit anderen zu teilen. »Wenn ich mehr Geld hätte, würde ich etwas gegen den Hunger in der Welt tun ... Wenn ich wüsste, was ich sagen soll, würde ich mit dem Fremden reden ... Wenn ich die Zeit hätte, würde ich zu den Kranken gehen ... Wenn ich wüsste, wie ich helfen könnte, würde ich zu den Gefangenen im Gefängnis gehen.« Sinnvoller ist es, herauszufinden, was wir bereits haben. Dabei gilt es, unsere Möglichkeiten kreativ zu erweitern. Menschen hungern und dürsten auf vielfältige Weise. Wir müssen nicht nur unsere physischen Körper nähren, sondern auch unsere Herzen, unseren Verstand und unsere Seelen.

Sie mögen nicht genug Lebensmittel haben, um den Hunger in der

Welt zu lindern, aber Sie haben mit Sicherheit irgendetwas anderes Nährendes, das Sie mit den Menschen teilen können, denen Sie begegnen. Vielleicht können Sie besser den seelischen Hunger eines Menschen stillen, als Suppe kochen. Womöglich können Sie beides. Eventuell neigen Sie eher dazu, sich um die emotionalen Bedürfnisse der Menschen zu kümmern, als ihnen intellektuell die Welt zu erklären. Selbst wenn Sie anderen kein Dach über dem Kopf anzubieten haben, können Sie ihnen vielleicht durch Ihr Vertrauen und Ihren Trost emotional ein wenig Schutz bieten. Sie können einem nackten Menschen Ihr Hemd anbieten oder jemandem zur Seite stehen, der eine tiefe Demütigung hinnehmen musste und sich völlig bloßgestellt fühlt. Möglicherweise können Sie Gefangenen Hoffnung vermitteln oder anderen Menschen helfen, sich aus der Gefangenschaft ihrer Gewohnheiten oder Beziehungen zu befreien. Falls Sie kein Geld zu geben haben, mögen Sie Zeit zur Verfügung haben. Jeden Tag erfährt das Leben in uns Hunger, Durst, Fremdheit, Bloßstellung, Krankheit oder Gefangenschaft in irgendeiner Form. Genauso kann jeder in sich den einen oder anderen Weg finden, die eigene Fülle zum Ausdruck zu bringen und mit dem Leben zu teilen.

Das Leben existiert in jeder Form, die Sie sich vorstellen können. Was immer Sie dem geringsten Mitglied der Familie des Lebens geben, schenken Sie dem Leben selbst. Manche von uns sind Hirnchirurgen und heilen das Gehirn anderer Menschen. Andere sind Fußpflegerinnen und heilen das Leben in den Zehen. Wieder andere sind Architekten und Bauleute, die dem Leben Behausungen geben. Die Liebe mag uns auf vielfältigste Weise das Herz brechen, während wir lernen, die Bedingungen aufzugeben, die wir ihm stellen, doch die Liebe sorgt auch dafür, dass wir einander auf unseren Wegen die Antworten geben. Wenn jeder von uns die Hand reicht, sobald einer von uns stolpert und fällt, können wir alle unsere Bestimmung erfüllen. Die Bestimmung der Liebe ist Freiheit: die Freiheit, zu sein, zu geben und zu empfangen.

Das ist das Geheimnis für den Eintritt in den heiligen Tanz mit dem Leben: Bitten Sie darum, alles, was Sie in sich haben, bereitwillig mit dem Leben zu teilen, statt abzuwarten und zu überlegen, wie Ihnen das Leben Erfüllung bringen könnte. Wie wenig Sie auch immer zu haben meinen: Teilen Sie es mit anderen. Sie werden entdecken, dass der kleinste Samen, wenn er etwas Licht bekommt, zu einem herrlichen, fruchttragenden Baum heranwachsen kann. Das Leben gibt dem Leben. Um mit der Einheit der Bestimmung im Einklang zu sein, müssen auch Sie dem Leben in all seiner Vielfalt geben.

Halten Sie nichts zurück, klagen Sie nicht über Ihren Mangel und kritisieren Sie andere nicht, weil sie nicht für *Sie* sorgen. *Erkennen Sie lieber, dass alles, was Ihnen oder der Welt zu mangeln scheint, genau das ist, was Sie mit dem Leben teilen sollten.* Was auch immer Sie ersehnen: Indem Sie es geben, werden Sie darin Erfüllung finden.

Denken Sie auch daran, dass Sie durch Ihre Bitten zu dem geworden sind, der Sie sind. Seien Sie sich bewusst, worum Sie bitten, wie Sie bitten und von wem Sie es erbitten. Das ist das Geheimnis des Betens. Ihr Bitten erzeugt eine Antwort. *Wenn Sie aus Angst bitten, kann die Antwort bestenfalls Ihre Ängste befriedigen. Wenn Sie um Dinge bitten, können Sie bestenfalls auf Dinge hoffen. Aber wenn Sie um Erfüllung bitten, erfüllt Sie die Antwort mit Leben. Bitten Sie darum, zu geben – um Gelegenheiten zum Geben –, und um den Mut, das zu geben, was Sie sich mehr als alles andere wünschen.*

Hier ist ein Beispiel für eine Bitte um Erfüllung[6]:

»*O Herr, mach mich zu einem Werkzeug deines Friedens,*
*dass ich Liebe übe, wo man sich hasst,*
*dass ich verzeihe, wo man sich beleidigt,*
*dass ich verbinde, da wo Streit ist,*
*dass ich die Wahrheit sage, wo der Irrtum herrscht,*
*dass ich den Glauben bringe, wo der Zweifel drückt,*
*dass ich die Hoffnung wecke, wo Verzweiflung quält,*

---

[6] Ein Gebet aus der Normandie, das früher Franz von Assisi zugeschrieben wurde (Anm. d. Redakt.).

*dass ich ein Licht anzünde, wo die Finsternis regiert,*
*dass ich Freude mache, wo der Kummer wohnt.*
*Herr,*
*lass du mich trachten:*
*nicht, dass ich getröstet werde,*
*sondern dass ich andere tröste;*
*nicht, dass ich verstanden werde,*
*sondern dass ich andere verstehe;*
*nicht, dass ich geliebet werde,*
*sondern dass ich andere liebe.*
*Denn wer da hingibt, der empfängt;*
*wer sich selbst vergisst, der findet;*
*wer verzeiht, dem wird verziehen;*
*und wer stirbt, erwacht zum ewigen Leben.*
*Amen.«*

## Die Stufen des Eintritts in den Tanz

Am Anfang unserer Reise betrachten wir das Leben durch die Linse von Angst und Überleben und es erscheint uns voller Bedrohungen und Hindernisse. Wenn wir dann stärker werden, indem wir die Bedrohungen durchschauen und die Hindernisse überwinden, kommt uns das Leben zunehmend wie eine Reihe von Herausforderungen vor. Statt nur zu überleben, beginnen wir, zu streben. Durch unsere Bemühungen und unseren Ehrgeiz holen wir mehr aus dem Leben heraus und fühlen uns allmählich wohler. Dann lassen wir in unserem Streben nach und fangen an, über die tiefere Bedeutung des Lebens nachzudenken. Durch Erneuerung unserer spirituellen Bestimmung genießen wir eine Ahnung vom wahren Geschmack der Lebensfülle. Wir beginnen zu gedeihen. Und schließlich erkennen wir, dass die Bedürfnisse des Lebens zu unseren eigenen Bedürfnissen werden, sobald wir vom Florieren in unserem eigenen Interesse zu einem *Dienst an der Einheit unseres göttlichen Seins* überwechseln, und dass das Leben dann alles, was es braucht, *durch uns* zur Verfügung stellt. Das ist das Geheimnis, wie wir an der Fülle des Lebens teilhaben können. Wir sind wahrhaftig die Herzen, die Hände und die Füße, durch die Gott mit dem Leben tanzt.

Aus dieser neuen Perspektive erkennen wir, dass uns das Leben nicht bestraft oder den Fehdehandschuh hinwirft, um uns zu verhöhnen. Das Leben mit seiner Fülle und seiner Herrlichkeit segnet uns vielmehr mit grenzenlosen Gelegenheiten zum Wachsen und zur Erfüllung. Jeden Augenblick hält es ein Füllhorn von inneren und äußeren Möglichkeiten für uns bereit. Und wir haben die Macht, zu wählen. Wir formen unser Leben und uns selbst nicht durch das, was uns im Leben widerfährt, oder durch das, was wir wissen, sondern durch die Entscheidungen, die wir treffen, und die Taten, die wir dem folgen lassen.

Was dem einen als Problem erscheint, kann für den anderen eine interessante Herausforderung sein und für wieder einen anderen eine großartige Chance. Was manche als Fluch empfinden, halten andere für ein Wunder. Der eine reagiert liebevoll auf einen Menschen, von dem sich der andere angewidert abwendet. Jeder von uns reagiert anders auf jede Situation. Auf diese Weise bilden wir die einzigartigen Wege, auf denen wir alle auf dasselbe Ziel hinsteuern.

Wie ein Basketballspieler einen gewissen Wurf immer wieder übt, bis er den Ball zuverlässig in den Korb kriegt, versorgen wir uns immer wieder mit Gelegenheiten, unseren Umgang mit bestimmten Situationen, Menschen oder Energien zu verbessern. Haben Sie je bemerkt, dass Sie immer wieder mit demselben Typ Mensch eine Beziehung eingehen oder in die gleichen Arbeitssituationen geraten, bis Sie lernen, damit richtig umzugehen? Wenn Sie die Lektion begriffen haben und nicht mehr im Widerstand dazu sind, verschwinden diese Menschen oder Situationen wie von Zauberhand aus Ihrem Leben oder spielen nur noch eine Nebenrolle.

Das Leben schenkt uns jede Gelegenheit, zu lernen und zu wachsen. Mit jeder Wiederholung lernen wir, unseren Umgang mit dieser Art Person, Ding, Situation, Idee oder Energie zu verfeinern. Wir bekommen so viel Übungsstoff, wie wir brauchen. Je schneller wir die Lektion kapieren, desto seltener werden wir mit ihr konfrontiert. Jede Herabsetzung, jedes Versagen und jede Verletzung ist eine Gelegenheit zum Lernen, Heilen und Wachsen. Jedes Mal, wenn wir herabgesetzt werden, fühlt es sich schmerzhaft an, traurig, hoffnungslos oder ärgerlich. Dann können wir uns entscheiden, in unserer Niedergeschlagenheit hocken zu bleiben, ärgerlich zurückzuschlagen oder zu vergeben und unsere Freiheit und Göttlichkeit zu entdecken.

### Vergebung – der Tanz mit der Gnade

Vergebung ist die Liebe, die uns noch eine weitere Chance gibt, zu lernen, zu heilen und unsere Bestimmung zu erfüllen. Wie eine mitfühlende Mutter küsst uns die Vergebung unser tränen- und dreckverschmiertes Gesicht, während sie sanft unser blutendes Knie wäscht und unsere wunden Gefühle tröstet. Denn wenn wir uns auf den heiligen Tanz mit dem Leben einlassen, stolpern wir oft und fallen auf die Nase wie ein Kleinkind, das laufen lernt. Ohne die Gnade der Vergebung würden wir nie lernen, zu gehen, geschweige denn mühelos mit der strahlenden, transzendenten Majestät des Lebens zu tanzen.

Unsere spirituelle Entwicklung hängt weniger damit zusammen, wie oft wir fallen, als damit, jedes Mal wieder aufzustehen. Vergebung schenkt uns die Kraft und den Mut dazu. Sie ist der Schlepplift, der den Ski-Anfänger immer wieder auf den Hügel hinaufzieht. Sie ist die Stange im Tanzstudio, an der wir uns festhalten, bis wir unsere spirituellen Beine koordinieren können. Durch Vergebung lernen wir, dass sich die Welt vielleicht nicht so sehr verändert, aber dass wir unsere Beziehung zu ihr verändern können. Sie erinnert uns freundlich, aber bestimmt daran, dass wir in dieser Welt leben, aber nicht von dieser Welt sind. Vergebung hilft uns, nicht unbewusst auf die vorüberziehenden Kommentare des Lebens zu reagieren, sondern bewusst auf die Essenz der Botschaften zu antworten. Anstatt der

Welt unsere Wutanfälle entgegenzuwerfen, die durch angstgeprägte Vorurteile und Erwartungen entstehen, lernen wir, nach innen zu schauen und die unüberwindbare Quelle unseres Seins zu entdecken.

Wie wir anderen vergeben, so wird auch uns vergeben. Wenn wir andere für ihre Taten hassen, sind wir selbst Gefangene dieses Hasses, verurteilt zu Einsamkeit und Freiheitsentzug. Vergeben wir anderen, was sie getan haben, vergeben wir uns selbst dafür. Wenn wir uns verzeihen, was sie getan haben, befreien wir uns aus unserem selbst erschaffenen Gefängnis und kehren wieder ins Tageslicht zurück. Wenn wir irgendjemandem unser Entgegenkommen verweigern, teilen wir, was ganz sein soll, und werfen die Stücke in die Dunkelheit. Durch Vergebung wird das Zerteilte wieder ganz.

Mit Vergebung beginnt die Heilung aller Beziehungen. Das Objekt der Beziehung spielt dabei keine Rolle. Es kann eine Person sein, ein Ding, eine Idee, eine Organisation, eine Mission, Ihr Körper, Ihr Verstand, Gott oder Sie selbst. Das ist nicht wichtig.

Es ist offensichtlich, dass eine hasserfüllte Beziehung Vergebung braucht, um endlich zu heilen. Aber wie ist es mit einer glücklichen Beziehung? Nun, in jeder Beziehung gibt es gewisse Restriktionen und Begrenzungen. Wenn Sie sich in einer Beziehung einer solchen Grenze bewusst werden, können Sie sich davon befreien, indem Sie sich vergeben.

Sofern Sie von einer Begrenzung, Einschränkung oder Kontrolle behindert werden, können Sie sich erst davon befreien und weitergehen, wenn Sie sich dafür vergeben. Vergebung beginnt mit Ihrer Bereitschaft, dem Geist zu geben – egal in welcher Verfassung er sich befindet. So wie wir gelernt haben, ein Buch nicht nach seinem Einband zu beurteilen, müssen wir lernen, uns nicht von der Form, in welcher der spirituelle Geist auftritt, zurückhalten zu lassen. Wenn Sie bereit sind, der Essenz des Lebens zu geben, lösen sich alle Trennungen auf und alles wird möglich. Das Wunder wird Wirklichkeit.

Einsam ist die Seele, die nicht vergeben kann. Denn wenn Sie etwas gegen jemanden haben, haben Sie etwas gegen sich selbst und isolieren sich. Sobald Sie auf jemanden wütend sind, gestehen Sie dieser Person die positiven Eigenschaften des Seins – also gerade das, was Ihnen wertvoll ist – nicht zu. Und was geschieht dann? Solange Sie das Schöne, Kostbare und Wundervolle einem anderen nicht gönnen, können Sie es sich auch selbst nicht zugestehen. Versuchen Sie es mal.

Sind Sie dagegen mit sich selbst glücklich und zufrieden, wenn Sie auf jemand anderen wütend sind, verschwindet ihr Ärger. Solange Sie darauf bestehen, auf jemanden wütend zu sein, können Sie nicht mit sich selbst glücklich sein. Wenn Sie zum Beispiel auf die Regierung schimpfen, gestehen Sie ihr das nicht zu, was Ihnen wertvoll ist. Und solange Sie das tun, können Sie das Gleiche auch sich selbst nicht zugestehen.

Ein Mann wollte einmal von mir wissen, warum er es trotz seiner Fähigkeiten und Bemühungen seit seiner Scheidung nicht schaffte, ein vernünftiges Einkommen zu erwirtschaften. Einer der wesentlichen Faktoren, die dabei herauskamen, war, dass er seiner Exfrau nicht vergeben wollte. Als sie sich scheiden ließen, beschloss er unterbewusst, nicht mehr als ein Existenzminimum zu verdienen, damit er ihr keinen Unterhalt zahlen müsse. Was er ihr nicht gönnte, konnte er auch sich selbst nicht geben. Als ich ihm die Zusammenhänge erläuterte, erklärte er vehement: »Die hat keinen einzigen Cent von mir verdient! Lieber bin ich ein Bettler, als dass ich ihr etwas gebe!«

Er heiratete dann eine recht wohlhabende Frau, doch nach kurzer Zeit fingen sie an, sich über Geld zu streiten.

In einem anderen Fall suchte mich eine Frau wegen einer Rückenverletzung auf, die sie sich bei einem Autounfall zugezogen hatte. In ihrem Fall sah ich, dass sie dem Unfallverursacher nicht vergeben hatte; er sollte dafür bezahlen. Unterbewusst war sie überzeugt, dass sie nicht gesund sein dürfe, bevor die Gerichtsverhandlung stattgefunden hätte, weil sie die Jury sonst nicht davon überzeugen könne, den Mann zu einer saftigen Geldstrafe zu verurteilen. Sobald ich ihr erzählte, was ich bei ihr erkannte, entschied sie sich, dass ihr Wohlbefinden und ihr innerer Frieden wichtiger seien als die Rache an ihm. Sie entschied sich, ihm zu vergeben, zumal sein weiteres Leben eine Sache zwischen ihm und Gott sei, genauso wie ihr weiteres Leben eine Sache zwischen ihr und Gott sei. Sofort begannen sowohl ihr Rücken als auch ihr restliches Leben zu heilen; zugleich bekam sie ohne Verfahren ein faires Schmerzensgeld. *Wen oder was auch immer Sie bestrafen wollen: Sie bestrafen letztendlich sich selbst. Wem auch immer Sie vergeben: Sie vergeben letztendlich sich selbst und transzendieren die Beschränkungen, die der andere vielleicht aufrechterhält.*

Vergebung bedeutet, dass Sie *für* das Geben sind und nicht *gegen* das Geben. Vergebung fordert nicht, dass man gutheißt, was andere mit ihrem Leben machen oder auf welche Art sie es gegen einen einsetzen. Sie müssen nur bereit sein, dem Leben, das sich in dem anderen genauso verkörpert wie in Ihnen, freiwillig zu geben. Jedes Mal, wenn Sie vergeben, heilen Sie den Geist, der in der Tat und in der Person gefangen war.

Häufig wollen wir nicht vergeben, weil wir fürchten, dass sich die verletzende Erfahrung wiederholen könnte. Tatsächlich ziehen wir nur durch Vergebung Weisheit aus unseren Erfahrungen, und sobald wir die Lektion gelernt haben, brauchen wir sie nicht mehr zu wiederholen! Vergebung erwächst aus der Weisheit des Herzens. Vergebung *ist* die Weisheit des Herzens. Liebe ver-*gibt* immer.

### Tanz zur Musik

Musik bewegt uns. Sie verführt uns, zu tanzen. Man kann einer Musik keinen Tanz aufzwingen. Die Musik wählt sich den Tanz. Wenn sie uns mit ihrem Lied auffordert, lassen wir die Trugbilder los, mit denen wir uns gerade abgemüht haben, und fangen an, zu ihrem Pulsschlag, zu ihrem Rhythmus zu tanzen. Wir lassen uns von der Melodie führen und folgen in lieblicher Harmonie.

Wenn Sie genau hinhören, wenn Sie wach bleiben, können Sie

die Musik hören, die das Leben selbst singt. Zuerst hören wir die verlockende Melodie des Lebens ganz leise in unserem inneren Ohr. Wenn wir dieser seelenvollen Lockung folgen, führt sie uns immer zur tieferen Bestimmung des Lebens.

Ich weiß, dass es diese Musik war, die den Tanz bestimmte, auf den ich mich in jener schicksalsträchtigen Nacht in Los Angeles einließ. Sie lockte mich aus dem Hotel-Aufzug – aus meinen süßen Träumen von einer frühen, erholsamen Nachtruhe nach einem anstrengenden Tag des Lehrens und Heilens. Statt direkt zu meinem Hotelzimmer zu gehen, fühlte ich den Drang, die Geschenkboutique des Hotels zu besuchen. Ich überlegte, dass ich mir vielleicht eine Zeitschrift und eine Flasche Wasser kaufen könnte. Doch ich war gerade am Zeitschriftenstand angekommen, als ein junger Chinese auf mich zustürzte. Er stellte sich als der Ladeninhaber Harry vor und fragte mich, ob ich der spirituelle Heiler sei, der an diesem Tag im Hotel das Seminar gebe. Er habe da mal ein paar Fragen.

Sowie ich Ja gesagt hatte, schloss er den Laden ab, hängte das »Geschlossen«-Zeichen an die Tür, schnappte drei Plastikhocker und zog hinter dem Vorhang eine hübsche Chinesin hervor, die er als seine Freundin Carol vorstellte. Er winkte mir, Platz zu nehmen. Ich war in einer Hotel-Geschenkboutique gefangen und niemand wusste, wo ich mich aufhielt! Ich atmete tief durch und gab meinen Plan von einer erholsamen Nachtruhe auf.

»Ein paar Fragen« wurden zu einem Kurzseminar in spiritueller Heilung und der Evolution der Seele. Ich wurde mit großem Interesse und mit Begeisterung »verhört«. Nach ungefähr anderthalb Stunden Gerede beschloss ich, dass es jetzt Zeit für eine Demonstration sei. Ich gab Harry eine kleine Heilbehandlung, bei der ich den Geist seiner verstorbenen Mutter sah: Sie lachte und unterstützte ihn mit Begeisterung in seinem Leben. Als ich beschrieb, was ich sah, war Carols Jubel sogar noch größer als seine Überraschung: »Genau das habe ich immer wieder gesehen und Harry zu erzählen versucht!«, rief sie aus. »Aber er wollte mir nicht glauben.«

Ich dachte, damit sei meine Aufgabe für den Abend erfüllt. Ich nahm an, das sei der Grund gewesen, warum ich hierhergehen sollte. Aber dann sah ich den Geist seines verstorbenen Bruders. Als ich Harry davon erzählte, war er sichtlich erschüttert. Seit Jahren machte er sich Vorwürfe wegen des Todes seines Bruders in ihrer Kindheit: Damals waren sie mit dem Fahrrad unterwegs gewesen, als der Bruder in eine tiefe Betonrinne stürzte und an den Verletzungen starb. Aus Harry brach uralter Kummer und tiefer Seelenschmerz hervor. *Das* war es also, worauf es hinauslaufen sollte, dachte ich. Aber nein, es kam noch mehr.

Während ich Harry zusah, wie er sich verwandelte, wurde mir klar, dass ich nicht gehen konnte, ohne auch Carol eine Heilbehandlung zukommen zu lassen. Auf meine Frage, ob sie das gerne hätte, ergriff sie die Gelegenheit, ohne zu zögern. Als ich spirituell in sie hineinblickte, erkannte ich ihre schmerzliche Beziehung zu ihrer Mutter. Ich nannte sie im Scherz Cinderella, denn das Verhalten ihrer Mutter ähnelte jenem der Stiefmutter von Aschenputtel. Carol klatschte begeistert in die Hände und lachte voller Einverständnis. Als ich dann erwähnte, dass ihre Mutter gegen eine Heirat mit Harry sei, sah sie plötzlich verloren und zerbrechlich aus. »Das stimmt«, gab sie leise zu. »Ich will Harry heiraten – das ist mir das Wichtigste auf der Welt. Aber sie verweigert ihre Zustimmung.«

Mir war klar, dass Carol und Harry aus traditionellen chinesischen Familien stammten, in denen eine Ehe ohne elterliches Einverständnis unmöglich war. »Ihre Mutter hat Angst«, erklärte ich Carol. »Sie fürchtet um sich selbst. Seit ihr Mann gestorben ist, ist sie ganz auf Sie angewiesen. Sie ist auch wütend, dass er sie verlassen hat. Sie hat ihm nicht vergeben und will sich nicht darauf einlassen, dass sie jetzt alleine leben muss. Sie wandert ruhelos umher, und Sie sind ihr einziger Anker. Sie fürchtet, Sie zu verlieren.«

Dann wies ich auf einen unvollständigen karmischen Zyklus zwischen den beiden hin. Carol war in einem vergangenen Leben die Sklavin ihrer Mutter gewesen. Ihre Mutter hatte daher immer noch das Gefühl, einen Besitzanspruch auf Carols Leben zu haben. Für die Tochter bestand die Lektion darin, ihre Kraft und ihr Selbstbestimmungsrecht wieder zu beanspruchen. Die Mutter musste lernen, Carol ihre Freiheit zu lassen, und respektieren, dass Carol ihr eigenes Leben lebt. Dann half ich Carol, ihr Karma spirituell zu vervollständigen.

Es war jetzt halb zwei Uhr morgens. Ich saß seit vier Stunden in diesem Laden! Ich wusste, ich musste jetzt zur Ruhe kommen. Carol und Harry strahlten und ich freute mich für sie. Harry fragte mich, welche Zeitschriften ich wolle, und reichte sie mir zusammen mit ein paar Flaschen Wasser und Saft. »Geht aufs Haus!«, meinte er.

Und dann wurde die innere Musik des Lebens noch einmal lauter. Während Harry den Laden versorgte und abschloss, zog mich Carol im Flur beiseite. Sie schaute mir direkt in die Augen: »Danke, dass Sie mir heute Abend das Leben gerettet haben.«

Ich wusste, dass sie es ernst meinte, aber ich wusste nicht, was sie damit meinte. »Als Sie heute Abend hier in den Laden kamen«, erklärte sie, »wussten Sie sicher nicht, dass ich im Hinterzimmer saß und weinte. Ich hatte gerade mit Harry über unser Leben und die unerbittliche Entscheidung meiner Mutter geredet. Ich sagte ihm alles, was er wissen sollte, denn ich wusste, dies würde unser letztes Rendezvous sein. Ich wollte von hier aus nach Hause gehen und mich umbringen. Sie haben das heute Abend abgewendet. Zum ersten Mal seit langer Zeit fühle ich mich wie ich selbst und bin zufrieden damit, wie und wer ich bin. Ich weiß, ich bin nicht verrückt und habe mir die Dinge nicht nur so ausgedacht. Ich spüre, ich kann meiner Mutter vergeben und alles mit ihr klären. Ich habe das Gefühl, mein Leben wiederzuhaben. Dafür danke ich Ihnen!«

Ich war sprachlos. Diese kluge, hübsche, strahlende Frau war bereit gewesen, ihrem Leben ein Ende zu setzen, nur weil ihr niemand ein paar einfache Wahrheiten gesagt und Bestätigung gegeben hatte. Ich war unglaublich dankbar, dass Gott mich an jenem Abend zu Carol und Harry geführt hatte, damit der Zauber dieser Heilung zustande kommen konnte. Für ein paar Stunden Schlaf war ein wundervolles Menschenleben gerettet worden. Welch ein Segen. Heute sind Harry und Carol glücklich verheiratet. Ich bin so froh, dass ich es damals geschafft habe, mich aus meiner kurzsichtigen Selbstbezogenheit herauszulösen, und stattdessen mit der Musik des Lebens tanzte!

Ich zähle diesen Abend mit Carol und Harry zu den goldenen Augenblicken meines Lebens, die all die harte Arbeit, die Mühen und Durststrecken gelohnt haben. Das sind die Situationen, um deretwillen ich die Frage, ob ich bereit wäre, mit allem noch einmal von vorne anzufangen, mit einem klaren Ja beantworten würde!

Wenn Sie Ihr Leben gründlich im Hinblick auf die Augenblicke tiefster Erfüllung untersuchen würden, würden Sie vielleicht überrascht feststellen, dass Sie in diesen Augenblicken oft gar nicht die Hauptrolle gespielt haben. Es sind nicht unbedingt die Situationen, da Sie den ersten Platz errangen, eine Prüfung bestanden oder besonders gelobt wurden. Viel öfter sind es Momente wie jener, als Sie erfuhren, dass Ihr Baby gesund ist; als Sie erlebten, wie sich Ihre Tochter von ihrer Drogensucht befreit hat; als Sie dankbar die Goldene Hochzeit Ihrer Eltern feierten; oder als Sie vom friedvollen Tod eines geliebten Menschen hörten, der an einer sehr leidvollen Krankheit litt. Das sind stille Augenblicke, in denen Sie am Glück jener teilnehmen, die erfolgreich ihre inneren Dämonen überwunden haben. Es kann auch der Augenblick sein, in dem Sie merken, dass Ihre Kinder nach den Qualen und Mühen doch zu wundervollen Erwachsenen herangereift sind. Oder der herzerfüllende Moment, in dem Sie dem selbstsicheren, strahlenden Prüfling sein Diplom überreichen, der wenige Jahre zuvor als verängstigter, verwirrter Studienanfänger vor Ihnen stand. Solche Augenblicke in unserem Leben schenken uns eine Ahnung vom heiligen Tanz.

Viele Menschen, denen ich begegne, meinen, sie müssten irgendeinen heroischen Dienst tun, um ihre Lebensbestimmung zu erfüllen. Für manche mag das auch zutreffen, doch die Idee, dass unsere Bestimmung etwas mit einem Beruf zu tun habe, ist nur eine Illusion, eine subtile Form der Herabsetzung, die unnötig Verwirrung und Zweifel stiften kann. Unsere Lebensbestimmung ist keine bestimmte Tätigkeit, keine Funktion oder Identität. Sie besteht aus der Anmut und Gnade unserer Beziehung zum Leben. Sich dessen in all den gewöhnlichen und außergewöhnlichen Ereignissen des

Lebens bewusst zu bleiben, ist die Erfüllung dieser Bestimmung. Das ist unser heiliger Tanz mit dem Leben.

Tanzen wir mit unserer Liebe, halten wir sie im Mittelpunkt unserer Aufmerksamkeit. Unser Leben kreist um sie wie die Planeten um die Sonne. Sie wird zum Sinn und Zweck unseres Lebens und wir gehen auf jede ihrer Bewegungen ein. Wir erfreuen uns an ihrer Schönheit und schmelzen unter ihrem Lächeln dahin. Wenn wir wahrhaft lieben, ist nichts wichtiger als die Liebe. Wir sind bereit, für sie zu sterben, und so stehen wir schließlich der Wahrheit von Angesicht zu Angesicht gegenüber. All die Illusionen, die wir in unserer Angst so sorgsam gehegt haben, verdampfen unter ihrem Feuer. Wir sehnen uns nur noch danach, ihre Bedürfnisse zu erfüllen. So entdecken wir in der Liebe unsere wahre Bestimmung.

Wenn Liebe Bestimmung hervorbringt, gebietet sie jedem ihrer Kinder zwei Dinge: Freiheit und Freundschaft. Wenn Sie Ihre Kinder von ganzem Herzen lieben, wollen Sie, dass sie frei sind, das Leben in seiner ganzen Fülle zu erfahren. Sie wollen, dass sie nie einsam sind. Sie wollen, dass ihr Leben voll familiärer und freundschaftlicher Liebe sei. Das sind die Gebote der Liebe. Aus ihrer Einheit gebiert die Liebe die verschiedenen Formen und Wahrnehmungen, auf dass wir frei seien, wir selbst zu sein und einander zu lieben.

Im heiligen Tanz beginnen wir, in einer Welt der Kooperation zu leben statt in Konkurrenz; in Bereitwilligkeit statt in Widerstand; und in der Gewissheit des Göttlichen statt in Zweifeln und Misstrauen. Beziehen wir uns in allen Dingen auf die Quelle, dann fangen wir an, in den *einen* kontinuierlichen Strom des Lebens einzutreten, der durch alle die vielfältigen, ineinander verwobenen Zuflüsse des Lebens fließt. Und wenn dann die Liebe, die göttliche Bestimmung des Lebens, darum bittet, geben wir uns ganz hin – Schritt für Schritt, Tag für Tag – und lassen die Musik unseren Tanz bestimmen. Und dann erkennen wir: Wir *sind* die Antwort.

# Den heiligen Tanz wagen: Die Anwendung

*»Alles ist der Geliebte,*
*der Liebende ist nur der Schleier.*
*Der Geliebte lebt,*
*tot ist der Liebende.«*
RUMI[7]

**Anleitung für den Eintritt in den heiligen Tanz**

Um den heiligen Tanz mit dem Leben zu beginnen, müssen wir anfangen, der Bestimmung des Lebens zu dienen, statt ständig etwas vom Leben zu wollen. Was wir am meisten *vom* Leben wollen, haben wir in Wahrheit am meisten dem Leben zu *geben*. Doch durch die wiederholten Herabsetzungen, die wir in unserem Leben erfahren haben, haben wir unsere Bestimmung vergessen und gelernt, unser Verlangen als Mangel wahrzunehmen und nicht als das, was wir am meisten zu geben haben. Nur wenn wir etwas geben, finden wir wahre Erfüllung darin. Hier sind ein paar Richtlinien, um die grundlegenden Schritte des heiligen Tanzes mit dem Leben in Ihrem täglichen Leben zu üben. Bitte üben Sie sie zusammen mit den anderen Dingen, die in diesem Buch empfohlen werden.

Um in den heiligen Tanz einzutreten, müssen Sie das Brauchen und Wünschen aufgeben zugunsten des Habens und des Teilens.

---

[7] Dschalaluddin Rumi, Übersetzung von Annemarie Schimmel. Der englische Text in der Übersetzung von Coleman Barks lautet: *If the Beloved is everywhere, the lover is a veil, but when living itself becomes the friend, lovers disappear.*

1. Überprüfen Sie Ihre Wünsche und Ihr Verlangen und lassen Sie alles los, was nicht zu Ihnen gehört.
2. Machen Sie sich klar, was Sie wollen und warum Sie es wollen. Welche Erfüllung wird es Ihnen bringen?
3. Wechseln Sie von der Haltung, dass Sie es wollen, zu der Haltung, dass Sie es haben.
4. Seien Sie sich Ihres Wertes bewusst.
5. Vertrauen Sie Ihrem inneren spirituellen Selbst und dem Einen, das Ihnen alles gibt.
6. Seien Sie freudig bereit, sich allem zu stellen, was im Verlauf des Empfangens auftaucht.
7. Sobald Sie es haben, teilen Sie es mit dem Rest des Lebens.

*1. Überprüfen Sie Ihre Wünsche und Ihr Verlangen und lassen Sie alles los, was nicht zu Ihnen gehört.*
Meinten Sie je, etwas wirklich haben zu wollen, doch nachdem Sie es gekauft hatten, wussten Sie eigentlich gar nicht mehr, warum Sie es begehrten? Manchmal entspricht das, was uns handeln lässt, nicht unseren eigenen Wünschen. Der erste Schritt besteht darin, in der Meditation intuitiv zu bestimmen, ob Ihre Empfindung oder Ihr Denken wirklich Ihren eigenen Wünschen und Sehnsüchten entspricht.

Lesen Sie noch einmal im 3. Kapitel nach. Wenden Sie die *Meditation zum Stellen einer Frage und zum intuitiven Erfassen einer Antwort* aus der spirituellen Werkzeugkiste (siehe hinten) an, um herauszufinden, ob es Ihr eigener Wunsch ist oder nicht. Setzen Sie dann die Meditation *Erzeugen und De-Energetisieren von mentalen Bildern* ein, um die Wünsche und Verlangen, die nicht Ihre eigenen sind, zu de-energetisieren und loszulassen.

*2. Machen Sie sich klar, was Sie wollen und warum Sie es wollen. Welche Erfüllung wird es Ihnen bringen?*
Wenn Sie wissen, was Sie wollen, überprüfen Sie in der Meditation, ob es Ihnen helfen wird, einen Ihrer Träume zu verwirklichen, oder

ob es nur etwas ist, das Sie *vermeintlich* brauchen, um etwas anderes zu bekommen, das Sie sich wünschen.

*Beispiel A:* Angenommen, Sie wollen Geld haben. Ist Ihnen wirklich das Geld wichtig oder wollen Sie Geld haben, weil Sie meinen, dass Sie es brauchen, um das zu bekommen, was Sie *wirklich* wollen? Vielleicht brauchen Sie ein neues Auto, um sich freier bewegen zu können. In diesem Fall brauchen Sie kein Geld, sondern das Auto. Im nächsten Schritt geht es dann für Sie darum, sich zu entscheiden, ein neues Auto zu haben, und nicht, weiter Geld haben zu wollen. Ist es wichtig für Sie, ob Sie das neue Auto kaufen oder ob es Ihnen geschenkt wird oder ob Sie es in einem Gewinnspiel gewinnen, solange es die Art von Auto ist, die Sie sich wünschen?

Viele Menschen versuchen, sich auf folgende Art etwas zu erschaffen: »Ich brauche ein neues Auto. Ich muss mehr Geld haben, um es zu kriegen. Deswegen brauche ich einen besser bezahlten Job. Dafür sollte ich mich fortbilden. Um die Fortbildung zu bezahlen, brauche ich Geld. Um mehr Geld zu haben, brauche ich einen besser bezahlten Job. Um einen besser bezahlten Job zu bekommen, brauche ich nicht nur mehr Kenntnisse, sondern auch ein neues Auto. Um ein neues Auto zu bekommen ...«

Finden Sie heraus, was Sie mit dem, was Sie haben möchten, wirklich anfangen wollen. Versuchen Sie vielleicht, damit eine Angst zu besänftigen? Meinen Sie vielleicht, damit überspielen zu können, was Sie nicht haben? Oder wird es Sie in die Lage versetzen, dem Leben mehr zu geben?

*Beispiel B:* Sie haben den starken Wunsch, jemanden zu haben, den Sie lieben können. Meditieren Sie darüber, wie es Sie erfüllen würde, wenn Sie jemanden hätten, den Sie lieben. Vielleicht entdecken Sie dann, dass Sie viel Liebe zu geben haben. Vielleicht entsteht dann der Wunsch, für jemanden zu sorgen und dieser Person Ihre Freundlichkeit zukommen zu lassen. Was Sie wollen, ist also nicht unbedingt *jemand,* den Sie lieben, sondern die Möglichkeit, Ihre Liebesfülle dem Leben, anderen Menschen, vielleicht auch der Natur zu schenken. Wenn Sie anfangen, etwas von dieser Fülle an jeden

Menschen, der Ihnen begegnet, zu verschenken, werden Sie allmählich jemanden in Ihr Leben ziehen, den Sie auch auf jene besondere Weise lieben können.

*Beispiel C:* Möglicherweise sehnen Sie sich nach einer engen Partnerschaft mit jemandem – sei es als Freundschaft, im Rahmen einer Ehe oder als Arbeitsteam. Beim Meditieren fließt Ihnen vielleicht die Vorstellung zu, wie wundervoll so eine Partnerschaft mit einem anderen Menschen sein könnte. Wenn Sie sich das vorstellen können, tragen Sie alles in sich, was nötig ist, um es zu verwirklichen. Vielleicht entdecken Sie, dass viel Weisheit bezüglich guter Beziehungen in Ihnen steckt. Ihr wahrer Wunsch ist eventuell, anderen diese Weisheit mitteilen zu können. Vielleicht unterrichten Sie andere darin und teilen so allmählich Ihre Weisheit mit. Wenn Sie das tun, werden Sie auch auf vielen anderen Ebenen Partnerschaften anziehen.

### 3. Wechseln Sie von der Haltung, dass Sie es wollen, zu der Haltung, dass Sie es haben.

Sobald Sie sich darüber im Klaren sind, was Sie möchten, verändern Sie Ihre Haltung des Wollens und Wünschens in eine Haltung des Habens. Die Energie des Wollens und Wünschens ist wie ein Hunger – eine Leere, die nach Erfüllung verlangt. Durch das Wollen und Wünschen entsteht in uns die Energie, die wir brauchen, um das zu tun, was zur Erfüllung unserer Wünsche notwendig ist. Je mehr Sie etwas wollen, desto mehr kreative Energie erzeugen Sie in sich. Wenn Sie jedoch nicht auch den nächsten Schritt machen, sammeln Sie immer mehr Energie an, die kein Ventil hat außer dem Wollen selbst. Es ist ein Teufelskreis: Ihr Wollen wird immer stärker, bis es Sie überwältigt und kontrolliert. Doch eigentlich brauchen Sie von diesem Wollen nur genug Energie, um auf den Wunsch aufmerksam zu werden, sodass Sie untersuchen können, ob es Ihr eigenes Wollen ist und – wenn dem so ist – um es zu klären.

Die innere Haltung des Wollens in eine Haltung des Habens zu verwandeln, ist ganz einfach. Sie müssen sich einfach entscheiden, dass das Gewünschte auf geistiger Ebene bereits in Ihnen ist. Viele

Menschen finden das jedoch schwierig, weil sie meinen, es nicht zu haben, solange es sich nicht in ihrem physischen Besitz befindet. Doch das Gegenteil ist der Fall. *Erst wenn Sie wissen, dass Sie es in sich tragen, können Sie es in Ihrem Leben erschaffen.* Es ist nicht irgendwo da draußen in der Welt, sodass Sie es sich holen müssen. Es ist in Ihnen selbst und muss nur in die Welt und in Ihr Leben gebracht werden. Wenn Sie sich entscheiden, dass Sie es bereits haben, versprechen Sie sich selbst, dass Sie bereit sind, Ihren Traum Wirklichkeit werden zu lassen. Denken Sie auch daran, dankbar zu sein, dass Sie es in sich haben, denn Ihre Wertschätzung und Dankbarkeit helfen Ihnen, offen zu sein für die Wohltaten der Lebensfülle.

### 4. Seien Sie sich Ihres Wertes bewusst.

Wenn Sie sich entschieden haben, dass Sie das, was Sie sich wünschen, bereits in sich haben, machen Sie sich klar, dass Sie es auch wert sind. Sowohl die Angst, es nicht zu verdienen, als auch die Angst vor den Konsequenzen, die daraus entstehen könnten, wenn sie es bekommen, schrecken viele Menschen davon ab, die einfache, aber kraftvolle Entscheidung zu treffen, dass sie etwas bereits in sich *haben*. Wenn Sie meinen, dass Sie etwas verdienen müssen, bevor Sie es wert sind, leben Sie in einer gewaltigen Illusion. *Alles,* was Sie haben, wurde Ihnen gegeben. Etwas wohlverdient zu haben, bedeutet nur, dass Sie in diesem Fall in der Lage waren, sich selbst zu beweisen, dass Sie es jetzt wert sind: Sie urteilen, dass Sie »lange genug«, »hart genug« oder »gut genug« dafür gearbeitet haben.

Sie haben zum Beispiel Ihr Leben nie verdient. Es war ein Geschenk. Wenn Sie es leben, ist es kostenlos. Falls Sie sich weigern, es zu leben, kostet es Sie viel Leid. Sind Sie sich Ihres eigenen Wertes nicht bewusst, werden Sie das Gefühl haben, sich jedes kleine bisschen an Gutem im Leben verdienen zu müssen. Sie werden meinen, dass nichts im Leben umsonst ist. Doch tatsächlich steht Ihnen alles zur freien Verfügung – wenn Sie nur darum bitten.

Die Gesellschaft neigt dazu, unseren Wert an dem zu messen, was wir tun und wie viel und wie gut wir es meistern. Doch in Wahrheit hängt unser Wert nie von unseren Leistungen ab. Ihr Wert steigt nicht, wenn Sie etwas Großartiges vollbringen. Doch wenn Sie Ihren wahren Wert anerkennen, ist alles, was Sie tun, von großem Wert. Wenn Sie Ihr Leben wirklich wertschätzen, enthält jeder Handschlag, jedes Wort und jedes Lächeln von Ihnen die Wahrheit und die Kraft dieses Wertes.

Wenn wir unseren Wert nicht kennen, trägt alles, was wir tun, die Handschrift unserer Missachtung und der Zerstörung unseres Wertes. Nicht ein Verbrechen, das wir vielleicht verübt haben, macht uns zu wertlosen Bewohnern dieses Planeten, sondern die Geringschätzung unseres eigenen Wertes, die in diesem Verbrechen möglicherweise zum Ausdruck kommt. In einer Haltung der Ignoranz und Missachtung isolieren wir uns von der Bestimmung unseres Seins.

Falls in den mentalen Bildern, die in Ihnen aufsteigen, wenn Sie sich entscheiden, etwas zu *haben*, Geringschätzung Ihres eigenen Wertes zum Ausdruck kommt, praktizieren Sie die Übungen *Erzeugen und De-Energetisieren von mentalen Bildern* und *Das Arbeiten mit Gegensätzen*, um diese Bilder zu de-energetisieren und loszulassen.

**5. Vertrauen Sie Ihrem inneren spirituellen Selbst und dem Einen, das Ihnen alles gibt.**
Um anzufangen, das in der Welt zu manifestieren, was Sie bereits geistig in sich wissen, müssen Sie üben, auf Ihre innere Quelle zu vertrauen. Häufig verlieren wir das Vertrauen in uns selbst und in Gott, weil wir den Tanz des Bittens und Empfangens missverstehen. Wenn wir doch immer bekommen, worum wir bitten, warum gibt es dann so viel Leid? Niemand bittet um Leid und doch bleibt keinem von uns diese Erfahrung erspart.

Ich habe gehört, wie Leute verzweifelt und frustriert klagten: »Ich habe Gott um Liebe gebeten und stattdessen Hass und Wut erhalten! ... Ich habe um Heilung gebeten, aber ich bin nur noch kränker geworden ... Mein Mann war voller Friedfertigkeit und wurde von einem Gewaltverbrecher getötet!« Und sie fragten: »Wie kann da jemand behaupten, Gott sei liebevoll und gerecht?«

*Solange Sie nicht frei von Schmerz, Unaufmerksamkeit oder Begrenzungen sind, wird immer, wenn Sie um etwas bitten, auch etwas von dem genauen Gegenteil in Ihnen auftauchen.* Eigentlich bitten Sie um etwas, weil Sie es in Ihrem Leben noch nicht in aller Fülle erfahren haben. Etwas beschränkt Sie, es voll zu erfahren. Diese Beschränkungen sind Schmerz und Angst, zusammen mit Variationen von Herabsetzung, Kontrolle, Schuldgefühlen, Verurteilungen und so weiter. Wenn Sie Gott um etwas bitten, schenkt er Ihnen die Gelegenheit, sich von den Scheuklappen zu befreien, die Sie daran hindern, alles zu haben, wonach Sie streben. Angenommen, Sie bitten um mehr Geduld, dann wird alles, was Sie ungeduldig macht und frustriert, aus den Tiefen Ihres Unterbewussten aufsteigen. Wenn Sie um mehr Liebe bitten, werden Rachegelüste, aus Wut und Hass geboren, sowie Unwillen zur Vergebung ans Tageslicht treten. Und wenn Sie um bessere Gesundheit bitten, werden alle versteckten Krankheiten offenbar. Wie könnten Sie sonst gesünder werden? Ich kenne viele Menschen, die krank wurden, kurz nachdem Sie sich zu einem gesünderen Lebensstil entschieden hatten. Das ist ein Entgiftungsprozess. Manche Menschen missverstehen das und kehren dann aus Angst zu ihrem ungesunden Lebensstil zurück, um ihre frühere »Gesundheit« wiederzuerlangen.

Würden Sie darum bitten, Arzt zu werden, aber sich zugleich weigern, eine medizinische Ausbildung zu machen, wäre es für Gott in dieser Gesellschaft recht schwierig, Sie bei der Erfüllung Ihres Traums zu unterstützen. Dann würden Sie immer wieder die Chance erhalten, Ihre Ängste und Ihren Widerstand gegen diese Ausbildung zu überwinden. Wenn Sie nicht wüssten, dass Ihre Gebete auf diese Weise erhört werden, könnten Sie am Ende Gott die Schuld für Ihre Misere geben.

Deswegen wird das einfache Gebet – die Bitte und die Zuwendung zu dem Einen – oft gefürchtet und als unzuverlässig empfunden. Doch die Ängste, die Sie vorher genährt haben, müssen an die Oberfläche kommen, wenn Sie das haben wollen, was in Ihnen durch diese Ängste behindert wird. Auch hier kann die *Meditation zum*

*Erzeugen und De-Energetisieren von mentalen Bildern* helfen, diese angstbesetzten Bilder zu de-energetisieren und loszulassen.

**6. Seien Sie freudig bereit, sich allem zu stellen, was im Verlauf des Empfangens auftaucht.**
Gott schenkt den Bereitwilligen die ganze Fülle seines Willens. Fürchten Sie sich nicht vor Gottes Willen, denn er strömt aus einer Quelle bedingungsloser Liebe. Er schenkt Ihnen alles, was Sie jemals brauchen. Die Angst vor dem Willen Gottes entsteht nur durch das Missverständnis des Heilungsprozesses, der durch Ihre Bitten ausgelöst wird. Die Gifte, die in Ihrem Leben auftauchen können, wenn Sie mit Gott kommunizieren, sind gerade das, was Sie loslassen müssen, damit in Ihnen Raum ist, jenes zu empfangen, worum Sie gebeten haben. Gott hat nicht weggehört und will Sie auch nicht strafen. Er hilft Ihnen vielmehr, zu einem leeren Gefäß zu werden, damit er Sie mit all dem erfüllen kann, wonach Sie sich wirklich sehnen.

Verlieren Sie Ihr Ziel nicht aus den Augen, nur weil Ihr Schiff in stürmisches Wetter geraten ist. Seien Sie noch bereitwilliger und enthusiastischer, weil Sie wissen, dass Sie Ihrem Ziel näherkommen. Identifizieren Sie sich nicht mit der Negativität, die Sie freisetzen. Seien Sie bereit, alles loszulassen und sich dankbar daran zu freuen, dass Sie Raum schaffen für ein Wunder.

Der heilige Tanz ist der Fluss der göttlichen Gnade. Die Einheit tanzt fröhlich zwischen den Polaritäten – eine Choreografie von hier nach da, von männlich zu weiblich, vom Dunkel zum Licht. Damit dieser Fluss stattfinden kann, ist sowohl eine Akzeptanz dessen nötig, wie es hier und jetzt ist, als auch die Fähigkeit, das Ziel, den Traum klar als Wirklichkeit im Hier und Jetzt zu erleben. Manche Menschen weigern sich, die Wirklichkeit ihrer derzeitigen Situation anzuerkennen, und träumen lieber vor sich hin. Andere nehmen resigniert ihren jetzigen Zustand als einzige Möglichkeit wahr. *Doch nur wenn Sie beides ganz annehmen können – Ihren gegenwärtigen Zustand sowie Ihr Ziel, Ihren Traum, in aller Klarheit und Gewissheit –, vermögen*

*Sie in den Fluss des heiligen Tanzes einzusteigen und zu wachsen. Ohne diesen Raum zwischen Ihrer Akzeptanz des Gegenwärtigen und Ihrer Vision dessen, was wahr sein kann, werden Sie Ihre Bestimmung nicht manifestieren.*

Um diesen Raum zu erschaffen, können Sie die Meditation zum *Arbeiten mit Gegensätzen* beispielsweise mit folgenden Dichotomien praktizieren:

- Ich kann ganz so sein, wie ich bin. / Ich kann ganz so sein, wie ich weiß, dass ich sein kann.
- Ich kann meinen Körper ganz so haben, wie er ist. / Ich kann meinen Körper ganz so haben, wie ich weiß, dass er sein kann.
- Ich kann die Beziehung, in der ich bin, ganz so haben, wie sie ist. / Ich kann die Beziehung, in der ich bin, ganz so haben, wie ich weiß, dass sie sein kann.

### 7. Sobald Sie es haben, teilen Sie es mit dem Rest des Lebens.

Denken Sie daran: Was auch immer Sie am meisten ersehnen – Sie haben es bereits in größter Fülle in sich. Wenn Sie Ihre Haltung vom Wünschen und Wollen zum Haben verändern, seien Sie dankbar und entscheiden Sie sich, es Schritt für Schritt in der Welt zu verwirklichen, indem Sie es mit dem Rest des Lebens teilen.

Hier ein paar Beispiele:

*Beispiel A:* Angenommen, ein aggressiver Autofahrer klemmt sich Ihnen im dichten Verkehr immer wieder zu dicht an die hintere Stoßstange. Sie möchten, dass er sich rücksichtsvoll und umsichtig verhält. Genau das haben Sie in sich, um es ihm zu geben; Sie wissen, was nötig ist, denn er ist gerade stur. Sie entscheiden sich, neutral zu sein und eine heitere, mitfühlende Haltung einzunehmen. Aus energetischer Sicht leidet er unter einer Art »Vitaminmangel«. Fragen Sie Ihre Intuition, welche Art von Energie er braucht, um diesen Mangel aufzufüllen, und welche Farbe diese Energie hat. Vielleicht erhalten Sie die Information, dass es ein bestimmter Grünton ist –

oder ein Gelb, Orange, Blau usw. Stellen Sie sich vor, Sie bilden aus dieser Energie eine kleine Kugel, die Sie ihm freundlich anbieten. Lassen Sie diese Kugel wie einen Gasluftballon losschweben. Ihre Absicht gibt ihm Richtung. Warten Sie ein paar Augenblicke ab. Nach meiner Erfahrung fährt der Fahrer hinter mir in vier von fünf Fällen entweder langsamer oder findet eine Möglichkeit, mich zu überholen. Verwenden Sie Ihre Intuition, aber halten Sie die Augen offen und bleiben Sie mit Ihrer Aufmerksamkeit beim Straßenverkehr!

*Beispiel B:* Sie sind in einem Restaurant und der Kellner haut Ihnen seine persönliche Frustration um die Ohren, obwohl er Ihnen doch eigentlich dienen soll. Sie möchten gerne freundlich und höflich bedient werden und Ihr Essen genießen. Genau diese Dinge haben Sie auch hier in sich – wie wüssten Sie sonst, dass es sie gibt? Finden Sie Ihre Neutralität, Ihre Heiterkeit und Ihr Mitgefühl in sich und fragen Sie Ihre Intuition, welche energetische Farbqualität der Mann braucht, um seinen Mangel zu beheben. Wenn Sie die Antwort haben, stellen Sie sich vor, Sie bilden daraus eine kleine Kugel und senden sie zu ihm mit der Absicht, dass sie ihm guttun möge. Dann schauen Sie einfach, was passiert.

Bei einer entsprechenden Situation hatte ich einmal ein sehr eindruckvolles Erlebnis, als ich mit einer Gruppe von zwanzig Teilnehmern beim Mittagessen saß. Der Kellner war extrem unfreundlich, knallte uns die Teller vor die Nase und schnauzte alle an. Ein paar Leute machten schon Anstalten, zu gehen, andere wollten sich bei seinem Vorgesetzten beschweren. Ich bat sie, noch einen Moment abzuwarten, und machte die oben beschriebene Übung. Der Kellner verschwand in der Küche. Kaum eine Minute später erschien er mit dem freundlichsten Lächeln der Welt direkt vor mir an unserem Tisch und fragte: »Womit kann ich Ihnen heute dienen?« Von diesem Augenblick an wurden wir von ihm aufs Höflichste bedient.

**Eine Geschichte**

Vor ein paar Jahren befand ich mich in einem schweren Dilemma, weil ich physisch weit von meinen Söhnen entfernt war, als sie eine wichtige Lebensphase durchmachten. Ich hatte das Gefühl, dass sie mich brauchten, und spielte alle logischen Optionen durch, doch ich fand keine befriedigende Lösung. Da fragte ich mich: »Ist es wirklich wichtig für meine Söhne, dass ich körperlich anwesend bin, um sie durch diese Situation zu begleiten? Oder ist es einfach wichtig für sie, die bestmögliche Unterstützung und den bestmöglichen Rat zu bekommen?«

Natürlich gibt es Situationen, in denen ein Vater unersetzlich ist, egal ob er den bestmöglichen Rat geben kann oder nicht. Doch meine Intuition sagte mir, dass dies nicht so ein Fall sei. Ich musste mir klarmachen, dass mir meine Anmaßung im Weg stand, zu erkennen, was jetzt für meine Söhne am besten sei. Ich liebe meine Söhne sehr – aber die Idee, was ich tun musste, um diese Liebe zu zeigen, stammte aus meinen Ängsten: aus meiner Angst, ihnen meine Liebe nicht deutlich genug zu beweisen; aus meiner Angst, kein guter Vater zu sein. Arroganz hat die Angewohnheit, sich wichtig zu machen. Ich erkannte, dass meine Jungs in dieser Situation den Rat und die Unterstützung eines Mannes brauchten, eines Mannes, der ihnen besonders weise helfen würde, die Tür zu ihrem Leben als junge Männer zu öffnen. Also fasste ich den Entschluss, es voll zu akzeptieren, dass ein liebevoller, spiritueller Mann im Leben der Jungen auftaucht, der ihnen die nötige Begleitung und einen klugen Rat geben würde. Den Gedanken legte ich dann in die Mitte des Universums, in Gottes Hand.

Innerhalb weniger Tage erschien der erste dieser Männer in ihrem Leben: ein indianischer Medizinmann, der spirituelle Arzt seines Stammes. Es gab ein paar Abenteuer zu bestehen, von denen das erste darin bestand, dass meine Söhne zu einem Besuch zweier höchst heiliger Stätten dieses Volkes eingeladen wurden. Ich hätte meine Pläne umwerfen mögen, wie ich wollte: So eine Erfahrung hätte ich ihnen niemals ermöglichen können. Doch als der Zeitpunkt für dieses Abenteuer kam, landete ich auf magische Weise genau zur richtigen Zeit am richtigen Ort, sodass ich sie auf dieser heiligen Reise begleiten konnte.

# Ihre spirituelle Werkzeugkiste

## A

### Das spirituelle Üben

*»Wach, besonnen, sehend –*
*lebe in sorgfältiger Aufmerksamkeit und Freude,*
*und das Licht wächst in dir.«*
GAUTAMA BUDDHA

**Vom Wesen des Übens**

Aufwachen erfordert Übung. Und ständiges Wachbleiben erfordert regelmäßige Praxis. Am Anfang flackert unser Licht an und aus. Wir wissen vielleicht, dass die Wahrheit in uns ist, doch wir wanken immer wieder im Hinblick auf die Gewissheit unserer inneren Quelle und vertrauen eher anderen, die wir für zuverlässiger halten. Oder wir ahnen vielleicht, dass wir an einem Missverständnis genauso beteiligt waren wie der andere, aber es ist bequemer, sich über den anderen zu beschweren. Natürlich wissen wir, dass wir uns selbst ändern und wachsen müssen, aber es scheint leichter zu sein, uns darum zu bemühen, andere unseren Bedürfnissen anzupassen. Wir wachen für eine Minute auf und merken, dass wir schnarchen, aber sobald man merkt, dass man schnarcht, ist man bereits am Aufwachen. Dann ist es Zeit, beständiger zu üben.

Der Prozess unseres spirituellen Wachstums gleicht dem Üben des Hochsprungs. Am Anfang schaffen wir vielleicht einen Meter

– manchmal. Mit regelmäßigem Training schaffen wir nach einer Weile den einen Meter ganz gut. Dann versuchen wir uns mit 1,10 Meter. Und so weiter. Was uns vor vier Jahren unmöglich erschien, ist heute ein Kinderspiel.

Und was sind schon ein paar Jahre des Übens gegenüber einer Ewigkeit von Leben? Ich treffe oft Leute, die meinen, sie hätten keine Zeit zum Üben. Sie meinen vielleicht, es sei eine Frage von Üben oder Nicht-Üben. Tatsache ist jedoch, dass wir *immer* üben! Wenn Sie nicht das eine üben, praktizieren Sie das andere.

Üben bedeutet, etwas wiederholt zu tun, um sich eine gewisse Fertigkeit anzueignen oder um sie zu verbessern. Bewusst oder unbewusst wiederholen wir den ganzen Tag lang verschiedene Übungen. Manche von uns üben sich darin, zu klagen oder Opfer zu sein, bis sie Weltklasse-Format haben. Andere haben jahrelang geübt, ausgezeichnete Hinauszögerer, vollendete Bedenkenträger oder meisterhafte Selbstniedermacher zu werden. Sich in spirituellem Gewahrsein zu üben erfordert auch nicht mehr Zeit und Aufwand. Sie brauchen nur ein paar Ihrer anderen Übungen wegzulassen, die Sie nicht wirklich erfüllen. Sie wählen nicht, *ob* Sie üben, sondern *was* Sie üben.

Ein wesentlicher Teil des Übens besteht darin, wieder aufzustehen. Die meisten von uns verfallen selbst nach den eindrucksvollsten Weckrufen wieder in Unbewusstheit. Wir neigen dazu, das Problem zu »lösen«, die Krankheit zu »kurieren«, das Kind wieder auf den »rechten Weg« zu bringen oder die Beziehung wieder »hinzukriegen«, und dann wenden wir uns erneut unserem gewohnten Alltag zu. Wir sind zum ersten Mal einen Meter hoch gesprungen und feiern unseren kleinen Triumph, ohne zu merken, dass wir dabei eine Lektion für die Ewigkeit hätten lernen können. Wir machen es uns in unserem selbstgefälligen »sicheren« Leben bequem – zumindest bis zum nächsten Weckruf.

Sobald wir es uns jedoch zur Gewohnheit machen, auf die täglichen Rufe der Bestimmung zu antworten, fangen wir an, unsere

Gewahrseins-Hochsprünge regelmäßiger zu üben. Es ist hilfreich, sich realistische Ziele zu setzen, die einen zwar fordern, aber nicht das Selbstbewusstsein untergraben. So wird es gelingen, sich allmählich zu immer höheren Stufen des Gewahrseins aufzuschwingen.

Wie bei allem gilt es auch hier, in einer Haltung der Dankbarkeit und des Mitgefühls für Ihren jetzigen Zustand zu üben und gleichzeitig die Vision im Auge zu behalten, wie Sie gerne wären. Das ist eines der Geheimnisse Ihrer Seelen-Erfüllung: sich so zu akzeptieren, wie Sie jetzt in der Welt sind, während Sie dem eigenen Herzenstraum, Ihre Göttlichkeit durch Ihre Menschlichkeit zu inkarnieren, treu bleiben. Was immer Sie üben: Leben Sie also im Geist der Freundlichkeit, der Gutmütigkeit und der Liebe sich selbst gegenüber.

> *»Lebe rechtschaffen. Ehre Gott.*
> *Das ist alles. Nicht mehr.«*
> SHIVAPURI BABA[8]

### Schlicht und einfach

Verirren Sie sich beim Lernen nicht zu sehr in intellektuellen Fragestellungen. Denken Sie daran, dass es nur Ihr verletztes Ego ist, das Sie von der Wahrheit abzubringen versucht. Seien Sie stattdessen offen wie die Wunderblume der Kinder. So werden Sie die Früchte Ihres Vertrauens genießen und in der Einfachheit ewige Schätze entdecken.

Die meisten von uns haben beim Überleben in dieser immer komplizierter werdenden Welt gelernt, die schlichte Einfachheit des Lebens gering zu schätzen. Es ist schon merkwürdig, wie bereitwillig wir das Einfache gegen das Komplizierte eintauschen und dann behaupten, wir hätten für Ersteres keine Zeit mehr. Doch das Einfache erfordert nicht viel Zeit. Je einfacher wir etwas halten, desto weniger Zeit und

---

[8] Letzte Worte des außergewöhnlichen indischen Meisters, der 137 Jahre lang lebte.

Mühe erfordert es. Halten Sie sich an die einfachen, grundlegenden Veränderungen, dann werden Sie im Lauf der Zeit Erfüllung finden.

Manchmal verwechseln wir »einfach« auch mit »dumm«. Wenn es einfach ist, muss es dumm oder zumindest nicht der Mühe wert sein. Natürlich heißt »einfach« zum Teil auch, dass es wenig Mühe macht. Der göttliche Geist ist einfach, aber sicherlich nicht dumm oder wertlos. Ihn zu erfahren und zu leben erfordert Praxis, aber keine Mühe. Sie werden feststellen, dass die größten Meister die Dinge oft sehr einfach halten. Halten also auch Sie Ihre Übungen einfach und genießen Sie sie.

Wenn Sie Bücher gelesen oder Vorträge besucht haben, üben Sie danach eine Weile kontinuierlich die wichtigsten Dinge, die Sie dabei gelernt haben. Auch das ist eine Art, es einfach zu halten. Versuchen Sie nicht, alles gleichzeitig zu üben. Nehmen Sie ein oder zwei Übungen und wenden Sie sie eine Zeit lang regelmäßig an. So können Sie beobachten und genießen, wie sich die Früchte Ihrer Arbeit allmählich entwickeln. Wenn Sie das, was Sie lernen, voll ausgeschöpft haben, wird Ihnen der nächste Schritt oder die nächste Lektion an die Haustür geliefert. Der Lehrer kommt – in welcher Form auch immer –, wenn der Schüler bereit ist. Und Sie machen sich bereit, wenn Sie sich die letzte Lektion, die Sie erhalten haben, wirklich zu eigen machen.

## Wann bin ich endlich so weit?

Wenn wir etwas üben, suchen wir nach Zeichen für unsere Fortschritte. »Bin ich endlich so weit? Was habe ich schon geschafft?« Dafür vergleichen wir unsere Erfahrungen dann gerne mit jenen von anderen, die wir achten und anerkennen. Doch wenn wir die Perspektive verlieren und uns in Urteilen verfangen, setzen wir uns ständig selbst herab, weil wir noch nicht »erleuchtet« sind, noch nicht die »überwältigende Glückseligkeit der Existenz« gespürt oder uns noch nicht von einer Krankheit »geheilt« haben.

Verfallen Sie nicht der Versuchung, Ihren spirituellen Fortschritt an bestimmten dramatischen Ereignissen zu messen. Das wahre Maß Ihrer Entwicklung ist, wie sehr Sie in der Lage sind, die Essenz zu erkennen: die Wahrheit des Göttlichen in allen Dingen, in jedem und in *jeder* Erfahrung.

Manche von uns konnten die volle Ton- und Licht-Show des Erwachens erleben. Sophy Burnham beschreibt so eine Erfahrung in ihrem Buch »The Ecstatic Journey«: »Ich war in eine liebliche Seligkeit eingetaucht, die sich nicht in Worte fassen lässt. Ich konnte die Sphärenklänge der Planeten hören und eine Lichtwelle nach der anderen spülte über mich hinweg.«

Es gibt viele Berichte von Nahtod-Erfahrungen, in denen Menschen vorübergehend körperlich tot waren und wieder ins Leben zurückgekehrt sind. Viele davon berichten, dass sie auf die eine oder andere Art im Licht des göttlichen Geistes waren. Manche von uns haben gelernt, regelmäßig durch Meditation in diese Herrlichkeit zu gelangen. Doch für die meisten ist es schwierig, das Verlangen nach Erleuchtung, einem erfüllten Leben oder dem göttlichen Geist so intensiv aufrechtzuerhalten, wie ein Ertrinkender um Luft ringt. Zum einen konkurrieren die Anforderungen unseres Alltags um unsere Aufmerksamkeit wie Kinder um die Liebe der Eltern. Doch auch das sind Rufe der Liebe, die uns in ihren milliardenfachen Gestalten zuwinkt. Genauso wenig wie wir verhindern können, dass die Schwingungen der Kirchenglocken durch uns hindurchfließen, wenn sie ertönen, können wir uns nicht vor den vielen Gesichtern Gottes verbergen, die uns und allem überall in der Welt zulächeln. Es geht nicht darum, ihnen die Erfüllung zu verweigern, sondern ihnen eine Möglichkeit des Wachstums zu zeigen, wenn sie danach verlangen.

Für uns alle sind Erleuchtung und das Erwachen im Geiste graduelle Lebensprozesse, selbst für jene von uns, die scheinbar plötzlich die Erfahrung des inneren Lichts gemacht haben. Solche Ereignisse sind gelegentliche »Auffrischungs-Impfungen«, die uns in die nächste Phase des Abenteuers katapultieren. Dramatische Erleuchtungserlebnisse sind nicht unbedingt besser. Sophy Burnham zitiert den Dalai

Lama, der in einem seiner Bücher schreibt: »Ich wünschte, mir selbst wären solche mystischen Erfahrungen zuteil geworden, aber ich hatte kein Glück!« Und doch würde kaum jemand die Erleuchtung und Weisheit dieses hochverehrten tibetischen Führers infrage stellen.

In seinem Buch »Der Magus von Strovolos« schreibt Kyriacos Markides: »... ein enger Freund meines Lehrers war auch ein hoher spiritueller Meister, aber seine medialen Fähigkeiten ruhten im Verborgenen.« Manchmal bewirkt unser intensives Verlangen nach Erleuchtung mystische Erfahrungen, doch in anderen Fällen erhalten jene von uns, die dem spirituellen Geist mehr Widerstand geleistet haben, die größere Injektion spiritueller Medizin.

Ich hörte einmal einen Vortrag von Dannion Brinkley, dem Autor von »Zurück ins Leben«, in dem er von jenem gigantischen Weckruf erzählte, als ihn der Blitz traf und sich sein Leben für immer veränderte. Nachdem wir von all den wundervollen Beiträgen gehört hatten, mit denen Dannion anderen helfen konnte, meinte eine Frau aus dem Publikum, dass Dannion doch sehr viel Glück gehabt habe, so eine außerordentliche Erfahrung machen zu dürfen, und dass sie selbst auch gerne so etwas erleben würde. Er schüttelte lachend den Kopf. »Sie machen Scherze!« Und dann beschrieb er, wie grauenvoll es ist, vom Blitz getroffen zu werden: die entsetzlichen Schmerzen, das Gefühl, bei lebendigem Leib zu verbrennen, und die jahrelange Tortur, um das körperliche und psychische Trauma zu verarbeiten. »Sicher habe ich Glück gehabt, dass mir all die kostbaren Lehren, das Wachstum und die Erkenntnisse zuteil wurden, die ich durch diese Erfahrung hatte, aber Sie müssen nicht vom Blitz getroffen werden, um all das zu lernen.«

Es ist bereits da – in jedem von uns. Manche Menschen brauchen intensivere Weckrufe, um aufzuwachen. Aber wenn Sie genau hinschauen, werden Sie vielleicht bemerken, dass Sie bereits einigen Rufen folgen und dass Sie nicht unbedingt innerlich verbrennenmüssen, um das Göttliche zu erfahren. Um den bekannten Spruch ein wenig abzuwandeln: Der Blitz scheint immer heller in dem Körper des anderen.

Spirituelles Wachstum ist weder ein Wettrennen noch ein Wettbewerb. Wir bekommen keine Extrapunkte, wenn wir mehr leiden oder mehr leisten. Statt zu fragen: »Wann bin ich endlich so weit?«, sollten wir lieber fragen: »Wo bin ich bereits und was habe ich jetzt, das ich mit anderen teilen kann?«

Ich habe auch gelernt, dass wir unsere spirituellen Übungen weniger wie eine zufällig auferlegte Hausaufgabe angehen sollten, sondern mehr wie eine Gelegenheit zu einem Rendezvous mit unserem (unserer) Liebsten. Aus dieser Haltung heraus freuen wir uns über die willkommene Chance, und statt uns widerstrebend hinzuschleppen, tanzen wir voller Vorfreude zu unserem vereinbarten Treffpunkt und können uns nichts ausmalen, was wir lieber täten. Und während wir zärtlich die Hand ausstrecken, um den Liebsten oder die Geliebte zu berühren, können wir es kaum erwarten, uns unserer Kleidung zu entledigen, damit auch nicht das Geringste die Liebe zwischen uns behindern kann. Wir legen auch unsere Scham und unsere Urteile ab, wenn wir uns frei von Angst vor den Partner (die Partnerin) stellen und erklären: »Hier bin ich. Berühre mich. Du kannst mich haben. Ich bin dein!«

*»Tötet mich, oh meine treuen Freunde,*
*denn in meinem Getötetwerden ist mein Leben.*

*Liebe ist, vor dem Geliebten stehen zu bleiben,*
*wenn du aller Eigenschaften beraubt bist.*
*Dann werden seine Eigenschaften zu deinen Qualitäten.*

*Zwischen mir und dir stehe nur ich.*
*Nimm mich hinfort, damit nur du bleibst.*
*Ich bin die höchste Wirklichkeit.«*

AL-HILLAJ MANSOOR[9]

[9] Al-Hillaj Mansoor war einer der großen Begründer der Sufi-Mystik. Er wurde im 10. Jahrhundert auf dem zentralen Platz in Bagdad durch Zerstückelung öffentlich hingerichtet, weil er erklärt hatte: »Ich bin die höchste Wirklichkeit (An'al Haqq).«

# B

## Einfache Übungen zur Entwicklung des Gewahrseins und der Intuition

Übungen, die man aus einem Buch lernt, können nie die persönliche Unterweisung durch einen ausgebildeten Lehrer ersetzen. Der folgende Abschnitt enthält jedoch ein paar einfache spirituelle Übungen, mit denen Sie anfangen können, Ihr spirituelles Gewahrsein zu entwickeln und zu erweitern. Für viele mag es schwierig sein, diese Übungen zu lesen und sie gleichzeitig durchzuführen. Ich empfehle daher, sie selbst auf Kassette zu sprechen und dann abzuhören. Oder Sie schließen sich mit anderen zusammen und lesen sich langsam gegenseitig vor. Ich wünsche Ihnen viel Freude!

Vollständigere Anleitungen bieten wir in unseren Vorträgen und Seminaren an, aber auch auf CDs und Kassetten (nur auf Englisch).

### Übung in Gewahrsein – Ausrichtung auf jenes, das alles gibt

Diese einfache Wahrnehmungsübung kann nach dem morgendlichen Aufwachen im Bett gemacht werden, aber auch zu jedem anderen Zeitpunkt im Lauf des Tages – sitzend, liegend oder stehend. Wenn Sie sich angewöhnen, diese kleine Übung regelmäßig zu machen, bevor Sie irgendetwas tun, werden Sie anfangen, alles zu haben, was Sie brauchen, um das zu erfüllen, was Sie gerade vorhaben. Ob es um den Tagesbeginn geht oder um ein neues Projekt, um die Annäherung an die Lösung eines schwierigen Problems, um den Umgang mit Ihren Kindern oder um regelmäßige Meditation: Richten Sie zunächst Ihr Gewahrsein aus, sodass Sie in der geeigneten Beziehung stehen zu dem, wonach Sie streben.

- Seien Sie zuerst aufmerksam, was Sie wahrnehmen. Vielleicht bemerken Sie das Klingeln Ihres Weckers oder das Gezwitscher der Vögel vor dem Fenster. Vielleicht stellen Sie Müdigkeit, Verspannungen oder Aufgeregtheit fest. Vielleicht steigt der verlockende Duft von Kaffee in Ihre Nase. Was immer Sie bemerken – das ist in Ihrem Gewahrsein.
- Atmen Sie tief durch und strecken Sie sich, um alle Anspannungen im Körper zu lösen. Seien Sie dankbar für den Tag, was immer er bringen mag. Seien Sie dankbar für das, was Sie im Leben haben. Stellen Sie alles beiseite, wofür Sie in Ihrem Leben nicht dankbar sind, und nehmen Sie sich vor, zu erkunden, was Sie daraus lernen oder was es Ihnen geben könnte, damit Sie dankbar dafür sein können.
- Begrüßen Sie Ihr Gewahrsein innerlich wie einen Freund (es *ist* Ihr Freund). Machen Sie sich klar, dass Ihr Gewahrsein dorthin geht, wohin Sie es lenken. Bemerken Sie, womit Ihr Gewahrsein jetzt gerade beschäftigt ist. Sind da Gefühle, Gedanken über die Arbeit, Sorgen, Beschwerden oder Klänge? Bemerken Sie, wie viele scheinbar unterschiedliche Dinge Ihr Gewahrsein gleichzeitig aufnehmen kann. Es bemerkt alles, ob Sie darauf achten oder nicht.
- Beobachten Sie, wie Sie bemerken, was Ihr Gewahrsein wahrnimmt. Stellen Sie sich vor, Sie könnten zu Ihrem Gewahrsein sprechen und es bitten, irgendwohin zu gehen. Sagen Sie jetzt zu ihm: »Geh zu dem, was mir alles gibt« – ganz schlicht, locker und mühelos. Versuchen Sie nicht, sich darauf zu konzentrieren. Bitten Sie einfach Ihr Gewahrsein darum. Dann lehnen Sie sich innerlich zurück und beobachten, was passiert.
- Falls Sie realisieren, dass sich Ihr Gewahrsein zu etwas hingezogen fühlt – zu Gefühlen, Klängen, Bildern, Gedanken, was auch immer –, bitten Sie es, stattdessen zu dem zu gehen, was Ihnen alles gibt. Lassen Sie alle Erwartungen los, was jetzt geschehen sollte. Lassen Sie auch alle vorgefassten Meinungen los, wer, was oder wo jenes ist, das Ihnen alles gibt. Das

Gewahrsein folgt genau Ihren Anweisungen. Es ist, als bäten Sie einen erfahrenen Taxifahrer, Sie zu einem Hotel zu bringen, dessen Standort Sie nicht kennen. Sie lehnen sich zurück und entspannen sich. Lassen Sie Ihr Gewahrsein zu dem wandern, was Ihnen alles gibt. Beschließen Sie nicht, dass es Gott ist. Keine vorgefassten Meinungen. Lassen Sie sich überraschen.

- Beobachten Sie die Veränderungen, die sich in Ihnen abspielen. Beobachten Sie die ständige Bewegung des Gewahrseins. Beobachten Sie, wie sich die Qualität Ihres Gewahrseins verändert. Atmen Sie tief durch. Tun Sie dies, so lange Sie möchten, jedoch mindestens ein paar Minuten lang.
- Sofern Sie bereit sind, mit der Übung aufzuhören, atmen Sie noch einmal tief durch und strecken und dehnen Sie Ihren Körper ein wenig. Öffnen Sie die Augen. Seien Sie dankbar für diesen Tag. Achten Sie darauf, wie Sie sich fühlen, und stehen Sie auf.

### Übung, um den Körper kennenzulernen

Dies ist eine gute Übung zur Entspannung, zur Wahrnehmung und zur Heilung des Körpers. Sie können sie durchführen, wann Sie wollen. Sie wird Ihnen als spirituellem Wesen helfen, mehr in den Körper zu kommen. Tragen Sie dabei möglichst lockere, bequeme Kleidung.

- Legen Sie sich mit dem Rücken auf einen Teppichboden, eine Decke oder eine Matte. Nehmen Sie ein paar tiefe Atemzüge. Schließen Sie die Augen. Lassen Sie bei jedem Ausatmen alle Anspannungen in Ihrem Körper ein wenig mehr los. Spüren Sie, wie Ihr Atem Ihre Lungen erfüllt. Beobachten Sie das Heben und Senken Ihrer Brust.
- Legen Sie Ihre Beine nebeneinander und drücken Sie sie sanft gegen den Boden. Spreizen Sie Ihre Zehen. Legen Sie Ihre

Füße jetzt ungefähr 25 Zentimeter weit auseinander. Entspannen Sie Ihre Beine und lassen Sie die Fußspitzen locker nach außen fallen.
- Spüren Sie Ihren Rücken auf dem Boden. Schieben Sie Ihre Schulterblätter unter sich, ohne sie zusammenzuziehen; lassen Sie sie entspannt. Entspannen Sie auch Ihre Arme. Die Hände liegen 30 bis 60 Zentimeter weit vom Körper entfernt. Lassen Sie alle Anspannungen aus Ihrem Körper in die Erde fließen.
- Entspannen Sie Ihren Hals und Kopf. Spüren Sie, wie Ihr Gehirn »weich« wird. Entspannen Sie Ihre Augen. Beobachten Sie, wo Ihr Gewahrsein ist: Sofern es mit Menschen, zu erledigenden Aufgaben oder Sorgen beschäftigt ist, lassen Sie all das los: Stellen Sie sich vor, Sie halten es in Ihrer Faust verschlossen; dann öffnen Sie Ihre Hand und spüren, wie alles wegfliegt wie ein Vogelschwarm. Wenn Ihnen Ihr Gewahrsein von außerhalb Ihres Körpers zusieht oder wenn es irgendwo anders ist, zum Beispiel im Büro, machen Sie sich bewusst, wo Sie gerade sind, und bringen Sie Ihr Gewahrsein sanft zu Ihrem Körper zurück. Wenn es in einem Bereich Ihres Körpers fokussiert ist, bemerken Sie, was dort vor sich geht, und lassen es dann los.
- Stellen Sie sich vor, Ihr Gewahrsein ist wie goldene Luft, die Sie überall nach Belieben hinschicken können. Es ist wie goldener Rauch von Räucherwerk, der sanft und still durch Ihren Körper zieht. Sie können fühlen, spüren, hören und wissen, was diese goldene Luft Ihres Gewahrseins berührt.
- Lassen Sie diese goldene Luft durch Ihre Beine in Ihre Füße fließen und sich in jeden Ihrer Zehen erstrecken. Wie fühlt sich das an? Was spüren Sie in jedem Zeh? Können Sie etwas hören? Stellen Sie sich vor, Ihre Füße könnten reden. Lassen Sie sich etwas von ihnen erzählen. Was haben sie zu sagen? Was immer es ist, hören Sie einfach aufmerksam zu.
- Ihr Gewahrsein dehnt sich jetzt weiter aus und strömt Ihre Beine herauf. Spüren Sie, wie es das Innere Ihrer Beine lieb-

kost: die Knochen, Muskeln, Adern, Nerven, das Gewebe, das Fett und die Haut. Beobachten Sie, wie das alles auf Ihre Aufmerksamkeit reagiert. Spüren Sie es, hören Sie zu, lernen Sie es kennen.

- Wenn Ihr Gewahrsein bei Ihren Knien angelangt ist, stellen Sie sich vor, wie die goldene Luft Hände bildet, die warmes, heilendes Wasser über Ihre Kniegelenke schöpft. Spüren Sie, wie es Ihre Kniegelenke tief durchtränkt und dann zurück in die Erde fließt, wobei es alle Anspannungen aus den Knien mit sich nimmt.
- Lassen Sie dann die goldene Luft Ihres Gewahrseins durch Ihre Oberschenkel bis in Ihre Hüften und Ihr Becken hinein fließen. Beobachten Sie, wie sie dabei alles sanft berührt. Was spüren Sie dabei? Lassen Sie Ihr Gewahrsein alle diese Körperbereiche berühren und kennenlernen. Lassen Sie sich von den verschiedenen Teilen Ihres Körpers etwas mitteilen. Was sagen sie? Hören Sie still und ohne zu verurteilen zu.
- Lassen Sie Ihr Gewahrsein weiter durch Ihren Bauch aufsteigen. Lassen Sie die goldene Luft durch jeden Teil Ihres Körpers fließen und alles zärtlich berühren, von der Wirbelsäule über alle Organe bis zur Haut. Sie bewegt sich, wie sich der Rauch von einem Räucherstäbchen ausbreitet. Verweilen Sie nirgendwo zu lange.
- Wenn die goldene Luft Ihres Gewahrseins den Bereich des Zwerchfells erreicht, lassen Sie es dieses sanft massieren, während Sie Ihre Ein- und Ausatmung beobachten. Beim nächsten Einatmen lassen Sie die goldene Luft in beide Lungen strömen, die sich vollständig damit anfüllen. Lassen Sie mit dem Ausatmen alle abgestandene Energie aus Ihren Lungen herausfließen, während sich die goldene Luft auch in den Rest Ihres Brustkorbs ausbreitet. Berühren Sie zärtlich Ihr Herz. Stellen Sie sich vor, Ihr Herz könnte reden. Hören Sie zu. Ihr Herz teilt Ihrem Gewahrsein mit, was es braucht und was es sich wünscht. Geben Sie ihm durch Ihr Gewahrsein mehr Raum.

Lassen Sie mit jedem Atemzug mehr von der Anspannung los, unter der Ihr Herz vielleicht steht.
- Ihr Gewahrsein breitet sich weiter in Ihrem Körper aus, damit Sie ihn erkunden. Lassen Sie es durch Ihre Arme und Hände fließen. Stellen Sie sich vor, Sie gießen mehr von dem warmen, heilenden Wasser durch Ihre Hände und lassen dabei alle Anspannungen aus den vielen kleinen Gelenken der Hände in die Erde fließen. Spüren und wissen Sie, dass dies geschieht.
- Lassen Sie Ihr Gewahrsein jetzt durch Ihren Hals und Ihren Kopf schweben. Spüren Sie, wie es sanft Ihr Gehirn liebkost, Ihr Innenohr, Ihren Mund, Ihre Zähne. Beobachten Sie es.
- Die goldene Luft Ihres Gewahrseins strömt durch die Poren Ihrer Haut und hüllt Ihren ganzen Körper ein. Stellen Sie sich vor, dass jeder Quadratzentimeter Ihres Körpers sanft von diesem goldenen Gewahrsein gehalten wird. Entspannen Sie sich. Lassen Sie alle Anspannung aus Ihrem Körper in die Erde fließen.
- Sobald Sie dazu bereit sind, beginnen Sie, sanft und langsam jeden Teil Ihres Körpers zu bewegen. Wenn Sie sämtliche Gelenke etwas gelockert haben, rollen Sie sich langsam über Ihre rechte Seite und stützen sich auf Ihre Hände und Knie. Dann richten Sie sich auf und kommen langsam zum Stehen.

Sie können diese Übung nach Belieben variieren. Manchmal möchten Sie vielleicht einem bestimmten Körperbereich besondere Aufmerksamkeit zukommen lassen. Gehen Sie jedes Mal zumindest leicht durch Ihren ganzen Körper, auch wenn Sie sich zum Beispiel besonders Ihren Muskeln oder einem bestimmten Organ widmen möchten. Machen Sie sich mit Ihrem Körper vertraut und freunden Sie sich mit ihm an. Genießen Sie es!

## Zentrierung im spirituellen Geist

Um Ihr Gewahrsein im Geist zu zentrieren und die Gewissheit zu entwickeln, dass Sie spiritueller Geist *sind,* eignet sich die folgende einfache Übung: Sie will erfahren werden und ist nicht einfach nur eine Affirmationsübung. Die Art, *wie* Sie üben, ist genauso wichtig wie das Vorhaben, *dass* Sie üben.

- Als Erstes halten Sie mit allem inne, was Sie gerade in Ihrem geschäftigen Leben tun. Lösen Sie sich aus dem ständig strömenden Fluss Ihrer Aktivitäten und Gedanken.
- Schließen Sie einen Moment lang die Augen. Atmen Sie tief ein und entspannen Sie Ihren Körper und Ihren mentalen Geist beim Ausatmen.
- Sammeln Sie sich. Stellen Sie sich vor, dass Sie Ihre gesamte Energie und Aufmerksamkeit von allen und allem, womit Sie zu tun hatten, zu sich zurückholen. Beschließen Sie, dass alle Energie, die Sie in andere Leute projiziert haben (zum Beispiel durch Widerstand, Urteile, Anhaftungen, Sorgen, Konkurrenz, Kontrolle etc.) oder in Situationen oder an Orten zurückgelassen haben, neutralisiert zu Ihnen zurückkehrt. Stellen Sie sich vor, wie Sie bequem hinter Ihren Augen sitzen, in der Mitte Ihres Kopfes.
- Öffnen Sie wieder die Augen. Jetzt sind Sie bereit, fortzufahren.
- Entschließen Sie sich: *»Ich bin spiritueller Geist.«* Seien Sie sich mental jedes Wortes bewusst: »Ich ... bin ... spiritueller ... Geist«, und entschließen Sie sich dabei, sich auf Ihr spirituelles Sein einzustimmen. Tun Sie bei jedem der folgenden Schritte dasselbe:
- Entschließen Sie sich: *»Ich bin.«* Erleben Sie sich selbst, wie Sie einfach da sind und existieren.
- Entschließen Sie sich: *»Ich habe mein Sein.«* Erleben Sie, dass

Ihre Existenz in Ihnen ist. Bestätigen Sie sich jegliche Veränderungen, die Sie in Ihrem Seinszustand wahrnehmen.
- Entschließen Sie sich: »*Ich bringe mein Sein zum Ausdruck.*« Erfahren Sie das innere Strahlen in sich. Bestätigen Sie sich jegliche Veränderungen, die Sie in Ihrem Seinszustand wahrnehmen.
- Entschließen Sie sich: »*Ich bin gewahr.*« Erfahren Sie, dass Sie Gewahrsein *sind* (nicht, dass Sie irgendetwas Bestimmtes wahrnehmen).
- Entschließen Sie sich: »*Ich habe Gewahrsein.*« Erfahren Sie, dass Sie in sich Gewahrsein haben. Bestätigen Sie sich jegliche Veränderungen in Ihrem Gewahrsein.
- Entschließen Sie sich: »*Ich bringe Gewahrsein zum Ausdruck.*« Erfahren Sie, wie das Gewahrsein aus Ihnen heraus wirkt. Bestätigen Sie sich jegliche Veränderung des Gewahrseins.
- Entschließen Sie sich: »*Ich bin Energie.*« Erleben Sie, dass Sie ein Energiefeld sind.
- Entschließen Sie sich: »*Ich habe Energie.*« Erleben Sie, dass Sie Energie in sich haben. Bestätigen Sie sich jegliche Veränderung in Ihrer Energie.
- Entschließen Sie sich: »*Ich bringe Energie zum Ausdruck.*« Erfahren Sie den Fluss der Energie, der aus Ihnen herausströmt. Bestätigen Sie sich jegliche Veränderung Ihrer Energie.
- Entschließen Sie sich*:* »*Ich bin spiritueller Geist. Ich habe einen Körper.*« Erleben Sie Ihr spirituelles Selbst in Beziehung zu der Energie Ihres Körpers. Achten Sie auf die Unterschiede. Bestätigen Sie Ihren neuen Zustand.
- Strecken und dehnen Sie sich ein wenig. Nehmen Sie dann aus diesem neuen Zustand heraus Ihre Aktivitäten wieder auf.

Sobald Sie diesen Prozess einmal verinnerlicht haben, können Sie ihn in weniger als einer Minute durchführen (er darf allerdings auch so lange dauern, wie Sie möchten). Üben Sie im Lauf des Tages, sooft Sie können. Machen Sie eine »Geist«-Pause statt einer Zigaretten- oder

Kaffeepause. Probieren Sie es aus, während Sie spazieren gehen, oder im Auto, bevor Sie losfahren (schnallen Sie Ihren geistigen Sicherheitsgurt um!). Regelmäßige Erinnerung und Bestätigung Ihres spirituellen Selbst zentriert Sie im Geist.

### Meditation zum Stellen einer Frage und zum intuitiven Erfassen einer Antwort

Dies ist eine gute Übung, um Ihre intuitiven Fähigkeiten zu entwickeln und zu lernen, eine Antwort zu »wissen«, statt immer zu versuchen, sie »herauszufinden«. Es wäre sicher hilfreich, hierfür noch einmal das 6. Kapitel zu lesen.

- Setzen Sie sich auf einen bequemen Stuhl, auf dem Ihr Rücken entspannt aufgerichtet ist und Ihre Füße flach auf dem Boden stehen. Erfrischen Sie sich mit ein paar tiefen Atemzügen, atmen Sie dann entspannt weiter. Schließen Sie die Augen. Ihr Gewahrsein ist hinter Ihren Augen, in der Mitte des Kopfes.
- Seien Sie sich zuerst Ihres Körpers bewusst. Entschließen Sie sich, Ihren Körper da zu lassen, wo er gerade ist, und so zu lassen, wie er sich gerade fühlt. Lassen Sie alle Anspannungen und Sorgen für diesen Augenblick los.
- Erden Sie sich.
- Welche Frage möchten Sie jetzt stellen?
- Sobald Sie die Frage formuliert haben, legen Sie die Handflächen bequem ineinander und lassen die Hände in Ihrem Schoß ruhen. Dann stellen Sie im Stillen klar und deutlich Ihre Frage.
- Stellen Sie sich vor, wie diese Frage durch Ihren Körper und Ihr Sein kreist. Lassen Sie alles andere aus Ihrem Sinn fallen; nur diese Frage strömt durch Sie hindurch.
- Stellen Sie sich vor, Sie sind die Frage. Erleben Sie die Frage

mit Ihrem ganzen Sein. Entspannen Sie sich mit der Frage, als wäre sie Ihre beste Freundin.
- Lassen Sie alle Gedanken und Gefühle los, die auftauchen, während Sie sich mit der Frage entspannen.
- Wenn Sie spüren, dass Sie zu der Frage geworden sind, lösen Sie Ihre Hände voneinander und legen Sie sie mit den Handflächen nach oben in Ihren Schoß. Entspannen Sie sich und seien Sie empfänglich.
- Die Antwort ist bereits in Ihnen. Versuchen Sie nicht, sie zu bekommen. Entspannen Sie sich und lassen Sie sie in Ihre bewusste Aufmerksamkeit treten. Versuchen Sie nicht, sich zu konzentrieren.
- Beobachten Sie Ihre Erfahrung. Was fühlen Sie? Spüren Sie etwas? Beachten Sie, ob ein inneres »Erkennen« einer Antwort auftaucht. Sehen Sie etwas oder nehmen Sie etwas wahr? Hören Sie einen Gedanken in Ihrem Kopf? Gibt es eine Art unerklärliches Verständnis? Zensieren Sie sich nicht. Genießen Sie es. Seien Sie geduldig. Lassen Sie es reifen.
- Analysieren Sie nicht gleich alles, was auftaucht. Lassen Sie es eine Weile einfach da sein. Erleben Sie die Energie. Erfahren Sie das »Wissen«.
- Lassen Sie alle Zweifel, Herabsetzungen und Urteile von sich abfallen. Geben Sie Ihrem spirituellen Selbst Raum, zu sein und zu wissen.
- Vielleicht ist Ihnen auf einmal alles klar, vielleicht ist die Antwort auch zunächst nebulös und entwickelt sich erst im Lauf der nächsten Tage. Manchmal ist es wie ein Erwachen aus einem Traum, bei dem man zunächst nicht recht weiß, was man davon halten soll; aber je länger man darüber nachsinnt, desto offenbarer wird die Bedeutung.
- Entscheiden Sie sich, diese Antwort eine Weile in Ihrem Bewusstsein kreisen zu lassen, bevor Sie in irgendeiner Weise damit aktiv werden (besonders, wenn Sie gerade anfangen, diese Fähigkeit zu entwickeln).

- Wenn Sie noch eine weitere Frage haben, die einen anderen Aspekt des gleichen Themas betrifft, können Sie diesen Prozess mit der neuen Frage wiederholen.

Wie bei allen Dingen, die man neu lernt, braucht auch die bewusste Verwendung der Intuition eine Weile Übung, bis man sich mit ihr vertraut gemacht hat. Der Zugang zu Ihrer Intuition ist der erste Schritt. Der zweite besteht darin, so viel Vertrauen in Ihr spirituelles Selbst und Ihre Intuition zu entwickeln, dass Sie auch danach handeln können.

# C
# Kurze Beschreibung der Energiezentren

Eine Abhandlung über die wichtigsten Energiezentren des Körpers, die von vielen auch Chakren genannt werden, könnte Bände füllen. Falls Sie mehr darüber erfahren wollen: Es gibt unzählige gute Bücher auf dem Markt. Hier folgt nur eine kurze Beschreibung dieser Energiezentren, wie ich sie sehe und erfahre, um Ihnen zu helfen, in den Übungen aus Abschnitt D dieser spirituellen Werkzeugkiste damit zu arbeiten.

## Die Chakren – heilige Tore

Vor fast 22 Jahren wachte ich eines Nachts auf und sah einen hell leuchtenden Stern, der von einem blauen Licht umgeben unter der Zimmerdecke schwebte. Ich kannte diese Seele, die mein erstgeborener Sohn werden sollte. »Ich bin bereit«, sagte er.

Ein strahlend weißes Licht strömte von ihm zu dem Bauch seiner zukünftigen Mutter. Ich sah, wie er in einem plötzlichen Aufleuchten in ihren Leib eintrat. Wie bei einer Supernova breitete sich das Licht noch einmal kurz aus und verschwand dann in sich selbst. Es war unbeschreiblich schön.

Allmählich formte sich ein geometrisches Muster, ein bisschen wie eine geodätische Kugel und gleichzeitig wie eine Schneeflocke. In dieser göttlichen Schablone bildeten sich die ersten Körperzellen. Immer wieder pulsierte die kreative Energie von der Mitte nach außen und gab den ersten Zellen ihre Form. Aus diesen wirbelnden Energie-Galaxien, durch die das Göttliche die materielle Welt spann, entstehen die Chakren.

Chakren sind Zentren des energetischen Gewahrseins. Sie sind wie Drehtüren der Kreativität und Kommunikation zwischen dem Geistigen und der Welt. In der Literatur über Chakren werden Sie zahlreiche Diskrepanzen finden, wie Hellsichtige die Chakren beschreiben und kategorisieren. Manche sprechen von zwölf Hauptchakren, andere von drei. Die meisten benennen sieben Hauptchakren. Keiner hat hier recht oder unrecht; es kommt einfach darauf an, welche Energiezentren man als Hauptchakren interpretiert.

Am besten wäre es, wenn Sie Ihre eigene Hellsichtigkeit entwickeln und sich Ihr eigenes Bild machen würden. Dann könnten Sie erkennen, was die jeweiligen Heiler oder Lehrer meinen. Es gibt keinen Grund, sich hier über irgendetwas zu streiten, sich verwirren zu lassen oder das Ganze abzutun. Im Zusammenhang dieses Buches und für die Übungen aus der spirituellen Werkzeugkiste will ich hier kurz sieben der wichtigsten Chakren des Körpers beschreiben, die alle vor der Wirbelsäule angeordnet sind: von der Stelle über der Spitze des Steißbeins bis zum Schädeldach. Es gibt noch viel mehr Energiezentren im Körper und um ihn herum, aber es ist sinnvoll, sich zuerst mit diesen sieben Chakren zu befassen. Wenn Sie sie kennengelernt haben, werden Sie auch die anderen Energiezentren leicht finden und mit ihnen arbeiten können.

Jedes der sieben Hauptchakren des Körpers hat zwölf Ebenen der Information und energetischen Funktion. Jede dieser zwölf Ebenen hat zwölf Unterebenen. Jedes Chakra funktioniert also auf 144 verschiedenen Ebenen der Energie und Information. Abgesehen vom Kronen-Chakra oben auf dem Kopf, steht jedes Chakra auf der elektrischen Ebene mit einem Nervenknotenpunkt in Verbindung. Das Kronen-Chakra ist mit dem Gehirn verknüpft. Die physiologischen Funktionen der sieben Chakren wirken über das endokrine Drüsensystem. Jedes Chakra manifestiert sich auch auf der Körperoberfläche in einer Reihe von Akupunkturpunkten und Meridianen.

Wenn Sie ein Chakra anschauen, sieht es wie eine sich drehende Scheibe von farbigen Energien aus. Der innere Teil des Chakras dreht sich im Uhrzeigersinn, der äußere in entgegengesetzter Richtung. Die Energie vom inneren Teil des Chakras fließt durch ein Netzwerk energetischer Kanäle und durch die Zellen des Körpers und manifestiert sich dann um den Körper herum als Aura. Die Körperzellen wirken wie Prismen, durch die sich unsere Seelenenergie in unserer Aura spiegelt und bricht. Wenn alle Chakren optimal funktionieren, zeigt sich die Energie vom äußeren Teil der Chakren in einer sich gegeneinander drehenden Schicht elektrisch blauen Lichts zwischen den verschiedenen Schichten der Aura. Dieses blaue Licht schützt die einzelnen Schichten der Aura und hilft ihnen, ihre eigene Schwingung beizubehalten.

**Ebenen der Chakra-Funktionen**

Die zwölf grundlegenden Ebenen der Funktionen der sieben Hauptchakren lassen sich kurz wie folgt beschreiben:

- Die erste Ebene des Chakras ist die mediale Ebene. Dieser Teil dreht sich im Uhrzeigersinn. Auf dieser Ebene manifestieren sich die verschiedenen medialen Fähigkeiten wie die Hellsichtigkeit des sechsten Chakras oder die Hellfühligkeit des zweiten Chakras.
- Die zweite Ebene des Chakras hat eine Speicherfunktion. Hier werden Informationen aufbewahrt, verglichen und zueinander in Beziehung gesetzt.
- Die dritte Ebene des Chakras ist der psychologische Aspekt. Er bestimmt die Art, wie Informationen und Energien an den Körper weitergegeben werden.
- Die vierte Ebene ist ein Filter für die physiologischen Funktionen im Körper. Er steuert die Entgiftungsprozesse der verschiedenen Organe, die mit dem jeweiligen Chakra verbunden sind. Auf dieser Ebene werden auch Schmerzen in diesem Bereich wahrgenommen und zum analytischen Teil des Gehirns gemeldet, damit die Seele damit umgehen kann.
- Die vierte bis siebte Ebene des Chakras bestehen aus energe-

tischen Filtern und Umwandlern, die Energien des Körpers so verfeinern, dass die Seele sie aufnimmt und Energien aus dem Geistigen so umwandelt, dass der Körper sie aufnehmen kann.
- Die achte bis zwölfte Ebene des Chakras stehen mit spirituellen Belangen des Wesens unabhängig von der jeweiligen Inkarnation in Verbindung und haben wenig mit der alltäglichen Existenz in der materiellen Welt zu tun.

### Die psychischen Funktionen der Chakren

Im Folgenden werden die grundlegenden psychischen Funktionen der einzelnen Hauptchakren von unten nach oben kurz beschrieben (siehe Abb. 1):
- *Das erste Chakra* sitzt knapp oberhalb der unteren Spitze des Steißbeins. Dieses Energiezentrum bezieht sich auf das Überleben, sowohl das eigene Überleben als auch die Arterhaltung (inklusive des Anfangs des Fortpflanzungsprozesses). Die Lebenskraft (Prana oder Chi) strömt als Energie der Einheit durch das Kronen-Chakra in den Körper bis zum ersten Chakra, wo sie sich in männliche und weibliche Kräfte aufspaltet.
- *Das zweite Chakra* sitzt etwa fünf Zentimeter unterhalb des Nabels und etwa zehn Zentimeter von vorne nach innen (bei durchschnittlicher Körperdicke). Es hat mit allen Aspekten des Fühlens zu tun. Oft wird es mit Emotionen und Sexualität assoziiert, weil man sowohl Emotionen als auch sexuelles Verlangen in diesem Chakra wahrnimmt. Sexualität ist allerdings nicht auf ein Chakra beschränkt; sie ist ein Tanz der männlichen mit den weiblichen Energien, der im ersten Chakra beginnt und in jedem Chakra anders erfahren und ausgedrückt wird. Das zweite Chakra wirkt auch wie ein Gefühls-»Radar« und bestimmt die »Wirklichkeit« dessen, was es fühlt.

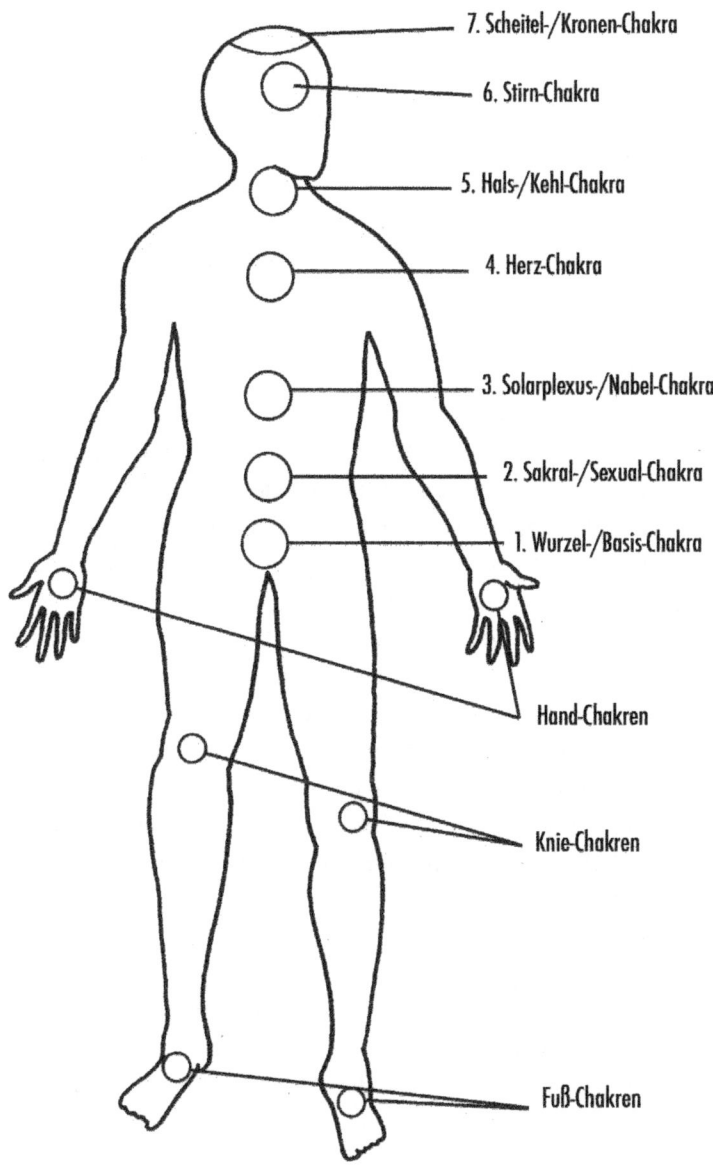

*Abb. 1: Die Chakren*

- *Das dritte Chakra* sitzt am Solarplexus, etwas unterhalb des Punktes, wo die Rippen in der Mitte des Körpers zusammenkommen. Die zentrale Funktion dieses Chakras ist die Energieverteilung. Es bestimmt, wie viel von welcher Energie-Art wohin fließt. Dazu gehören auch außerkörperliche Erfahrungen und die Erinnerung daran: Dieses Chakra steuert, wie viel Ihres Energiebewusstseins in Ihr Gewahrsein jenseits Ihres physischen Körpers fließt. Das dritte Chakra bestimmt auch die Energieverteilung Ihrer Ego-Zustände: Wer sind Sie in Bezug auf andere in diesem Augenblick (unterschiedliche »Masken«)?
- *Das vierte Chakra* sitzt in der Mitte der Brust und wird auch Herz-Chakra genannt. Es ist ein magnetisches Energiezentrum der Einheit. Die grundlegende Funktion dieses Chakras ist Affinität. Es bestimmt Ihre Fähigkeit, Sie selbst zu sein, während Sie sich mit jemand anderem vereint fühlen. Hier wird auch gesteuert, wo Sie in Bezug auf andere stehen und wie Sie sich anderen gegenüber fühlen. Im zweiten Chakra geht es darum, wie sich etwas anfühlt. Das vierte Chakra vermittelt Ihnen, wie Sie sich in Bezug auf etwas fühlen.
- *Das fünfte Chakra* sitzt im Hals auf der Höhe der Halskuhle. Es wirkt auf allen Ebenen der Kommunikation:
  Hellhörigkeit – der Fähigkeit, die geistige Welt zu hören und mit ihr zu kommunizieren und auch insgesamt sehr gut zu hören.
  Innere Stimme – die Fähigkeit, mit dem eigenen inneren Selbst zu kommunizieren.
  Telepathie – die Fähigkeit, Gedanken bewusst zu senden und zu empfangen.
  Pragmatische Intuition – die Fähigkeit, alltägliche Dinge intuitiv zu wissen (zum Beispiel wer gerade anruft).
  Das fünfte Chakra ist auch die Brücke zwischen dem vernünftigen Selbst und dem fühlenden Selbst. Es ist ein Zentrum der Unterscheidungsfähigkeit. Hier entsteht die Beziehung

zwischen unserem eigenen, freien Willen und dem göttlichen (freien) Willen.
- *Das sechste Chakra* sitzt hinter der Stirn und wird oft drittes Auge genannt. Seine Funktion sind höhere und tiefere Ebenen der Wahrnehmung wie Hellsichtigkeit und abstrakte Intuition. Hier bestimmen wir, ob das, was wir sehen, real ist oder nicht, nehmen wahr, was gerade los ist, und sehen, wohin wir gehen.
- *Das siebte Chakra bzw. Kronen-Chakra* oben auf der Schädeldecke ist eine Lotusblüte mit tausend Blütenblättern. Jeder Grad von Erleuchtung und Autonomie, den die Seele erreicht hat, zeigt sich darin, wie viele dieser Blütenblätter aktiv sind. Dies ist das Zentrum des intuitiven Wissens und der Trance-Medialität. Intuitives Wissen wird in höchster Vollendung zu kosmischem Bewusstsein. Auf der Ebene der Alltagserfahrungen zeigt sich diese Fähigkeit darin, dass man um das Wo, Was, Wie, Wann, Wer und Warum aller Dinge gleichzeitig weiß.

# D
# Übungen zur Entwicklung energetischer Instrumente

In diesem Abschnitt finden Sie einfache, aber höchst wertvolle energetische »Instrumente« sowie verschiedene Übungen, um sie zu entwickeln. Sämtliche »Instrumente« und Übungen wurden ursprünglich von dem verstorbenen Lewis S. Bostwick entwickelt und gelehrt, der neue Wege fand, um Heiler, Hellsichtige und Medien auszubilden. 1972 gründete er das Berkeley Psychic Institute, um einen Schutzraum für Menschen zu schaffen, deren mediale Fähigkeiten gerade erst am Entstehen waren: Hier konnten sie lernen, diese und andere Techniken für ihr spirituelles Wachstum einzusetzen.

Wie erwähnt kann die Anleitung aus einem Buch nie die persönliche Unterweisung durch einen ausgebildeten Lehrer ersetzen. Bitte verstehen Sie diese Übungen nicht als vollständiges Programm. Sie wurden in dieses Buch aufgenommen ...

- um jene zu inspirieren, die noch nichts Derartiges kennen, und ihnen eine Möglichkeit zu geben, anzufangen und eigene Erkundungen anzustellen;
- als Begleitheft für jene, die meine Anfänger-Workshops besucht haben oder mit meinen Kassetten arbeiten, damit sie die Schritte der Übungen zu Hause noch einmal rekapitulieren können;
- zur Erinnerung für all jene, die bei mir oder bei anderen schon eine derartige Ausbildung genossen haben.

Ich empfehle, diesen Abschnitt zunächst ganz durchzulesen und sich mit den Übungsabläufen vertraut zu machen. Nehmen Sie den Text in einem gemäßigten Tempo auf Kassette auf, sodass Sie ohne Druck üben können, wenn Sie sich die Übung anhören. Sie können sich auch mit Freunden zusammentun, sich die Übungen gegenseitig vorlesen und dann Ihre Erfahrungen austauschen.

## Übung zur Erdung

*Anmerkung: Führen Sie keine dieser Übungen mit Druck oder starker Anstrengung durch!*

- Setzen Sie sich auf einen bequemen Stuhl, sodass Ihr Rücken entspannt aufrecht ist und beide Füße flach auf dem Boden stehen. Erfrischen Sie sich mit ein paar tiefen Atemzügen und atmen Sie dann entspannt weiter. Schließen Sie die Augen.
- Werden Sie sich zuerst Ihres Körpers bewusst. Beschließen Sie, Ihren Körper da zu lassen, wo er ist, und so zu lassen, wie er ist. Lassen Sie ihn fühlen, was er fühlt.
- Nehmen Sie Ihre Wirbelsäule bewusst wahr. Folgen Sie ihrem Verlauf mit Ihrem Gewahrsein, bis Sie an die Spitze des Steißbeins kommen. Spüren Sie Ihr erstes Chakra und stellen Sie es sich wie einen Lichtpunkt von etwa drei Zentimetern Durchmesser vor.
- Jetzt stellen Sie sich vor, dass sich ein großer, starker Baumstamm von der Mitte dieses Energiezentrums bis zum Mittelpunkt der Erde erstreckt. Das ist Ihr Erdungskanal. Stellen Sie sich vor, Sie lassen alle Energie von anderen los, die Sie mit sich herumschleppen. Lassen Sie sie in diesen Baumstamm hineinfallen. Sehen Sie die fremden Energien wie Wasser oder wie Sandkörner in den Baumstamm hinunter zum Mittelpunkt der Erde fallen, wo sie in den großen Kreislauf des Lebens eingehen. Entspannen Sie sich einfach und schauen Sie zu, wie die Energie von all diesen Leuten Ihren Erdungskanal hinabfließt. Beobachten Sie alle Veränderungen in Ihrer Energie, Ihrem Gewahrsein und Ihrem Körper.

- Strecken und dehnen Sie sich sanft und öffnen Sie dann Ihre Augen. Beugen Sie sich nach vorne und lassen Sie den Rest aller überschüssigen Energien aus Ihrem Kopf und Ihren Armen fließen. Richten Sie sich langsam wieder auf und schauen Sie sich um. Stehen Sie auf, wenn Sie dazu bereit sind.

Sie werden bemerken, wie viel mehr Sie in Ihrem Körper sind und wie viel mehr geerdet Sie sind. Mit ein wenig Übung werden Sie immer besser geerdet sein. Überprüfen Sie im Lauf des Tages mehrfach Ihre Erdung. Am Anfang ist es gut, die Übung zu wiederholen, wann immer Sie sich ungeerdet oder von anderer Leute Energie überwältigt fühlen, zum Beispiel durch Erwartungen, Konkurrenz, Herabsetzungen, Emotionen etc. Lassen Sie die fremden Energien einfach aus sich herausfallen. Es dauert nur ein paar Momente. Irgendwann wird Ihnen die Übung so vertraut sein, dass Sie nur Ihre Aufmerksamkeit auf Ihre Erdung zu richten brauchen, um sie zu verstärken, egal was Sie gerade tun. Es ist auch sinnvoll, Ihre Erdung zu kräftigen, bevor Sie etwas beginnen, beispielsweise bevor Sie mit dem Auto losfahren, zu einer Besprechung gehen oder eine besondere Leistung erbringen wollen.

### Übung zur Auffrischung der Energie

*Anmerkung: Führen Sie keine dieser Übungen mit Druck oder starker Anstrengung durch!*

- Setzen Sie sich auf einen bequemen Stuhl, sodass Ihr Rücken entspannt aufrecht ist und beide Füße flach auf dem Boden stehen. Erfrischen Sie sich mit ein paar tiefen Atemzügen und atmen Sie dann entspannt weiter. Schließen Sie die Augen.
- Werden Sie sich zuerst Ihres Körpers bewusst. Beschließen Sie, Ihren Körper da zu lassen, wo er ist, und so zu lassen, wie er ist. Lassen Sie ihn fühlen, was er fühlt.

- Beschließen Sie als Nächstes, Ihre Aufmerksamkeit hinter Ihren Augen zu sammeln. Während Sie im Geist dort verweilen, beschließen Sie innerlich: »Ich bin.« Ihr spirituelles Selbst wird dadurch in der Mitte Ihres Kopfes präsenter werden. Achten Sie auf Ihren Körper und was Sie dort wahrnehmen. Beschließen Sie, dass Sie mehr in Ihrem Körper sein können.
- Erden Sie sich von Ihrem ersten Chakra aus zur Mitte der Erde (siehe vorige Übung zur Erdung).
- Jetzt stellen Sie sich einen goldenen, eiförmigen Energieraum vor, der sich einen guten Meter um Ihren ganzen Körper herum erstreckt.
- Stellen Sie sich ungefähr einen Meter über Ihrem Kopf eine goldene Sonne vor, die strahlt wie die Sonne an einem herrlichen Sommertag. Sehen Sie, wie diese Sonne vor Lebenskraft vibriert. Bringen Sie diese goldene Sonne langsam in Ihren Oberkopf. Lassen Sie Ihr siebtes Chakra so viel von dieser Lebenskraft aufnehmen, wie es braucht. Stellen Sie sich vor, wie die Lebenskraft das Energiezentrum wieder auffüllt, heilt und ausgleicht. Dann bringen Sie die Sonne in Ihr sechstes Chakra hinter Ihrer Stirn, das sich nun mit dieser goldenen Lebenskraft vollsaugt. Die Sonne sinkt weiter in Ihren Hals, wo sie das fünfte Chakra erfrischt, neu erfüllt und ausgleicht.
- Als Nächstes erfüllt die Sonne das vierte Chakra, das Herz-Chakra in der Mitte der Brust. Dann sinkt sie weiter in Ihren Leib und energetisiert das dritte Chakra an Ihrem Solarplexus. Danach erfüllt sie das zweite Chakra knapp unterhalb des Nabels. Und dann heilt und erfrischt sie das erste Chakra an der Spitze des Steißbeins, die Quelle Ihrer Erdung. Jetzt strömt die Energie der Sonne durch Ihre Arme und Beine und erfüllt die Chakren an Ihren Armen und Beinen, Knien und Ellbogen.
- Die Sonne dehnt sich in Ihrem Körper aus, um alle Zellen im Körper zu erfrischen. Stellen Sie sich vor, die Zellen saugen sich mit Lebenskraft voll. Und zuletzt sehen Sie, wie die gol-

dene Energie der Sonne durch Ihre Haut hindurchstrahlt und den ganzen eiförmigen Energieraum um Sie herum erfüllt.
- Beschließen Sie jetzt, dass dieser ganze Raum Ihrer ist, dass Sie ihn haben, für ihn sorgen, ihn verwenden, genießen und wertschätzen können.
- Nehmen Sie ein paar tiefe Atemzüge. Strecken Sie sich ein wenig und öffnen Sie die Augen. Beugen Sie sich sanft nach vorne, bis Ihr Kopf zwischen Ihren Knien ist. Entspannen Sie sich. Lassen Sie alle überschüssige Energie aus Ihrem Kopf, Ihren Schultern und Armen fließen. Wenn Sie so weit sind, richten Sie sich langsam wieder auf und schauen sich um. Fühlen Sie sich erfrischt?

## Übung zum Fließenlassen der kosmischen Energien und der Erd-Energien im Körper

- Setzen Sie sich zuerst auf einen bequemen Stuhl, sodass beide Füße flach auf dem Boden stehen. Schließen Sie die Augen. Atmen Sie einmal tief durch und entspannen Sie sich.
- Erden Sie sich.
- Versammeln Sie Ihre Aufmerksamkeit hinter Ihren Augen, in der Mitte des Kopfes.
- Werden Sie sich dann Ihrer Fußsohlen bewusst. In der Wölbung jeder Fußsohle gibt es ein Chakra. Vielleicht bemerken Sie dort ein Kribbeln. Wenn Sie die Chakren nicht sehen, imaginieren Sie sie als kleine Energiewirbel.
- Stellen Sie sich vor, dass Erd-Energie aus der Tiefe des Planeten aufsteigt und durch Ihre Fuß-Chakren in Ihre Beine fließt. Die Erd-Energie fließt durch einen Energiekanal, der durch die Mitte jedes Beines verläuft (siehe Abb. 2).
- Die Erd-Energie fließt weiter aufwärts zu einem kleinen Chakra in Ihren Knien. Danach strömt die Energie empor durch die Mitte der Oberschenkel bis zum ersten Chakra. Dies ist

auch der Ansatzpunkt Ihres Erdungskanals. Alle überschüssige Erd-Energie kann einfach in den Erdungskanal abfließen.
- Als Nächstes richten Sie Ihre Aufmerksamkeit auf Ihr Schädeldach. Stellen Sie sich vor, wie kosmische Energie in Ihr Kronen-Chakra fließt.
- Die kosmische Energie fließt in Ihr Kronen-Chakra, in vier Energiekanälen den Hinterkopf hinab und entlang der Wirbelsäule weiter nach unten (je zwei Kanäle rechts und links der Wirbelsäule) bis zum ersten Chakra.
- Die Erd-Energie fließt durch die Energiekanäle Ihrer Beine, während die kosmische Energie durch die Energiekanäle Ihres Rückens strömt. Beide Energien fließen ins erste Chakra und vermischen sich.
- Beschließen Sie, dass in Ihrem ersten Chakra eine pumpende Bewegung entsteht: Sie befördert eine Mischung von ungefähr 85 Prozent kosmischer Energie und 15 Prozent Erd-Energie durch zwei Energiekanäle aufwärts, die etwa 5 bis 10 Zentimeter vor der Wirbelsäule verlaufen.
- Diese Mischung aus kosmischer Energie und Erd-Energie fließt in diesen zwei Kanälen durch Ihr zweites Chakra. Die beiden Kanäle verbinden sich jeweils seitlich mit den scheibenförmigen Chakren.
- Die Energie steigt weiter in den beiden Kanälen zum dritten Chakra (Solarplexus) auf.
- Dann steigt sie weiter zum vierten Chakra in der Mitte der Brust.
- Nun fließt die Energie in den zwei Kanälen weiter empor zum fünften Chakra in der Kehle und von hier aus zum sechsten Chakra hinter der Mitte der Stirn.
- Schließlich strömt die Energie durch das sechste Chakra nach oben zum Kronen-Chakra. Die Energiemischung erfüllt das Kronen-Chakra und ergießt sich dann wie eine wunderschöne goldene Fontäne nach oben und außen.

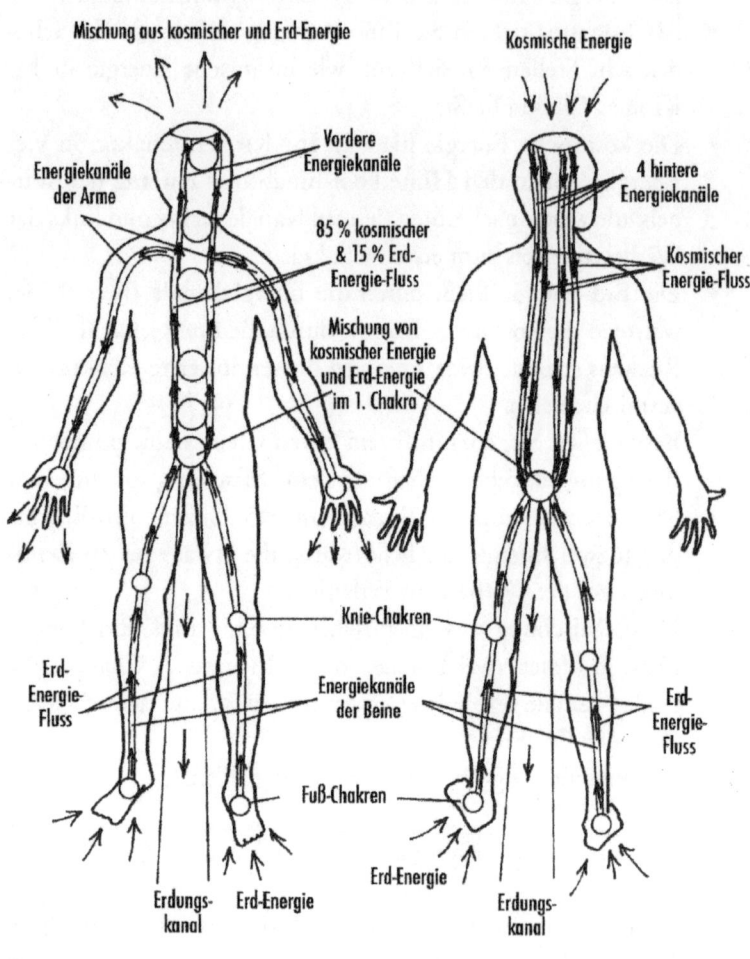

*Abb. 2: Der Fluss der kosmischen Energien und der Erd-Energien im Körper*

- Wenn Sie diesen Fluss von kosmischer Energie und Erd-Energie hergestellt haben, halten Sie Ihre Aufmerksamkeit weiter hinter Ihren Augen versammelt und beobachten von dort den Energiefluss in allen Kanälen und Chakren. Denken Sie daran, sich in keiner Weise zu bemühen. Seien Sie sich einfach gewiss, dass alles so fließt, wie Sie es sich vorgestellt haben. Wenn Sie die Energien noch nicht sehen können, üben Sie, sich jedes Mal, wenn Sie die Energie fließen lassen, den Energiefluss vollständig vorzustellen.
- Am Ende der Übung erfrischen und erfüllen Sie sich ganz mit der goldenen Sonne der Lebenskraft aus der vorigen Übung. Dann strecken Sie sich sanft, beugen sich nach vorne und lassen Kopf und Arme ein wenig baumeln, um alle überschüssige Energie abfließen zu lassen.
- Richten Sie sich langsam auf und öffnen Sie die Augen. Schauen Sie sich im Raum um. Seien Sie sich Ihres Körpers bewusst. Stehen Sie behutsam auf und bewegen Sie sich ein wenig. Achten Sie darauf, ob sich etwas in Ihrer Wahrnehmung und Energie geändert hat.

Am Anfang können Sie dies täglich jeweils 10 bis 20 Minuten lang üben. Sobald Ihnen die Übung vertraut ist, können Sie sie auch zweimal am Tag durchführen.

## Meditation zum Erzeugen und De-Energetisieren von mentalen Bildern

Diese Meditation kann Ihnen helfen, Ihre Fähigkeit des spirituellen Erschaffens zu stärken und Ihre Energie von Anhaftungen an Gedanken und Gefühle zurückzuholen, die in mentalen Bildern enthalten sind. (Lesen Sie auch noch mal das 12. Kapitel.) Diese Fähigkeiten werden später bei weiteren spirituellen Einheiten wichtig sein. Bevor Sie die Übung durchführen, sollten Ihnen jene zur Erdung, zur Zentrierung im göttlichen Geist, zur Erfrischung Ihrer Energie und zum Fließenlassen kosmischer Energie und Erd-Energie vertraut sein.

- Setzen Sie sich bequem und aufrecht hin. Beide Füße sollten flach auf dem Boden stehen. Schließen Sie die Augen. Atmen Sie tief durch und entspannen Sie sich. Lassen Sie alle Anspannungen aus Ihrem Körper los. Werden Sie sich des Raums hinter Ihren Augen bewusst. Beschließen Sie, dort in der Mitte Ihres Kopfes zu sein.
- Erden Sie sich.
- Lassen Sie die kosmischen und die Erd-Energien fließen.
- Stellen Sie sich jetzt innerlich das Bild einer Rose vor, die etwa 30 Zentimeter vor Ihrer Stirn schwebt.
- Seien Sie sich bewusst, dass *Sie* – nicht der Körper – dieses Bild als spirituelles Wesen erschaffen haben.
- Beobachten Sie dieses Bild eine Weile. Lassen Sie alle Urteile los. Das Bild braucht nicht »perfekt« zu sein oder Ihren Vorstellungen zu entsprechen. Belassen Sie es einfach so, wie es ist.
- Und dann stellen Sie sich vor, wie dieses Bild explodiert. Alle Energie, die Sie hineingesteckt haben, wird freigesetzt. Beschließen Sie, dass die freigesetzte Energie in Ihr Kronen-Chakra fließt.
- Bleiben Sie geerdet und lassen Sie weiter die Energien fließen, während Sie die Übung ein Dutzend Mal oder öfter praktizieren, um sich wirklich damit vertraut zu machen.
- Wenn Sie die Übung beenden möchten, erfüllen Sie sich vollständig mit der goldenen Sonnenenergie der Lebenskraft.
- Dann strecken und dehnen Sie sich ein wenig und lassen Kopf, Schultern und Arme vornüber baumeln, um alle überschüssige Energie abfließen zu lassen. Richten Sie sich nun langsam auf und öffnen Sie die Augen. Schauen Sie sich um, seien Sie sich Ihres Körpers bewusst, stehen Sie langsam auf und gehen Sie ein wenig umher. Beachten Sie alle Veränderungen, die sich in Ihrem Gewahrsein und in Ihrer Energie ergeben haben.

Wann immer Sie merken, dass Sie an einem Gedanken, einem Gefühl, einem Bild, einer bestimmten Art von Energie oder einer Person festhängen, nehmen Sie sich einen Augenblick Zeit, erden Sie sich und gehen Sie in eine neutrale Haltung. Erzeugen Sie dann mental das Bild der Rose vor sich und legen Sie alles, woran Sie momentan festhängen, dort hinein. Beschließen Sie, dass Sie dieser Sache keine Macht über sich geben. Dann stellen Sie sich vor, wie das ganze Bild explodiert und die Energie freigesetzt wird. Beschließen Sie, dass die Energie, die in dem Bild und der Angelegenheit gebunden war, zu Ihrem Kronen-Chakra zurückkehrt. Jedes Mal, wenn Sie das tun, wird die Sache, um die es Ihnen geht, weniger aufgeladen sein. Schließlich werden Sie in der Lage sein, objektiv so damit umzugehen, wie es eben notwendig ist. Häufig werden Sie jedoch merken, dass Sie kaum noch ein Problem damit haben, sobald das Bild de-energetisiert ist.

### Übung zur Arbeit mit Gegensätzen

Dies ist eine äußerst kraftvolle Übung. Bevor Sie sich ihr widmen, sollten Sie mit den Übungen zur Erdung, zur Erfrischung Ihrer Energie, zum Fließenlassen kosmischer Energien und Erd-Energien sowie zum Erzeugen und De-Energetisieren mentaler Bilder vertraut sein. Bitte lesen Sie auch nochmals das 13. Kapitel, vor allem den Abschnitt über Gegensätze.

- Setzen Sie sich aufrecht auf einen bequemen Stuhl. Stellen Sie beide Füße flach auf den Boden. Schließen Sie die Augen. Atmen Sie tief durch und entspannen Sie sich. Lassen Sie alle Anspannungen aus Ihrem Körper los. Werden Sie sich des Raums hinter Ihren Augen bewusst; beschließen Sie, dort zu sein.
- Erden Sie sich.
- Lassen Sie die kosmischen Energien und die Erd-Energien fließen.

- Stellen Sie sich vor, wie Ihr Kronen-Chakra zu einem schönen, goldenen Licht wird. Bleiben Sie bei dieser goldenen Schwingung. Nachdem Sie ein paar Minuten lang die Energie haben strömen lassen, bringen Sie Ihr Gewahrsein wieder hinter Ihre Augen in die Mitte des Kopfes.
- Jetzt wählen Sie das Gegensatzpaar, mit dem Sie arbeiten möchten.
- Wenn Sie diese Meditation zur Arbeit mit Gegensätzen durchführen, sollten Sie Ihre Gegensätze im Sinne von »Ich kann ... vollständig haben« formulieren. Beispiel: »Ich kann es vollständig haben, meinen Job aufzugeben. / Ich kann es vollständig haben, meinen Job nicht aufzugeben.« »Ich kann es vollständig haben, Single zu sein. / Ich kann es vollständig haben, nicht Single zu sein.« »Ich kann es vollständig haben, Angst zu haben. / Ich kann es vollständig haben, keine Angst zu haben.« (»Haben« in diesem Sinne bedeutet, dass Sie diesen Umstand akzeptieren können.)
- Wenn Sie diese Übung zum ersten Mal machen, sollten Sie mit dem Gegensatz arbeiten: »Ich kann es vollständig haben, über ... glücklich zu sein. / Ich kann es vollständig haben, über ... unglücklich zu sein.« Wählen Sie einen Umstand, eine Situation, ein Ereignis, eine Beziehung oder etwas dergleichen aus Ihrem Leben und setzen Sie es in die Lücke ein. Später können Sie denselben Prozess für jede Dichotomie durchführen. Bleiben Sie während der ganzen Übung geerdet und in dem Raum hinter Ihren Augen und lassen Sie die kosmischen und die Erd-Energien fließen.
- Jetzt stellen Sie sich etwa 25 Zentimeter vor Ihrem Kopf zur Linken eine Rose vor, die energetisch die Seite »Ich bin glücklich über ...« repräsentiert. Während Sie diese Rose sehen, beschließen Sie: Es ist in Ordnung für Sie, darüber glücklich zu sein; Sie können es ganz »haben«, darüber glücklich zu sein.
- Sobald Sie das entschieden haben, beobachten Sie die Gedan-

ken und Gefühle, die in Ihrem Bewusstsein auftauchen. Das könnte zum Beispiel sein: »Ich kann darüber nicht glücklich sein, weil es kriminell ist; wäre ich wirklich glücklich darüber, würde ich meinen Job verlieren. Ich kann darüber nicht glücklich sein, denn das war einfach dämlich; wäre ich darüber glücklich, würde sich mein Partner ärgern. Wie könnte ich glücklich sein, wo ich doch meine beste Freundin verloren habe. Ich kann nicht glücklich sein, wenn ich Schmerzen habe.«

- Was auch immer auftaucht, egal wie ernst, lächerlich oder emotional aufgeladen es sein mag: Erkennen Sie es einfach an und lassen Sie es dann vorüberziehen. Gehen Sie auf keinen der Gedanken und keines der Gefühle näher ein, sondern lassen Sie sie einfach vorübergehen oder stellen Sie sich vor, wie sie explodieren (siehe *Meditation zum Erzeugen und De-Energetisieren von mentalen Bildern*). Beobachten Sie weiter die Rose, die »Ich bin glücklich über ...« repräsentiert.
- Achten Sie darauf, was sonst noch auftaucht. Alle Gründe, weshalb Sie darüber nicht glücklich sein sollten oder können, werden sich zeigen. Lassen Sie sie los oder stellen Sie sich vor, wie sie explodieren.
- Als Nächstes lassen Sie die Rose »Ich bin glücklich über ...« auf der linken Seite liegen und stellen sich auf der rechten Seite vor Ihrem Kopf eine Rose vor, die »Ich bin unglücklich über ...« repräsentiert. Beobachten Sie sie.
- Beschließen Sie, dass es in Ordnung ist, darüber unglücklich zu sein, und dass Sie es vollständig haben können, darüber unglücklich zu sein. Seien Sie neutral und beobachten Sie, welche Bedenken und Gefühle aufsteigen.
- Da kann alles Mögliche auftauchen, zum Beispiel: »Ich kann darüber nicht unglücklich sein; dafür habe ich keine Zeit. Ich kann es nicht zulassen, dass ich unglücklich bin. Ich sollte für meine Kinder (Eltern, Ehepartner, Freunde, etc.) glücklich sein; da kann ich nicht unglücklich sein. Es ist schlecht, unglücklich zu sein. Ich werde meine Freunde verlieren, wenn

ich unglücklich bin. Wenn ich darüber unglücklich bin, bedeutet das, dass ich etwas falsch gemacht habe.« Achten Sie darauf, welche Gefühle auftauchen, lassen Sie sie vorüberziehen oder explodieren.

- Jetzt lassen Sie auch diese Rose da, wo sie ist, und seien Sie neutral. Gehen Sie zurück zu der ersten Rose zu Ihrer Linken, die »Ich bin glücklich über ...« repräsentiert. Beschließen Sie nochmals, dass das in Ordnung ist. Beobachten Sie Ihre Gedanken, Bilder und Gefühle, die dazu auftauchen. Stellen Sie sich vor, wie sie einfach vorüberziehen und sich auflösen oder wie sie explodieren. Welche Veränderungen nehmen Sie in Ihrer Beziehung zu »Ich bin glücklich über ...« wahr?
- Lassen Sie diese Rose wieder da, wo sie ist, und werden Sie neutral. Dann kehren Sie zu der Rose zu Ihrer Rechten zurück, die »Ich bin unglücklich über ...« repräsentiert. Beschließen Sie, dass das völlig in Ordnung ist. Sehen Sie, welche Bedenken, Bilder und Gefühle auftauchen, die Ihrem Unglücklichsein widersprechen. Lassen Sie sie alle vorüberziehen, sich auflösen oder explodieren.
- Wandern Sie auf diese Weise mehrfach zwischen den beiden Rosen hin und her. Beobachten Sie jedes Mal, was als Widerspruch dagegen auftaucht, dass Sie diese Seite der Dichotomie vollständig haben können. Wenn Sie sich immer tiefer darauf einlassen, werden Sie wahrscheinlich bemerken, dass die meisten dieser Bilder und Gedanken von anderen Leuten stammen. Vielleicht tauchen Gedanken auf wie: »Hör auf, so zu grinsen – ich meine es ernst!« Oder: »Du kannst nicht wirklich glücklich sein, niemand ist wirklich glücklich.« Vielleicht sehen Sie auch, wie Ihre Mutter Sie energisch aufmuntert, damit sie sich nicht schuldig fühlt, dass es ihrem Kind schlecht geht. Alles ist möglich. Das Ziel ist, alle diese Bilder und Energien loszulassen, die dagegen sprechen, dass Sie beide Seiten des Gegensatzes haben können.
- Wenn Sie damit fertig sind, zwischen den beiden Seiten hin

und her zu wandern, seien Sie beiden Rosen gegenüber neutral. Lassen Sie sie, wie sie sind. Lassen Sie alle übrigen Bilder, Gedanken und Gefühle los. Achten Sie darauf, wie es Ihnen mit beiden Seiten des Gegensatzes geht. Fühlt es sich auf beiden Seiten leichter an? Sind Sie mit beiden Seiten mehr zufrieden? Dann lassen Sie jede Rose explodieren und lassen Sie alle Energie los. Beschließen Sie, dass Ihre Energie zu Ihrem Kronen-Chakra zurückkehrt.

- Achten Sie auf die Erd-Energien und die kosmischen Energien, die durch Ihre Kanäle und Chakren fließen. Genießen Sie die Erfahrung. Betrachten Sie das alles mit Heiterkeit. Lassen Sie alle Gedanken und Gefühle von den fließenden Energien wegwaschen. Stellen Sie sich vor, wie alles Überschüssige in Ihren Erdungskanal fällt.

- Seien Sie sich des Raums hinter Ihren Augen bewusst. Stellen Sie sich eine goldene Sonne aus Lebenskraft über Ihrem Kopf vor. Bringen Sie diese Energie in Ihren Körper. Fangen Sie mit Ihrem Kronen-Chakra an und lassen Sie nacheinander alle Chakren in dieser Lebenskraft baden. Alle Chakren erholen sich und heilen. Die Energie der goldenen Sonne dehnt sich in alle Zellen Ihres Körpers aus und heilt und erfrischt sie. Schließlich dehnt sich die goldene Sonne durch Ihre Haut in die Schichten der Aura um Sie herum aus. Lassen Sie die Lebenskraft Ihre Aura heilen und erfrischen. Lassen Sie alles Überschüssige durch Ihren Erdungskanal in die Mitte der Erde fließen.

- Wenn Sie fertig sind, strecken Sie Arme und Schultern ein wenig. Öffnen Sie Ihre Augen und beugen Sie sich langsam nach vorne. Lassen Sie Kopf und Arme baumeln und alle überschüssige Energie aus Hals, Kopf, Schultern und Armen fließen. Richten Sie sich langsam wieder auf. Schauen Sie sich um. Seien Sie ganz hier und jetzt. Wenn Sie so weit sind, stehen Sie auf und gehen ein wenig umher. Achten Sie auf Ihren Körper und begrüßen Sie ihn.

Haben Sie diesen Prozess ein paarmal mit unterschiedlichen Gegensätzen geübt, können Sie eine Liste mit ungefähr 50 der für Sie wichtigsten Gegensätze aufschreiben, die am häufigsten in Ihren Gedanken und in Ihrem Leben auftauchen. Je besser Sie sich in Bezug auf diese Dichotomien frei machen, desto mehr Energie und schöpferische Freiheit werden Sie erfahren.

Wenn Sie sich bereit fühlen, auch mit Entscheidungen zu arbeiten, die Sie in Ihrem Leben treffen müssen – zum Beispiel ob Sie umziehen wollen, ob Sie einen Job annehmen wollen, ob Sie eine bestimmte Beziehung eingehen wollen oder nicht –, folgen Sie dem Prozess mithilfe der gleichen Schritte. Jede Rose repräsentiert eine Seite der Entscheidung. Bei größeren Themen sollten Sie diesen Prozess in kleinen Portionen genießen. Nehmen Sie einen Gegensatz oder eine Entscheidung und machen Sie die Meditation damit ungefähr 10 bis 15 Minuten lang. Wiederholen Sie dies alle paar Tage. Achten Sie darauf, was sich hinsichtlich dieser Entscheidung in Ihrer Wahrnehmung, Ihren Gefühlen, Ihrer Klarheit und Ihrer Zufriedenheit verändert. Sie werden letztendlich feststellen, dass die Kraft nicht in der Entscheidung liegt, sondern in Ihnen selbst. Sie werden immer mehr in der Lage sein, mit sich selbst glücklich und zufrieden zu sein, egal wie sich eine Situation entwickelt. Sie werden auch feststellen, dass es nie nur das Entweder-oder gibt. Die einzige Begrenzung Ihrer Wahlmöglichkeiten ist Ihre Vorstellungskraft!

Im Bereich des Geistigen, außerhalb der physischen Dreidimensionalität, gibt es weder Zeit noch Raum. Wie auch immer Sie sich entscheiden – so ist es. In dieser Situation sind Sie mit Ihrer Entscheidung nicht an einen bestimmten Ort oder an eine bestimmte Zeit gebunden. Sie treffen jetzt eine Entscheidung – und dann treffen Sie jetzt eine Entscheidung. Jetzt wählen Sie Schwarz und jetzt wählen Sie Weiß. Jetzt können Sie männlich sein und jetzt können Sie weiblich sein. Wo ist also das Problem? Sie können von allem beides haben. Wenn Sie jedoch Ihrem physischen Körper, der durch Zeit und Raum beschränkt ist, die Macht überlassen, geben Sie die spirituelle Erfüllung auf, in der Einheit beide Seiten zu haben. Sie müssen sich nicht aufteilen. Wenn Sie es nicht »haben« können, haben Sie nicht die Freiheit, es zu tun oder es bleiben zu lassen. Nur wenn Sie beide Seiten haben können, können Sie wirklich aus freiem Willen wählen. Was immer Sie dann wählen, wird die richtige Entscheidung sein. Es gibt keine falschen Entscheidungen.

Vielleicht denken Sie jetzt: »Und was ist, wenn es darum geht, jemanden zu töten oder nicht zu töten? Gibt es da auch kein Richtig und Falsch?« Sie werden feststellen: Wenn Sie wirklich beide Seiten haben können, wenn für Sie beides in Ordnung ist – zu töten und nicht zu töten –, gibt es kein Verlangen mehr, zu töten. Der Wunsch, ein anderes menschliches Wesen zu töten, entsteht nur, wenn man das Gefühl hat, keine Wahl mehr zu haben. Alle Verneinung des Lebens stammt letztendlich aus der Erfahrung, keine Wahl zu haben, und aus dem Gefühl der Ohnmacht, das diese Erfahrung auslöst. Wenn Sie wirklich erfahren, dass Sie die Freiheit haben, zu wählen, wird das, was Sie wählen, im Leben schön, wahr und gut sein.

## Weiterhin üben, lernen, heilen und wachsen

Ich hoffe, dass die Lektüre dieses Buches für Sie eine wundervolle, erleuchtende und heilende Erfahrung war. Bitte schauen Sie immer wieder in dieses Buch hinein, um sich weiter im heiligen Tanz mit dem Leben zu üben und die göttliche Bestimmung dessen zu erfüllen, wozu Sie hier sind. Ihre Zuschriften sind uns herzlich willkommen: Berichten Sie uns von Ihren Erfahrungen mit den hier vorgestellten Konzepten und Übungen.

Sie können das Gelernte durch die Produkte und Dienste, die wir durch »Star of Peace Publishing« und »Michael Tamura Seminare« anbieten, vertiefen (allerdings zurzeit nur, wenn Sie Englisch können). Die Heilung des Geistes sowohl in Individuen als auch in der Welt liegt uns zutiefst am Herzen, denn ohne sie gibt es keinen Frieden, keine Freiheit, kein Wachstum und keine Erfüllung. Mit ganzer Hingabe tun wir alles, was wir können, um der Menschheit zu helfen, sich mehr unseres spirituellen Seins bewusst zu werden und gleichzeitig dem Geistigen zu zeigen, was es mit dem menschlichen Körper und dem mentalen Geist auf sich hat.

Weitere Informationen erhalten Sie unter:

Star of Peace Publishing
404 North Mt. Shasta Blvd., PMB-138
Mt. Shasta, CA 96067

E-Mail: tamuras@ix.netcom.com
Website: www.michaeltamura.com

## **Danksagung**

Kein Buch wird je von einem Menschen allein geschrieben. Der Autor hüllt sich in das Gewand des Schreibers, atmet tief durch, bevor er den Stift auf das Papier setzt, und ruft durch diesen Akt universelle Wahrheiten ins Leben. Wie das Einatmen ohne ein lebendiges Herz nicht denkbar ist, so gibt es auch keine Inspiration der Wahrheit ohne ein liebendes Herz.

Im Schreiben werden wir aufgebrochen, um die wahren Inhalte unseres Herzens und unserer Seele zu offenbaren. Jeglicher Ansatz von Arroganz, den wir in uns tragen und der uns meinen lässt, das Geschriebene stamme ganz aus uns selbst, wird vom Feuer der Wahrheit ausgebrannt. Jeder Schreiber wird zu dem Schmelztiegel, in dem die Gebete der Menschheit mit dem Willen und der Liebe des Göttlichen ringen. Wenn es dem Autor gelingt, wird ein Tropfen des Himmels herausdestilliert und in die Herzen und Seelen der Leser geträufelt.

Das Buch, das Sie in den Händen halten, ist das Ergebnis jahrelanger Vorbereitungen. Die Liebe, die Unterstützung und die Gebete unzähliger Seelen sind in seinen Seiten versammelt. Ich bin dankbar, dass ich ihr Schmelztiegel sein durfte.

In diesem Buch stünde nur wenig, hätte ich nicht wundervolle Jahre mit dem verstorbenen Lewis S. Bostwick verbringen dürfen. Er war ein außerordentlicher Freund und spiritueller Meister, der mich durch meine spirituelle Adoleszenz führte. Ohne seine liebevolle Anleitung und das Geschenk seiner spirituellen Werkzeuge wäre ich nicht da, wo ich heute bin. Ich danke dir für alles, was du mir und Tausenden anderer Menschen gegeben hast. Der übersinnliche Kindergarten, den du als Schutzraum für sich entwickelnde Seelen angeboten hast, hat in der stürmischen See eine Welle ausgelöst, die bis heute weiterläuft und die Herzen jener berührt, die nach höherem Bewusstsein streben. In deiner Gegenwart lernte ich, was es bedeutet, in der Gegenwart Gottes zu leben.

Ich danke meinem lieben Freund James Van Praagh, der mich bei dieser edlen Aufgabe in vielfältiger Form unterstützt hat. Du bist ein wahrer Pionier des Herzens und der Seele. Mutig hast du an den steilen Hängen des globalen Erwachens einen Weg durch das Dickicht der Skepsis gebahnt.

Meinen Redakteuren, die mir literarische Trittleitern zur Verfügung stellten, um an die Regale zu gelangen, auf denen mein Buch nun steht, bin ich ewig dankbar.

Carroll Knowles war die Erste, die mir auf dem Weg zur Veröffentlichung behilflich war. Sie lehrte mich das Geheimnis des ersten Entwurfs, indem sie sagte: »Wir haben Leute, die professionell Texte bearbeiten können, aber nur Sie können die Geschichten und die Lehren erzählen. Schreiben Sie einfach drauflos. Wir machen das dann schon.« Ohne diesen weisen Rat würde ich bis heute auf einen leeren Bildschirm starren.

Heidi Schulman lud mich dann in ihr Heim im Hinterland Neu-Mexikos ein, las meinen ersten Entwurf und führte mich auf den Weg des Umschreibens. Sie machte mir klar, dass noch viel zu tun war, aber dass ich es schaffen konnte.

Doug Childers vermittelte mir in wenigen Monaten die Inhalte einer ansonsten wahrscheinlich vierjährigen Schreibausbildung. Ohne seine ausführliche Anleitung zur Strukturierung meines Textes wäre ich wohl schon auf der ersten Seite restlos abgeschweift.

Linda Thomchin half mir mit einer klaren Gliederung, in dem Dschungel unzähliger Veränderungen wieder einen Weg zurück zu dem Buch zu finden, das ich ursprünglich schreiben wollte.

L.T. (Laurie K. Turner) danke ich für ihre wertvolle professionelle und persönliche Hilfe, sobald es darum ging, den nächsten Schritt zu machen.

Mein wundervoller Freund Allan Silberhartz, der Begründer der Bridging Heaven and Earth Foundation, bot mir an, mein Manuskript zu lesen und mich mit Tony Stubbs und TJ Publish bekannt zu machen.

Ich danke auch Tony Stubbs, diesem außergewöhnlichen Schreiber zeitloser Weisheiten, der diesem Buch als literarischer Geburtshelfer zur Seite stand. Deine herzhafte Ermutigung und deine seelenvolle Anleitung bildeten die Flügel, auf denen dieses Buch anmutig in diese Welt segelte. Andere Verleger mit weniger spirituellem Verständnis hätten uns vielleicht einen Kaiserschnitt verpasst.

Mein Dank gilt auch James Twyman, dem außergewöhnlichen Friedens-Troubadour und Botschafter des Lichts und der Liebe, nicht nur für seine Unterstützung, sondern auch für seinen selbstlosen und hingebungsvollen Einsatz für den Frieden in der Welt.

Und ich danke allen meinen Freunden, Lehrern und Schülern in den fast zwanzig Jahren, die ich am Berkeley Psychic Institute verbrachte, für die unzähligen Stunden, die wir unter Wachstumsschmerzen und Gelächter zugebracht haben. Möget ihr auf euren weiteren Abenteuern gesegnet sein.

Allen meinen Freunden und gegenwärtigen Schülern danke ich für die Gelegenheit, mitzuteilen, was ich anbieten kann.

Ich bin auch allen meinen Freunden dankbar, die mich immer wieder ermuntert und geduldig abgewartet haben, während ich im Dunkeln vor mich hin stolpernd dieses Buch vorbereitete.

Allen geistigen Führern, Engeln und Lehrern, die mich zum Schreiben dieses Buches angeregt, gedrängt und ermuntert haben, danke ich für ihre Liebe und Wahrheit.

Unseren besonderen Engeln B.J. und Rich Evans danke ich von Herzen für ihre Liebe und Unterstützung sowohl auf der Erde als auch im Himmel. Ohne euch wäre ich immer noch damit beschäftigt, dieses Buch zusammenzustellen.

Meine verstorbene Mutter Kei und mein Vater Rey haben mir mehr Liebe und Förderung zukommen lassen, als ich mir erhoffen konnte. Danke, dass ihr mich ins Leben gebracht und meine Windeln gewechselt habt.

Jeden Tag danke ich dafür, mit zwei absolut wundervollen Söhnen gesegnet zu sein: Greg und Nick, ich liebe euch beide von ganzem Herzen. Ihr bereichert mein Leben und inspiriert mich in allem, was ich tue.

Und schließlich Raphaelle, ohne die dieses Buch nie vollendet worden wäre. Deine unsterbliche Liebe und deine Unterstützung, deine ständige Ermutigung und Heilung und dein weises Feedback sind in jeder Seite enthalten. Danke, dass du mich in diesem Leben derjenige sein lässt, der immer wieder deine Geduld auf die Probe stellt. Ich liebe dich, du meine Freundin und Partnerin, mein Engel und meine Ehefrau.

## Über den Autor

Michael Tamura verfügt von Geburt an über außergewöhnliche intuitive und spirituelle Heilungsfähigkeiten. Er verbrachte die ersten sechzehn Jahre seines Lebens im liebevollen Umfeld seiner Familie in Japan. Da er schon als Kind merkte, dass die meisten Menschen nicht die spirituelle Wahrnehmung und die medialen Fähigkeiten hatten wie er, vernachlässigte er seine Begabung, um besser mit anderen kommunizieren zu können und in der Schule erfolgreicher zu sein. Er schloss bereits mit sechzehn Jahren die Highschool ab und absolvierte ein dreijähriges Grafik-Design-Studium in Kalifornien. Gleichzeitig machte er eine Ausbildung als Krankenpfleger.

Im Alter von zwanzig Jahren erfuhr Michael ein dramatisches Wiedererwachen seiner Heilkräfte, als er einer Freundin helfen konnte, innerhalb kurzer Zeit aus einer schweren gesundheitlichen Krise zu vollständigem Wohlbefinden zu kommen. Dieses Erlebnis ließ ihn nach Informationen und Wissen suchen, um seine Fähigkeiten besser zu verstehen und zu entwickeln. So fand er den Weg zu hervorragenden Lehrern, die ihn hinsichtlich seines spirituellen Bewusstseins und seiner heilerischen Fähigkeiten ausbildeten. 1975 begann er zu lehren und entwickelte sich in den folgenden zwanzig Jahren zu einem führenden Lehrer im Bereich des spirituellen Heilens, des Hellsehens und der intuitiven Entwicklung.

Während der Siebziger- und Achtzigerjahre begannen alternative Heilweisen sowohl als neuer Beruf als auch als Behandlungsweise immer bekannter zu werden. Michael wurde oft um Rat und Hilfe gebeten, um in Kalifornien die notwendigen professionellen Strukturen für erfolgreiche Praxen und Kliniken aufzubauen. So wurde er zu einem Pionier in der Ausbildung von spirituellen Heilern und der Entwicklung von entsprechenden Geschäftsmodellen.

Seit 1993 hat Michael eine private Praxis als spiritueller Lehrer, Heiler und Berater. Viele nennen ihn einen »spirituellen Psychologen«, weil er mithilfe seiner außergewöhnlichen Wahrnehmungsfähigkeiten in der Aura und im spirituellen Geist des Klienten »liest«, wie er ihn am besten beraten kann. Als »Heiler der Heiler« und ausgezeichneter Lehrer hält er in aller Welt Seminare, Vorträge, Workshops und Retreats. Er hat auch Gruppen auf Heilreisen zu heiligen Orten und zu den Geistheilern auf den Philippinen und in Brasilien begleitet.

Michael und seine Frau Raphaelle, ebenfalls eine spirituelle Heilerin, Lehrerin und Hellseherin, gründeten 1994 ihren eigenen Verlag, um ihrer Arbeit eine neue Ebene zu geben. Star of Peace Publishing befasst sich mit der Veröffentlichung und Verbreitung von Medienprodukten aus dem Bereich des spirituellen Wachstums, der Heilung und intuitiven Entwicklung. Durch diesen Verlag in Mount Shasta verbreitet Michael weiter seine Lehren und Botschaften mittels Radio- und Fernsehbeiträgen, Hörkassetten und schriftlichen Veröffentlichungen.

Als erfahrene Weltreisende erzeugen Michael und Raphaelle eine Gemeinschaft der Bewusstheit, der Liebe und des Mitgefühls – wo auch immer sie sich aufhalten. Täglich bemühen sie sich, ihre lang gehegte Vision einer weltweiten »spirituellen Gemeinschaft ohne Mauern« zu verwirklichen. Um diese Vision weiter zu unterstützen, widmet Michael einen Teil seiner Zeit, Energie und Weisheit als Berater und Vorstandsmitglied zahlreichen Heilzentren, Schulen, Medienprogrammen sowie Wohltätigkeits-, Bildungs-, spirituellen und medizinischen Einrichtungen.

Privat ist Michael glücklicher Vater von zwei erwachsenen Söhnen, Greg und Nick, und lebt zurzeit in Nordkalifornien zusammen mit Raphaelle, der »Zen«-Katze Magic und dem Pyrenäenhund Shanit.

Siehe auch www.michaeltamura.com

## Adressliste

Zentren bzw. Personen die nach Michael Tamura arbeiten
Vorträge und Seminare

Anna-Maria Pierce, ampierce@pacbell.net
Tel.: 001-530-470-8499
HEALOS: Healing Evolution Awareness Love of Spirit

Anja Nalima Hertwig, nalima@t-online.de
Tel.: 06660-918086
Fatum-Akademie fuer geistige Heilweisen
Ort: D-36396 Steinau

Annedore Krause und Gertrud Altmann, www.haus-no-1.de
Tel.: 07544-934770
Ort: D-88677 Markdorf / Baden

Oele Brink, oele.brink@jsj-brink.de
Tel.: 0541-3354699
Jin Shin Jutso und Kunsttherapeutische Praxis
Ort: D-49080 Osnabrück

Valaka Waltraud Zembrod, www.salemerhaus.de
Tel.: 07553-1810
Ort: D-88682 Salem

Antje Laun für Tierkommunikation und Gesundheitsberatung
antje.laun@t-online.de, Tel.: 09153-925956
Ort: D-91220 Schneitach

Aktuelle Adressen finden Sie auf www.michaeltamura.com oder
www.koha-verlag.de

**Catherine Shainberg
Traumleben und Lebenstraum**
*Erwache zu einem visionären Leben*
gebunden, 264 Seiten
€ 14,95
ISBN 978-3-86728-32-7

Dies ist kein Buch über Träume, sondern ein Buch über den Akt des Träumens!

Sie träumen viel, können sich aber kaum an Ihre Träume erinnern? Sie möchten gerne mehr und bewusster träumen? Dann ist dieses Buch genau richtig für Sie. Catherine Shainberg zeigt, wie wir die Stärken unseres Wachbewusstseins mit den Stärken unseres Traumbewusstseins verbinden können, sodass sich beide gegenseitig unterstützen. Ihre Methode beruht auf der uralten Lehre der Kabbala des Lichts. In zwölf Schritten und zahlreichen Übungen lernen Sie, sich an Ihre nächtlichen Träume zu erinnern oder absichtsvoll zu träumen und diese Mittel zur Verwirklichung Ihres Lebensplans einzusetzen.